重新发现改革

返抵时间的起点，
追忆照亮历史的瞬间

魏英杰　主编

ZHEJIANG UNIVERSITY PRESS
浙江大学出版社

图书在版编目(CIP)数据

重新发现改革 / 魏英杰主编. —杭州：浙江大学
出版社，2019.5

ISBN 978-7-308-19040-4

Ⅰ.①重… Ⅱ.①魏… Ⅲ.①改革开放—研究—中国
Ⅳ.①D61

中国版本图书馆 CIP 数据核字（2019）第 052730 号

重新发现改革

魏英杰　主编

策　　划	杭州蓝狮子文化创意股份有限公司	
责任编辑	黄兆宁	
责任校对	杨利军　程曼漫	
封面设计	水玉银文化	
出版发行	浙江大学出版社	
	（杭州市天目山路 148 号　邮政编码 310007）	
	（网址：http://www.zjupress.com）	
排　　版	杭州林智广告有限公司	
印　　刷	杭州钱江彩色印务有限公司	
开　　本	710mm×1000mm　1/16	
印　　张	23	
字　　数	279 千	
版 印 次	2019 年 5 月第 1 版　2019 年 5 月第 1 次印刷	
书　　号	ISBN 978-7-308-19040-4	
定　　价	58.00 元	

浙江大学出版社市场运营中心联系方式：（0571）88925591；http://zjdxcbs.tmall.com

编 委 会

经历改革，重识改革

魏英杰

从我小时候记事起，父亲就不是一个纯粹的农民，他每天起早摸黑，并不是到农田干活，而是骑着三轮车，满载着一袋袋大米，到附近集市摆摊贩售。

这些大米都是从附近乡村收购了稻谷，再运往加工厂加工而成的。有时候我会跟着父亲到加工厂玩耍，看着黄灿灿的稻谷倒进漏斗形的机器，出来就变成了白花花的大米，感觉好神奇。每次父亲都会用手插入一袋大米的深处，再抓出一把余温尚在的大米凑近了端详，判断新加工出来的大米成色如何，这也将决定这批大米能否卖出一个好价钱。

我原本以为，这样的生活天经地义、平平淡淡，我生来看到的是这样，以前也应该就是如此。其实，那时候粮食统购统销和凭粮票供应政策尚未彻底退出历史舞台，私自收购和出售粮食都可以算是非法行为。后来我听父亲说，在我出生前，他到别的村子收购粮食，都得提心吊胆地走山路，躲开有关人员的检查，否则粮食可能被没收，人有可能被抓走。

幸运的是，改革开放的时代降临了，计划经济背景下出台的相关政策都有了松动迹象。哪怕尚未正式取消统购统销政策，为了调剂市场需求，像我父亲这样的粮贩子也被允许公开经营。父亲和集市上不少乡亲一样，因此成为中国改革开放后第一代个体户。

生于 1974 年的我，从此得以享受改革开放带来的种种好处，例如不再发愁基本的吃穿问题，能够按部就班、不受干扰地读完小学、上中学、考大学。踏上社会后，也不必再被土地约束，只有下地干农活这一条路，而是有了更多的择业机会。

就此而言，我和我的同龄人，应属于改革开放的一代人。

"文革"之于我们，只有淡淡的模糊的记忆，拼凑不出一幅完整的画面，而"改革"之于我们，则是人生大背景，如影相随。难以想象，一旦抽离改革叙事，我们这些人会是何种境况，岁月又会是怎样流淌。

再伟大的人物，也无法抽离这个大时代，再卑微的个体，也与时代起落有着千丝万缕的关系。一个人无法脱离大时代给定的人生背景板，生活于战乱时代抑或和平时期，命运自然会有根本的不同。

我们这代人的幸运之处在于，人生很长一段时间处于中国的和平安定时期，没有战乱，没有严重的经济大萧条，经济增长率常年保持在高位，生活水平总体不断提高。这是一个事实。

当然，对于这个风起云涌、波澜壮阔的大时代，却不是人人所见一致。你眼里的改革，和他所说的改革，虽说是一个词，却未必是一个意思。不同年代出生的人所拥有的改革记忆，所了解的改革故事都会有所不同。对有些人来讲耳熟能详的人和事，另一些人听来很可能一脸懵懂，茫然无知。

2018 年 10 月，武侠小说作家金庸去世，一时间涌现出不少回忆文章。有些 90 后、00 后这才惊讶地发现，原来金庸作品在内地也有过被痛批与鄙视的经历，而对 60 后、70 后们来讲，这就像发生在昨天的事情，无需提醒也不会忘记。

20 世纪 90 年代中期国内出版过一本书《中国可以说不》，总销售量超过

300 万册，为当时的现象级事件，但我最近才发现许多年轻人压根没听说过这本书。一样的往事，在不同人的记忆中，早已悄然改变了模样。

但也不要以为，凡是亲历过的历史，自己的记忆就一定准确。许多历史事件在发生的时候，并不一定为人所知，许多事件的历史意义，实乃后来不断被赋予与强化才慢慢形成并清晰起来的。

比如说，改革史上著名的"莫干山会议"，召开的时候有多少人知道？又有多少人明白，这场会议给以后的改革开放带来多大影响？谁能想到，当时有些仍是大学研究生的与会者，日后成了声名赫赫的学者、位高权重的官员？但这场重要会议的发起、组织、议题与成果等许多细节在多年以后仍是一片混沌，甚至有的当事人都讲不完整、说不清楚、道不明白。

"不识庐山真面目，只缘身在此山中。"改革就是这样，每个人都置身于其中，却只见其一端。当我们拾起一些片段，而又难以窥其全貌、洞悉真相。所以，这才有了"重新发现"改革这么一说。

历史就在那里，本无须"重新发现"，只因往事浮沉、讹传错漏，这才需要再回首、细思量。即便论及改革开放无法绕开的十一届三中全会，也不像许多人所想象的那样，按下一个启动按钮，一切就开始发生变化。事实上，变化早就到来，只是如同潜流暗涌，没有被官方公开认可，没有经过合法化的程序。

小岗村 18 位村民签下"大包干"生死状之时，十一届三中全会还没有召开，甚至关于农村和农业的改革也还没有被正式提上议程。改革开放初期的典型大邱庄和华西村，也是如此。早在 1977 年，大邱庄就成立了冷轧带钢厂，华西村的地下加工厂更是已经运作了近 10 年时间，到 1978 年，华西村的银行存款高达 100 万元。

这些事实，或许有助于人们改变对改革开放的刻板印象。"重新发现"改革,就是为了重温改革,寻找和展现改革进程中的细节与真相,了解改革是怎么一步步走到今天的。

在翻查史料的过程中,让我印象很深刻的是,大到宏观决策,小到一些普通人物的命运,乃至于一部电影的公映,经常都会涉及来自不同方面的争论。从可口可乐能不能在普通商店里贩卖,到年广久的傻子瓜子能否雇用上百号工人,都涉及"姓社姓资"的意识形态问题。

从这些事件和争论可以看出,改革不是某个人的心血来潮,也不单纯是自上而下的推动,或者自下而上的倒逼,改革的进程更不是一帆风顺、一路向前,而是一波三折,经过了反复博弈与艰难推动,方才取得今日的成就。

改革开放后出生的一代人,如果从1978年算起,今天正好步入传统定义中的中年,而第一代00后,今年正好步入成年。当往事已成追忆,如何去记录与理解往事,就是一个不得不面对的问题。因此,借着纪念改革开放40周年之际,我们撰写了这本书。

这本书从2017年12月初蓝狮子的编辑陶英琪女士找我商谈,到确定选题,再到分头撰写,直至交出最后一篇文章,前后经历了9个多月。参与本书撰写的,除了我自己外共有10人,如果没有他们的热心参与,这本书无论如何是完不成的。

在分工上,大家各自有所侧重,赵周贤、关不羽、熊志、王磊、周俊生等人承担了较多撰稿任务,李跃、王言虎、王俊勇、陈白等人工作繁忙,也热情参加讨论,完成了撰稿任务。多数撰稿人是我创办的评论类自媒体"冰川思想库"(微信公众号:冰川思享号)的特约作者,也是任职于传统媒体、活跃于网络新媒体的专栏作家、评论员。赵周贤、张涛是冰川思想库的内容主编和编辑,大家彼此有充分的信赖,始终保持良好沟通,也使这次合作成为一段愉快的经历。

稍感遗憾，本书原稿总计 103 篇文章，因篇幅有限等原因，不得不忍痛割爱 20 余篇。当然，由于撰稿、编辑过程仓促，书中如有讹误错漏，责任在我。

如果可以的话，我想把这本书献给我的父亲。这本书里，有我父亲那一代人的点滴印迹；而对于我的儿子来讲，这本书里所讲的大多数故事，已经成为历史。

2018 年 12 月 3 日于杭州

目 录

01 | 多年后看来，1978 年就像一个启动键。十一届三中全会的召开，就是万物苏醒、万象更新之时。所谓"时间开始了"，也就意味着在这之后，一切都变得完全不一样了。

02

那一年,后来成为中国第一代企业家代表人物的柳传志40岁、张瑞敏36岁、王石33岁……受惠于邓小平描绘的改革蓝图,一个个新时代的弄潮儿们,从那时候开始,纷纷在其人生的中途开启了属于自己的时代冒险。

03

1990 年 12 月 19 日,虽是隆冬季节,但这一天的上海外滩却是风和日丽。在外白渡桥下浦江饭店的门口,隆重举行了上海证券交易所的开业仪式。证券交易所这个曾经远离中国内地 40 年的资本市场集散中心,又重现在上海这座曾经是远东地区最为繁华的大城市,由此引起了全世界的密切关注。

04

回首往昔,作为改革开放后中国内地出现的第一个商品房小区——坐落在深圳市罗湖区爱国路 3001 号的东湖丽苑,在 38 年前第一批推出 108 套住房,户型面积大约 50～60 平方米,均价 2730 港元/平方米,一套房总价约合当时的 5 万～6 万元人民币。而如今,它们作为老旧的二手房,均价已高达每平方米 5 万多元。

05

加入 WTO,是我国的重大战略决策,是改革开放进程中具有历史意义的重要转折点;它同时标志着,我国对外开放进入一个新的阶段。

06

改革开放早期,长三角、珠三角一带的民营企业,正是靠着廉价劳动力的优势,发展外向型经济,让中国成为世界工厂。这种经济增长模式,因为城乡之间的收入落差,维系了20多年。但随着民工权利意识的觉醒,加上其数量的增长赶不上民营企业的发展速度,劳动力市场上的供求关系和博弈能力发生了变化……

07

2008 年的金融危机,是一场堪比 20 世纪 30 年代大萧条的经济危机,对于中国来说,当时中国的经济与全球经济的联系从未如此紧密,遭受的冲击自然是史无前例的,这也是改革开放面临的一次重大挑战和考验。

08

回望改革开放40年,设立雄安新区的战略决定和具体实施的审慎理念,较改革之初白手起家的追求"有"和"快",已经转换成了追求"好"和"精"。这是40年来发展的经验总结,也是对不良后果的教训吸取。

01

多年后看来,1978 年就像一个启动键。十一届三中全会的召开,就是万物苏醒、万象更新之时。所谓"时间开始了",也就意味着在这之后,一切都变得完全不一样了。

小岗村与分田到户

小岗村,这个位于安徽凤阳的小村庄,在中国改革开放的历史上写下了重要的一笔。

1978年冬天,小岗村的18位农民以"托孤"的形式,冒着极大的风险立下生死状,在土地承包责任书上按下了18个红手印,决定将生产队的地悄悄分给各户"大包干"。这18位农民自己也没有料到,他们的这个行动在中国农业发展历史上写下了重要一笔,拉开了中国改革开放的序幕。

当时小岗村18位农民签下这份"大包干"的生死状,是在秘密状态下进行的。之所以需要秘密进行,是因为这个决策完全不符合当时的农村政策。当时,中国所有的农村地区都成立了人民公社,所有的土地都是人民公社及其下级机构生产大队和生产队的集体财产,农民以社员身份成为人民公社的一员,参加劳动和分配。这一体制束缚了农民的生产积极性,在1978年之前,小岗村以"吃粮靠返销、用钱靠救济、生产靠贷款"而闻名,以致被称为"三靠村"。每当青黄不接之际,小岗村的农民因为揭不开锅,都曾出门讨过饭。无法摆脱的贫穷、饥饿让小岗村的农民对分田到户产生了强烈的期待。

但是,分田到户,搞"大包干",这在当时就是关系到是走社会主义道路还是走资本主义道路的重大问题。1978年的时候,"文革"刚刚结束,各种思想禁锢尚未解除,这是小岗村这18位农民立下生死状的一个背景。而正因为这个背景的存在,这个在当时秘而不宣的行动,又显示了他们的勇气。

就在18位农民立下这份生死状的不久之后,在中国的首都北京,召开了一个改变了中国命运的重要会议——党的十一届三中全会。这次会议做出一个重要决定,从1979年开始全党工作的着重点转移到社会主义现代化建设上来。这是一个得到亿万民众热烈拥护的决定。在"文革"前的一段时间内,中国在"以阶级斗争为纲"的要求下,各种政治运动连绵不断,终于发展到了十年"文革"的全面浩劫和全面倒退,国民经济几乎到了崩溃的边缘,而几亿农民尽管在土地上日夜劳作,却连一顿饱饭都不可得。把全党工作的重心转移到社会主义现代化建设上来,意味着"以阶级斗争为纲"时代的终结,对于农村来说,则意味着要把农业搞上去。一个最简单的衡量标准便是,让农民能够吃饱饭。

十一届三中全会还提出,全党必须集中主要精力把农业尽快搞上去。国家的权力中枢和处于社会底层的农民不约而同地想到了一起,而小岗村农民推出的"大包干"则成为十一届三中全会精神最好的诠释。这一年实行的包产到户,很快就见到了效果。1979年秋,小岗生产队获得大丰收,粮食总产量达6万多公斤,相当于1955年到1970年15年的粮食产量总和,自1956年以来第一次向国家交了12488公斤公粮。

其时,在中央层面,农村改革尚未提上议事日程,即使是十一届三中全会,也仍然要求农村坚持人民公社。可贵的是,小岗村农民包产到户,这一直接对人民公社造成巨大冲击的行动在被新闻媒体公开报道后,并没有被当时的中央叫停,而是被认为可以试一试,并且,小岗村作为一个优秀典型得到了正面肯定,分田到户迅速向全国推广。

就新中国成立之后的农业来说,生产力落后一直是制约发展的重要原因之一,耕作方式陈旧落后,农业劳动强度非常大且经济效益很低。从 20 世纪 50 年代开始,我国就开始了改变农业生产组织形式的探索,先是成立互助组、合作社,后又在此基础上成立人民公社,后经调整实行"三级所有,队为基础"的农业组织制度。应该说,农业生产走集约化道路是有其合理之处的,但在计划经济体制之下,由于整个国家实行的是优先保证工业发展和城市发展的政策,农业和农村被纳入为工业和城市服务的体制之中。在此基础上推行的农业合作化运动忽视了农民的意志和地方农业生产力的实际状况,因此人民公社也束缚了农民自由。

小岗村的可贵在于体现了"敢想敢干,敢为天下先"的改革精神,在中国此后的改革征程中,改革最需要的就是这种突破既定的条条框框,寻找最适合本地区、本行业发展的道路的精神。在当时来说,小岗村通过"大包干",唤醒了农民的自觉意识和生产积极性,迅速改变了面貌。而党中央则及时发现和肯定了小岗村这种来自底层的实践探索对于改革的重要推进作用,实现了权力和市场的积极互动改革。

在小岗村之前,中国农业的一个样板是大寨。大寨是山西省昔阳县的一个生产大队,依靠自己的力量将穷山恶水改造成了层层梯田,成了改造自然的一个先进典型,在"文革"中更是被神化。后来,大寨的问题被曝光,这面农业领域的红旗轰然倒下,而小岗村迅速取而代之,人民公社在全国范围内解体,全国几乎所有农村地区都出现了分田到户。

但是,小岗村的探索只是在当时农业生产力落后的情况下,在经济不发达地区出现的一种改革措施,它可以解决农民的温饱问题,却很难让农村得到进一步发展,很难让农民富裕起来。其时,更多的农村地区出现的小工厂、小作坊显示出了它们的积极作用。在"文革"后期,很多地区的农民,包括农村的基层干部,顶住各种压力,在一些国营工厂的帮助下,办起了以来料加工性质为主的小企业;"文革"结束以后,这类企业获得了快速发展,并且诞生了"苏南模式",推动农村地区迅速致富。在此后几十年时间里,有不少乡镇企业发展成国内知名的民营企业,并且成为上市公司。自然,这些企业所在的农村地区也发展迅速。

在中国改革开放萌芽之时曾经以"敢为天下先"立下首功的小岗村,也创办了多家企业,这使小岗村实现了飞跃式的发展。2004年年初,小岗村成立小岗村现代农业有限责任公司,小岗村工业经济发展之门被打开,第二代小岗人通过招商引资先后办起了粮油食品发展有限公司以及钢构厂、装饰材料厂、节能电器公司等工业企业。2007年,金小岗、GLG产业园等项目相继落户。到2012年,版图扩大后的小岗村已实现工农业总产值5.8亿元,村集体经济收入410万元,村民人均纯收入首次超过1万元。

小岗村对中国农村的改革发挥了重要作用,但是它所采用的包产到户只是适应了当时农村生产力低下的状况。当农业生产只是为满足一个家庭人口的口粮、改善基本生活需要的时候,这种制度自然能够最大限度地激发起农民的生产积极性,但这种模式却无力推行机械化生产,农田水利基本建设也只能荒废,农业的生产力无法得到持续的提高。

大邱庄与华西村

多年后回头来看,1978 年就像一个启动键。十一届三中全会的召开,就是万物苏醒、万象更新之时。所谓"时间开始了",也就意味着在这之后,一切都变得完全不一样了。

十一届三中全会奠定了 40 年来改革开放叙事的主基调。但如果只是把一切的开始归结于一个伟大的时间节点,很可能就会忽视一些本该注意到的现象和规律。实际上,早在 1978 年之前,市场经济的星星之火就已经在全国一些地方零星闪现,只是还处于地下状态,或者打政策擦边球,不仅不敢公开,更谈不上合法化。

比如天津大邱庄和江苏江阴华西村,这两个村庄一北一南,先后撑起了"中国第一村"的盛名,成为改革开放历史上的一段传奇。

1978 年 12 月十一届三中全会召开之际,大邱庄冷轧带钢厂已经成立了一年多。一个诗人郭小川笔下的团泊洼,穷得被形容为"宁吃三年糠,有女不嫁大邱庄"的华北小村庄,既没有矿产资源,也没有市场基础,怎么会凭空开办起一家冷轧带钢厂?哪怕到了今天,谜底仍然是众说纷纭。

大邱庄的带头人叫禹作敏,于 1974 年担任大邱庄大队党支部书记。一开始,禹作敏和中国几乎所有农村基层干部一样,都以山西大寨为榜样。禹作敏自己曾四次前往大寨参观学习,等他上任后,立即在大邱庄掀起学大寨的高潮,花了三年时间,硬是把 7000 多亩盐碱地改造成了农田。

而随着 1976 年 10 月"文化大革命"宣告结束,大寨模式受到广泛质疑。禹作敏带领村民一番苦干,并没有让大邱庄摆脱贫困,也引起了村民不满。据说,在那段时间,禹作敏独自一人在团泊洼徘徊反思,默默抽着旱烟。其后,他召集社员,主动承诺,一定要让大邱庄摘掉贫困帽子,让村里的光棍都娶上媳妇,否则就下台。

次年8月间,大邱庄冷轧带钢厂成立,禹作敏迈出了其后15年辉煌生涯的第一步。不过,冷轧带钢厂的厂长并不是禹作敏,他起用了村里的一名技术能人,叫刘万明。刘万明是1960年由天津一家轧钢厂下放回来的,或许就是因为他,禹作敏才走上了创办冷轧带钢厂这一条连自己都感到陌生的道路。

到了一年后的1978年,这家冷轧带钢厂便已收回全部成本,纯利润超过30万元。这也决定了禹作敏将要在这条路上一路狂奔向前。只是那时候,禹作敏大概不会知道,大邱庄的集体企业会越办越多,高峰时产值高达数十亿元,摇身变成"中国第一村",而他也很快成为中国闻名的农民企业家。

在禹作敏的冷轧带钢厂刚起步的时候,位于江苏江阴的华西村的地下加工厂,已经闷声发大财有近10年时间。那一年,华西村的固定资产已高达100万元,银行存款100万元,这在当年的全国农村中实属凤毛麟角。

自1961年华西村成立大队起,吴仁宝就担任党支部书记,此后直至2003年宣布退休,他一直都是华西村(大队)的一把手。吴仁宝也学过大寨,而且学得还很不错,1975年被《人民日报》树为"农业学大寨"的典型。但他同时又悄悄办了个小五金厂,第一年就赚了万把块,迈出了后来华西村模式的第一步。

当时,上面的领导来视察,吴仁宝就把领导带到田头去,看轰轰烈烈的大生产场面,等领导走了,村里的农民又变成了工人回厂里干活。当时有口号叫"以粮为纲,全面发展",吴仁宝表面上讲"阶级斗争""以粮为纲",重点和实际却在抓"全面发展"。吴仁宝把这叫作以"形式主义"对付"官僚主义"。

▲吴仁宝(右一)考察江苏靖江,为"华西"寻求合作

这就是吴仁宝的聪明之处,也是华西村到了1978年召开十一届三中全会后,能够实现迅速发展的经验之道。

就在十一届三中全会召开前夕,华西村又上了《人民日报》,而且是在头版头条的位置刊发《农民爱这样的社会主义——欣欣向荣的江阴县华西大队》,同时配发评论员文章《华西的经验说明了什么?》。只不过,这一次介绍的却是华西村"走农副工综合发展的道路,努力壮大集体经济"的经验。那时候,华西村实际上已经有三四个工厂了。

无论是禹作敏还是吴仁宝,他们在中央政策尚未改变之前就走上了发展集体经济的道路,说到底都是因为穷则思变,实在是穷怕了,穷到没有办法了,只能想别的出路。当然,那时候的中国农村,穷是普遍现象,但是有没有禹作敏、吴仁宝这样的"能人"还是非常关键的。如果没有他们这样的领头人,没有他们这样的胆量和气魄,再穷也变不出什么花样来。

可口可乐重返中国

中国的改革开放来自两股力量的推动,一股是自上而下的体制改革,一股是自下而上的市场(民间)力量倒逼,二者的作用同样重要且都不可或缺。

比如被称作家庭联产承包责任制的"分田到户",就是基层自发行动在前,政府自上而下推动在后,然后成为正式的土地制度。没有小岗村的冒险,很难说土地改革会以何种形式进行,而没有中央"一号文件"的明确肯定,也很难说这场试验会不会被扼杀在襁褓之中。

农村集体经济、民营经济的发展,也是如此。大邱庄、华西村早在党的十一届三中全会召开之前就开始兴办小工厂,但只能偷偷摸摸地干,不敢大张旗鼓。虽说这种为寻找活路而进行的小规模经济活动不可能完全被遏制,但也必须承认,正是作为改革开放标志性事件的十一届三中全会的召开,给了民营经济希望,为民营经济的腾飞提供了制度合法性。

这正是十一届三中全会的伟大意义所在,也是中国改革开放进程中,无论是体制变革还是经济发展都绕不开这次历史性会议的根源所在。

1978 年发生的另一桩标志性事件,即可口可乐公司宣布进入中国内地市场。其后可口可乐在中国被逐渐接受,也和十一届三中全会这个历史节点有着无法割裂的关联。

不过,可口可乐得以进入中国内地市场的直接原因,并非十一届三中全会的召开,而是中美关系的缓和以及正式建交。

▲亚运会可口可乐广告牌

更准确地说,可口可乐应该叫重返中国内地市场。

早在 1949 年以前,可口可乐就已进入中国内地市场并行销各地。1927 年,可口可乐就已在上海等地开设工厂,而可口可乐这个名字,也是沿用当时确定下来的翻译(一开始叫"蝌蚪啃蜡")。1933 年,上海工厂已经是在美国之外最大的装瓶厂。到 1948 年,上海成为第一个年销售量超过 100 万箱(2400 万瓶)的美国境外市场。

1949 年后，由于众所周知的原因，可口可乐在中国内地市场上销声匿迹了。

实际上，可口可乐公司一直没有忘记中国，也在寻求重返中国内地市场的机会。这一机会随着中美关系的缓和而出现新的可能性。可口可乐公司的市场嗅觉无疑是非常敏锐的。1972 年尼克松访华，可口可乐公司随即在北京饭店设立了临时代办处。1976 年，时任可口可乐总裁马丁就来到中国驻美联络处，向担任商务秘书的佟志广表达在中国办厂生产销售可口可乐的愿望。

佟志广后来担任过中国粮油食品进出口总公司副总经理、香港华润集团总经理、对外经济贸易部副部长、中国进出口银行董事长。他是可口可乐重返中国内地市场的关键人物之一。

多年后据他回忆，当时他对马丁的回复是，现在进入中国内地市场为时尚早。随后，佟志广等人受马丁邀请到亚特兰大的可口可乐总部参观，而这次参观给他留下深刻印象。但他也只能实话实说，当时的中国老百姓还不可能接受可口可乐这个代表西方生活方式的产品。

第二年，佟志广回国进入中粮公司工作。这一年，访问北京的马丁又找上门来了。这次马丁显然是有备而来。他对佟志广说，可口可乐公司想在中国设厂，主要是为了把产品卖给那些来中国旅游的外国人，特别是欧洲人和美国人。因为可口可乐的目标是"哪里有美国人，哪里就有可口可乐"。他们是商人，哪儿有需要，他们就到哪儿。

马丁的这番说辞，是希望通过自我限定销售范围和采取去意识形态化的方式，来争取获得进入中国内地市场的入场券。不过，这次会面最终也没有结果，可口可乐重返中国内地市场真正取得进展的时间点是在 1978 年。这得益于当时中国国内政治局势明朗化，以及对外开放正式被提上政治议程。

这时候，对可口可乐进入中国内地，起到推动作用的关键人物是时任中粮公司总经理的张建华。实际上,两年前马丁拜访佟志广时,张建华正是中国驻美联络处的商务参赞,他与佟志广一起参观了可口可乐公司总部。

张建华回国后也进入了中粮公司任职。虽然他后来的职位没有佟志广高,但当时正是他力主引进可口可乐,并得到时任对外贸易部部长李强的支持。经过多方努力,中粮公司与可口可乐公司终于进入了实质性接触阶段。

中粮公司方面的谈判代表是糖酒杂品处副处长孙绍金,可口可乐方面的谈判代表是公司亚洲区代表李历生,谈判地点设在北京西苑宾馆,后又改到北京饭店。当时,中方谈判代表手里只有李先念副总理手写的一张小纸条,大意是说可以进行此项工作。孙绍金一边和对方代表谈判,一边向正在饭店里开会的张建华请示。双方前后共谈了三次,终于敲定了相关细节。

1978 年 12 月 13 日,中国粮油食品进出口总公司与可口可乐公司在北京饭店签订协议。协议内容为,美国以补偿贸易方式或其他支付方法,向中国主要城市和游览区提供可口可乐制罐及装罐、装瓶设备,在中国开设专厂灌装并销售。在装瓶厂建立前,从 1979 年起,用寄售方式由中粮公司销售可口可乐。

由此,可口可乐多年重返中国内地市场的梦想成真,成为第一家进入中国内地的外企。

可口可乐公司与中粮公司签约的时间、地点都非常富有历史寓意。双方人员在北京饭店谈判期间,在同一楼层的另一间会议室里,另一场更大的谈判——中美建交谈判——也在紧锣密鼓地进行。就在中粮公司与可口可乐公司正式签订协议后的 12 月 15 日,中美双方发表《中美建交联合公报》,宣布自 1979 年 1 月 1 日起,建立大使级外交关系。而中美宣布建交后的 12 月 18 日,象征中国正式进入改革开放时代的历史大事件——十一届三中全会,也在北京召开了。

当时美国舆论怀疑,可口可乐公司是不是提前知道了中美建交这一重大事项。《纽约时报》等美国媒体还专门对此进行调查,调查结论是,看不出二者有何关联。不过,可口可乐能够抢先进入中国内地市场,毫无疑问得益于公司经营者具有敏锐的市场意识和政治嗅觉,同时又懂得自我调适以应对复杂多变的市场环境。如果可口可乐公司一开始不是以服务在中国的欧美人为诉求,又在投资办厂方面尽可能让利给中方,是很难突破当时的层层障碍的。

尽管如此,时任对外贸易部部长李强仍然在合同的批复上写下一句话:仅限在涉外酒店、旅游商店出售。

李强这么做,并不是反对引进可口可乐,而是颇有先见之明。事实证明,协议的签订,也并不意味着代表西方消费符号的可口可乐,从此可以顺利进入中国内地市场。直到第二年年底,首批3000箱瓶装可口可乐才从香港发往北京,主要供给友谊商店和涉外宾馆。这时候,绝大多数中国普通老百姓仍无缘购买和消费可口可乐。

在后来扩大销售范围、设立工厂的过程中,可口可乐仍然需要面对各种复杂严峻的考验。例如,一开始美方有意把工厂仍然设立在上海,却遭到了当地有关部门的反对和质疑,结果,可口可乐重返中国内地市场后于1981年兴建的第一家工厂,是利用位于五里店的中粮北京分公司下属烤鸭厂的一间厂房改建的。

1982年,可口可乐被允许部分投放北京市场内销。由于在商店搞促销,可口可乐被《北京日报》以内参形式发文质疑"可口未必可乐",认为引进可口可乐是在浪费宝贵的外汇。内参得到了有关中央领导批示,要求"不准卖给中国人一瓶",导致可口可乐又从商店撤了下来。后来是中粮公司的具体负责人以"人民来信"的形式写信给中央领导反映问题,凑巧时任对外经济贸易部部长陈慕华的女儿在中粮公司工作,这封信得以辗转递交给国务院副总理万里。在万里同意恢复内销后,陈慕华又正式给中央打报告请示,得到了多位中央领导的批示,可口可乐总算渡过了这场危机。

类似的故事还有不少,可口可乐因此成为当时进入中国内地市场的其他外企的风向标,甚至成为判断中国改革开放动态的一种政治信号。而随着中国改革的步伐越来越快,风气越来越开放,可口可乐终于还是在中国内地站稳了脚跟,并且伴随着中国的不断进步而逐渐扩大了市场。

1984 年的一期美国《时代周刊》的封面,反映了"可口可乐在中国"的时代寓意。这期封面照片是一位身穿绿色军大衣、头戴深灰色鸭舌帽的普通中国男人,他一手握着一瓶玻璃瓶装可口可乐,另一手捏着白色吸管,一脸憨笑地对着镜头。封面的整体背景是中国长城,标题是"中国的新面孔:里根将会看到什么"(*China's New Face*,*What Reagan Will See*)。

这幅形象既有保守的一面(军大衣),却又不乏时尚元素(鸭舌帽),而手中的那瓶可口可乐与那满脸的笑容,则充分表现了当时普通中国人对新生活的信心与追求。这正是 20 世纪 80 年代初中国的时代精神面貌。

袁庚与蛇口工业区

2016 年 1 月 31 日,被誉为"改革急先锋""改革开放的重要探索者"的袁庚逝世,享年 99 岁。这一天,凑巧正是蛇口工业区成立 37 周年。

虽然袁庚已经淡出公众视线多年,但这一消息传出后,许多人涌向网上表达敬意和哀思。与袁庚有过工作交集的企业家,也纷纷撰文或接受采访回忆袁老的点点滴滴,包括平安保险的马明哲、招商银行的马蔚华、万科的王石等人。

马明哲、马蔚华特别感慨,正是在袁庚的开拓与"蛇口精神"的感召下,平安保险从一家 13 人的单一财产保险公司,发展成为资产规模 6.49 万亿元、全球排名第一的保险集团;招商银行从一家小小的财务公司,发展成为资产规模 6.29 万亿元的超级银行。

这两家都是世界 500 强企业,而在福布斯 2018 年 6 月公布的世界 2000 强企业名单中,平安保险名列第 10 位,招商银行名列第 32 位。

截至 2017 年,深圳有 6 家世界 500 强企业,从作为企业创始人的袁庚手中就诞生了两家世界 500 强,这在全世界范围内,只有日本"经营之圣"稻盛和夫做到了。

蛇口工业区及其改革实践,对中国改革开放的进程发挥了重要的先行先试作用。在袁庚南下负责筹建蛇口工业区前后,改革开放已是势不可挡,但因为有了蛇口工业区,方向和路径变得越发清晰。

▲1988 年 6 月,深圳蛇口。外资企业的女工们在上班路上。

这段历史要从 1975 年说起。

1975 年 10 月,在秦城坐了五年半牢房的袁庚,到交通部外事局任职。这一年年初,他的老上级叶飞出任交通部部长;他在东江纵队(后改为两广纵队)的老领导曾生差不多和他同时,也到了交通部担任副部长。就这样,三个在烽火岁月里出生入死的老人又走到一起,为新的事业奋斗。

1977 年 5 月,叶飞率团出访瑞典、丹麦、挪威、芬兰北欧四国,为其经济社会的发展程度所震动,他与同行的已任交通部外事局副局长的袁庚讨论,如何才能把人家先进的东西拿来为"我"所用,于是,就有了充分利用交通部所属香港招商局的初步设想。

1978 年 6 月,叶飞出席国务院会议,向国家副主席李先念,国务院副总理王震、陈慕华、方毅、谷牧等汇报工作,第一次向中央正式提出了通过香港招商局充分利用香港的资金、技术和管理等方面优势来为国家建设服务的问题。李先念对这个问题非常感兴趣,也非常赞同,当即表态:对香港"我的意思是放手利用"。

会后,交通部党组决定派曾任东江纵队驻港办事处第一任主任的袁庚前往香港考察招商局经营情况。

袁庚出生于广东省宝安县大鹏镇(现为深圳龙岗区大鹏街道),加入东江纵队后,于 1945 年 9 月担任东江纵队驻港办事处第一任主任。香港既是袁庚战斗过的地方,也是他的伤心之地——任职驻港办主任次月,他的父亲、二弟、妻子还有 8 岁的儿子在奔赴香港途中因船只爆炸遇难。而这次来香港,他则肩负着新的使命。

两个月后,袁庚考察完毕回交通部报告。1978 年 8 月 30 日,交通部党组再次召开会议,专门研究如何利用香港招商局的问题。这次会议除了讨论通过袁庚等起草的《关于充分利用香港招商局问题给国务院的请示》初稿,还宣布了一项影响深远的人事任命:由交通部第一副部长曾生兼任香港招商局董事长,交通部外事局副局长袁庚任常务副董事长,驻香港主持日常工作。

以往许多报道和资料记载中,涉及招商局蛇口工业区这段历史,都只提袁庚而不提或很少提及叶飞和曾生等人。其实,没有叶飞利用招商局的设想,没有他们派袁庚到香港考察,很难说会有蛇口工业区的诞生。而没有担任招商局董事长、继叶飞之后担任交通部部长的曾生的直接支持,袁庚在蛇口的改革步伐能走多远也是不确定的。

作为东江纵队和两广纵队司令员、开国少将的曾生,在抗日战争和解放战争时期就是袁庚的上级。1944 年,东江纵队设立对外联络处,袁庚任联络处处长;1947 年两广纵队成立后,袁庚先后担任过侦查科长、作战科长和炮兵团长;"文革"爆发后,袁庚又是受"曾生专案"牵连,与老上级一起被关进了秦城监狱。

此外,曾生和袁庚也是老乡,曾生出生于宝安县坪山镇(今深圳坪山区)的华侨家庭,与袁庚的家乡大鹏镇相去不远。叶飞当初把招商局这副担子落在他们二人肩上,是经过充分和慎重的考虑的。他后来提及,当时派人到香港工作,至少要具备三个条件:熟悉香港;会说广东话;懂得市场,会做生意。曾生和袁庚明显是他的理想人选。

1978 年 10 月 9 日,交通部起草了一份《关于充分利用香港招商局问题给国务院的请示》(以下简称《请示》),由叶飞签发后上报中央,就对外开放提出建议。这份报告上报三天后就得到了中央批准,时任国家副主席的李先念批示:

拟同意这个报告,只要加强领导,抓紧内部整顿,根据华主席"思想再解放一点,胆子再大一点,办法再多一点,步子再快一点"的指示,手脚可放开些,眼光可放远些,可能比报告所说的要大有作为。[①]

实际上,袁庚在 9 月份就一个人到香港招商局上任了。很多人可能会有困惑,不是让袁庚利用香港招商局吸引资金和技术吗?为什么变成在蛇口创立工业区了?

---

① 李岚清.突围:国门初开的岁月[M].北京:中央文献出版社,2008:72.

原来,就在李先念批示当天,还不知报告已经批示下来的叶飞,在上海再次主持会议讨论利用招商局的细节问题,明确提出要办两个拆船厂:香港一个,内地一个。发展拆船业的设想,在《请示》中也有提及,设想是收购超龄轮船,拆了后把废钢重新炼成各种钢材。但袁庚到香港后发现,香港地皮太贵了,这样做很不现实。

所以,在这次会上,袁庚向叶飞提出可以在靠近香港的广东大鹏湾附近搞一个,这个建议得到了叶飞首肯,并表示可以搞大一点,由广东出地皮和劳动力,资金、技术和设备用香港的,利益均沾。这样事情就牵涉到与广东协商的问题。

1978年11月22日,袁庚等人就到广州与广东省革委会副主任刘田夫就建工业区一事进行交流,取得了刘田夫的赞成和支持。

刘田夫和袁庚也是老相识。他是四川广安人,从1939年起就在广东组织抗日武装斗争,1946年与东江纵队主力一起北撤山东烟台,两广纵队成立后担任政治部副主任,1949年后长期在广东任职,官至广东省省长。刘田夫从一开始就全力支持蛇口工业区的筹建,以后多次前往考察,为工业区解决了不少问题和困难,是蛇口工业区发展的重要支持者和见证人。

袁庚拜访刘田夫后,12月18日,叶飞、曾生等人又亲赴广州,具体商谈筹建工业区事宜。

稍早前,叶飞到欧洲考察结束后专门在香港停留,听取袁庚和招商局总经理金石等人的工作汇报。所以到广州后,广东省革委会和招商局马上进行实质性磋商。工业区地址的选择,也是由广东省和招商局的人一同前往蛇口、沙头角、盐田等地实地考察后,最终确定选址在蛇口。

细心的人能够看出,叶飞、曾生、袁庚等人与刘田夫、王全国(时任广东省革委会副主任)等人在广东省委招待所会面的这一天,正是十一届三中全会开幕之日。在这之前则是历时 36 天的中央工作会议。王全国是刚参加完中央工作会议赶回广东的。正是在中央工作会议期间,中央决定由广东省委第二书记习仲勋担任第一书记,杨尚昆出任第二书记。

十一届三中全会的召开,正式拉开了改革开放的序幕,蛇口工业区汇入了这股历史大潮。

1979 年 1 月初,广东省和招商局共同起草了致国务院的《关于我驻香港招商局在广东宝安建立工业区的报告》。在很多资料中,袁庚是这份文件的起草人。根据《叶飞上将》一书作者吴殿卿披露,这份报告经过了在广州的曾生审阅修改,同时经过刘田夫等广东方面领导审阅签批,然后由招商局派专人送往北京,由叶飞签发后呈报中央。

接下来就是见证蛇口工业区正式获批的历史时刻。

1979 年 1 月 31 日,交通部副部长彭德清(后来继曾生担任交通部部长)与袁庚一起到中南海向李先念副主席、谷牧副总理汇报成立蛇口工业区事宜。袁庚拿出地图,请中央大力支持,在宝安县的蛇口划出一块地段,作为招商局的工业区用地。

李先念拿过袁庚递过来的铅笔,在地图上一划,准备把整个南头半岛划给招商局。这反倒把袁庚吓了一跳,这地方足足有 30 多平方公里。即便袁庚有大干一场的雄心,这块工业区以后会成为什么样子,他心里也是没底的。最终,袁庚只从中央拿走了 2.14 平方公里,开发用地约 300 亩。

这就是蛇口工业区最早的家底。这一天,也就成了蛇口工业区成立的纪念日。舞台已经搭好,接下来就是袁庚的时间了。在这之后袁庚在蛇口工业区的拼搏奋斗历程,则为更多人所熟悉。

荣毅仁与中信公司

1979 年 1 月 17 日，十一届三中全会刚结束不久，一场别开生面的会面在人民大会堂福建厅举行。

邓小平在这里召见了五位工商业代表人物：胡厥文、胡子昂、荣毅仁、古耕虞、周叔弢。会见后邓小平请他们吃了一顿涮羊肉宴。这就是后来参与会见的古耕虞所描述的"一只火锅，一台大戏"。

在这次召见中，创立中信公司的构思初步成型。邓小平这时候召见五位1949 年以前就从事工商业的爱国人士，当然不会只是为了叙旧。当十一届三中全会确立以经济建设为目标，他就想到了如何发挥这批老工商业人士的积极作用。这份五人名单是他亲自提出的，召见地点设在福建厅也不是偶然，因为福建是有名的侨乡。而在召见之前，五老也是有备而来，事前在各地做了大量调查，和一大批工商界人士座谈过，心里已经有一肚子的建言倡议。

邓小平坐定下来后，就开门见山地说："听说你们对如何搞好经济建设有很好的意见和建议，我们很高兴，今天就谈谈这个问题。""现在搞建设，门路要多一点，可以利用外国的资金和技术，华侨、华裔也可以回来办工厂。""要发挥原工商业者的作用，有真才实学的人就应该使用起来，能干的人就当干部。"[①]

接着，邓小平直接点将，对荣毅仁说："荣毅仁同志，希望你减少一些其他工作，多搞些对外开放和经济工作。"并且给荣毅仁充分的自主权："给你的任务，

[①] 中共中央文献编辑委员会.邓小平文选（第二卷）[M].北京：人民出版社,1994：156.

你认为合理的就接受,不合理的就拒绝,由你全权负责处理。"①

根据相关回忆资料,面对邓小平的重托,荣毅仁当即表示:"我愿意做工作,我才 63 岁,在 80 岁以内还可以工作。"实际上,荣毅仁的一些思考在当时已经非常超前,他对邓小平提出自己的想法:"资本主义社会经常采用的方法,不应被视作只适合于资本主义经济环境。"这俨然有破除"姓社姓资"误区的思维。这话当时也得到了邓小平的赞赏。

过了十几天后,荣毅仁向中央提交了《建议设立国际投资信托公司的一些初步意见》,进一步阐述了办好这家对外开放窗口公司的设想。经过几个月的紧张筹备与申请批复,1979 年 10 月 4 日,中国国际信托投资公司正式成立,自此展开与中国改革开放相伴相随的旅程。

这不是邓小平第一次点将荣毅仁,更不是两人的第一次交集。早在"文革"之前,邓小平就很赏识荣毅仁。1959 年,毛泽东考虑选择几位党外人士到中央担任领导工作,并委托时任中央书记处总书记的邓小平推荐人选,邓小平经过认真物色推荐了两个人,其中一个就是时任上海市副市长的荣毅仁。其后,荣毅仁就任纺织工业部副部长,直至"文革"初期。

"文革"结束,邓小平复出后,很快就想到了让荣毅仁等党外人士继续发挥作用。在 1978 年 2 月举行的全国政协五届一次会议上,邓小平和老帅叶剑英等人又提名了荣毅仁担任全国政协副主席。邓小平经常亲切地称荣毅仁为"荣老板",这其实也是一种赞许和认可。而这又是因为,1949 年以来,荣毅仁用自己的行动表明了他无愧于"红色资本家"这个称号。

----

① 中共中央文献编辑委员会.邓小平文选(1975—1982 年)[M].北京:人民出版社,1983:157.

作为 1949 年以前在国内声名赫赫的荣氏家族的代表人物，荣毅仁身上有着强烈的符号意义。荣氏家族自荣毅仁的父亲荣德生、伯父荣宗敬从无锡老家到上海创业后，数十年内积累了富可敌国的财富，被称为"面粉大王""纺纱大王"，产品行销海内外，开办工厂数十家，被毛泽东称为"中国民族资本家的首户"。

到了 1949 年，荣氏家族成员纷纷出走海外，唯有荣德生和荣毅仁父子选择留下来迎接新政权的诞生。荣氏父子在上海解放后恢复经济生产与稳定人心方面发挥了很大的积极作用，受到毛泽东、陈毅等人的赏识。

陈毅对荣毅仁有一个评价，"既爱国又有本领，堪当重任"。1954 年，荣毅仁更是率先提出公私合营，发挥了表率作用，"红色资本家"的叫法也不胫而走。1957 年，荣毅仁被选为上海市副市长。这一切都表明，荣氏父子取得了新政权的充分信任，成为共产党的亲密朋友。

正是有了这些历史渊源，改革开放之初，邓小平就想到了"荣老板"，让他发挥自己的商业专长、利用雄厚的海外关系，为内地引进资本和技术。

虽说有邓小平、叶剑英、王震等人的大力支持，但中信公司在创办和发展过程中并非一帆风顺，也受到当时社会观念的限制和国力水平的制约。就说财政拨款这事，一开始财政部答应先实拨 2 亿元给中信，但由于财政困难，第一次实际只拨了 2000 万元。所以公司刚创办期间，荣毅仁个人掏了 1000 万元存款借给公司，这才解决了运营资金的不足。

不过，也正因为有国家领导人的支持，加上荣毅仁的费心经营，中信公司很快顺利运作起来，并打开了局面，干了一些大手笔的项目。有的项目就当时而言远远超过国人的眼界，可谓石破天惊。

例如 1982 年中信为国家重点项目仪征化纤在日本成功发行了 100 亿日元

债券,成为新中国成立后首家在境外融资的发行体。此举打破 1949 年后中国引以为豪的"既无内债,又无外债"的纪录,本身就是非常胆大之举,而且第一次便是向日本这样的资本主义国家借钱,更是让很多人难以接受,甚至到国务院告状,质问"中信到底想要干什么"。

但是,中信的"仪征模式"很快为国内所效仿,而随着外资的纷纷涌入,有关争议也逐渐烟消云散了。

担任过中信公司顾问的美国前国务卿基辛格在谈到苏联的改革时,曾大发感慨:"苏联人面临的最大困难之一就是,他们找不到一位像荣毅仁这样(既了解东方,又了解西方)的企业家。"

在当年市场经济毫无基础、民营企业仍处于萌芽状态的阶段,以国家的力量,积极争取在 1949 年以前有实业和商业经验的原工商业人士的参与,确实是在短时间内为经济发展做出贡献和示范的可行做法。

这也是荣毅仁和中信公司的历史贡献所在。

深圳，按下改革开放的按钮

"圳"，意指田野里的小水沟。深圳，正因其水泽密布，村落边有一条深水沟而得名。但是，人们没有想到，有一天，这样一个地名会进入世界的坐标之中；深圳，会成为撬动我国改革开放的一个支点。

让我们再来温习一下深圳的"出生履历表"。1978年7月，抵粤主政3个月的习仲勋第一次来到当时的宝安县调研，从调研中看到了宝安县的贫穷，看到了内地与香港的差距。几个月后，习仲勋和广东省委有关领导向中央建议，让广东在经济管理体制上实行特殊政策、灵活措施。

1978年12月召开的中共十一届三中全会，决定把全党工作的重点转移到社会主义现代化建设上来。1979年4月，中央工作会议期间，邓小平听完习仲勋、杨尚昆的汇报后，深深地吸了一口烟：深圳，这块地方到底叫什么好呢？出口加工区、贸易区、工业区？都不算准确。不一会儿，他把手里的香烟往烟灰缸里使劲一按,果断地说:"还是叫特区好,陕甘宁开始就叫特区嘛!中央没有钱,可以给些政策你们自己去搞,杀出一条血路来。"①

"杀出一条血路",从此成为深圳精神的一个重要内核。

1980 年 3 月末,国务院在广州召开广东、福建两省工作会议,研究并提出了试办特区的一些重要政策,并同意把原拟的"出口特区"名称改为"经济特区"。1980 年 8 月 26 日,第五届全国人大常委会第十五次会议批准了《广东省经济特区条例》。这一天,即成为深圳经济特区成立日。

深圳像一个在时间的齿轮上高速运转的城市,向外界充分展示了当束缚解除、坚冰打破后,人们身上所能释放的源源不断的活力。作为改革试点,蛇口工业区炸响"中国对外开放的第一声开山炮"。沉默年代的那一声爆破,成为中国对外开放的号声。1981 年,蛇口工业区开始进行住房制度改革,实行职工住房商品化,迈出了全国住房制度改革的第一步。蛇口工业区在各重点大学及各地公开招聘人才,开人事制度改革先河。袁庚在总面积不足 11 平方公里的蛇口工业区率先推行了工程招投标、干部人事制度、劳动用工制度、劳动分配制度、城市居民住房制度、社会保障制度等政策,创造了 24 项全国第一。

"时间就是金钱,效率就是生命",被誉为"知名度最高,对国人最有影响"的口号,效率与价值的大旗被高高扬起。1982 年,"时间就是金钱,效率就是生命"的巨型标语牌力排众议,被矗立在了蛇口工业区最显眼处。值得一提的是,当袁庚惴惴不安地向邓小平提及他们"偷偷"立起来的那个标志性牌子时,邓小平当时不置可否,回到北京后,却主动"引用"了这句铿锵有力的口号。

1984 年国庆,特区的彩车挂着"时间就是金钱,效率就是生命"的标语牌开

---

① 中共中央文献研究室.回忆邓小平(上)[M].北京:中央文献出版社,1998:158.

过天安门,这句口号立刻风靡大江南北。历史的风雷,往往就隐藏在这样的细节当中。

此外,无论是"三天一层楼"的国贸大厦建设,还是从香港引进的土地拍卖制度等,冲击的都是运行缓慢、死气沉沉的体制化机制,唤起的是国人对现代化建设的澎湃激情和生生不息的创造力。

但是,向旧秩序、旧樊篱挑战的改革从来就不会一帆风顺。作为中国最大的梦想磁场,作为中国最重要的经济特区,深圳在当时的历史背景下,很容易成为众矢之的。正当舆论云谲波诡的时候,1984年1月,邓小平第一次来到了深圳。"深圳的发展和经验证明,我们建立经济特区的政策是正确的。"邓小平对深圳的这一著名题词,给深圳吃了一颗定心丸。如今被镌刻在莲花山顶邓小平铜像的影壁上的这句题词,更是早已镌刻在了历史的深处。

1984年年初,天津、上海、大连、秦皇岛、烟台、青岛、连云港、南通、宁波、温州、福州、广州、湛江、北海14个沿海城市对外开放,兴办经济技术开发区;1985年,珠江三角洲、长江三角洲、闽南三角地区等的61个市、县辟为沿海经济开放区。2013年8月,国务院正式批准设立中国(上海)自由贸易试验区。随后,天津、广东、海南等多个自由贸易试验区相继成立。

改革大业,从"圳"出发,浩浩荡荡,呈现出一派越来越波澜壮阔的景象。

从财政分灶吃饭到分税制

国人见面喜欢问:"吃了吗?"可见吃饭是头等大事。所以,肇始于1980年的财政体制改革,有了一个十分形象的名字——"分灶吃饭"。

我们得感谢当初发明"分灶吃饭"这个词的人。这个词可以帮助我们更好地理解、梳理 38 年前那一场开启了中国体制改革先河的财政分权改革的脉络。

1980 年前,吃的是大锅饭,中央财政统收统支,建设预算由国家计委统一制定。这样一来,各省当然没有也不需要积极性了,只需被动地等上面的指令就行。

"分灶吃饭"以前,地方机动财权也极小,税收原则上要 100%上缴国库。虽然也有个别特殊情况,例如广东为搞广交会可以留成部分税收,但这是需要中央特批的。

"分灶吃饭"分为"收入分灶"与"支出分灶"。根据 1979 年 7 月国务院颁布的《关于试行"划分收支、分级包干"财政管理办法的若干规定》,"收入分灶"的大致内容为:中央财政的固定收入包括中央所属企业的收入、关税收入和中央其他收入;地方财政的固定收入包括地方所属企业的收入、盐税、农牧业税、工商所得税、地方税和地方其他收入;经国务院批准,上划给中央部门直接管理的企业,其收入以固定比例分成,80%归中央,20%归地方;工商税作为中央和地方的调剂收入。

"支出分灶"则大致规定,中央的基本建设投资、中央企业的流动资金、国防战备费、对外援助支出、中央级的事业费和行政管理费等由中央财政支出;地方支出的范围包括地方的基本建设投资、地方企业的流动资金、支援农业支出、地方各项事业费、抚恤和社会救济费及地方行政管理费等。

明确收支范围后,接下来就是确定包干基数。凡是地方收入大于支出的地区,多余部分按比例上缴;支出大于收入的地区,不足部分从工商税中按比例留给地方;收入仍然小于支出的,不足部分由中央财政给予定额补助。

财政"分灶吃饭"带来的好处是显而易见的。比如,它大大增加了地方的财政权限,有利于因地制宜地发展地方建设和社会事业;分成比例和补助数额,由原来"总额分成"时的一年一定改为五年一定,定后五年不变,使地方"五年早知道",便于地方制定和执行长远规划;更能寻求事权和财权统一,权利与责任统一,谁的企业,收入就归谁支配,谁的基建、事业,支出就由谁安排。而且分灶吃饭,自求平衡,权利与责任也挂得比较紧。"分灶吃饭"开始后对于直辖市、广东、福建、江苏和少数民族地区,仍分别定有特殊体制或特殊照顾。

但是,因为收入划分的依据是行政隶属关系,地方政府为自己利益着想,势必来个"两手抓":一手抓税高利大的地方企业,一手抓市场封锁。结果就是地区分割,重复建设。此外,一些地方对体制内分成收入的征收消极怠工,在体制外收入上大做文章,搞财政资金体外循环。中央财政要么不知,要么是心知肚明口难开。

中央财政弄得很被动。中央财政收入占全国财政收入的比重到 1993 年只有 22% 左右,与发达国家 50%～70% 的比例相去甚远。人穷志短。中央财政手中拮据,囊中羞涩,想利用财政政策调节宏观经济,也只能是心有余而力不足。结果,中央财政只得伸手向地方求援,让地方多做贡献,以解一些燃眉之急。

在这种情况下,1993 年 12 月 15 日,国务院发布《国务院关于实行分税制财政管理体制的决定》,我国开始对"分灶吃饭"进行升级,实行了分税制,按税种划分中央和地方的税收。

分税制的核心是分税、分征、分管,同时建立税收返还和转移支付制度。还是以"吃"来打比方的话,分税就是切蛋糕,将蛋糕一切为三,一块为中央所有,一块为地方所得,还有一块双方共享,即把税种划分为中央税、地方税、中央地方共享税。关税、消费税等为中央税,增值税、资源税、证券交易税等为共享税,它们与经济发展直接相关。其他为地方税。

分税制改革搭建了市场经济条件下中央与地方财政分配关系的基本制度框架，发挥出了一系列的正面效应。但是，中央重新上收了财政收入权，从历史的高度来看，它只能算是一个过渡，并不能算是一套完备的制度，更应该说是框架而非系统性制度，因此带来了一系列遗留问题。

比如，随着财权上移，事权下放，用一句通俗的话来概括，就是"中央财政喜气洋洋，省市财政勉勉强强，县级财政拆东墙补西墙，乡镇财政哭爹喊娘"。由于中央和地方的财权事权并没有真的理顺分清，有钱的不管办事，办事的没有余粮，权责错配导致配置扭曲，长期运行后产生了实体空心化、资产泡沫化的异象。同时地方政府一方面在当地一筹莫展，债务高企，基建落后，但对中央机构趋之若鹜，各种"驻京办"屡禁不止，"跑部钱进"的不正之风渐渐抬头；另一方面又屡屡"出事"，在夹缝中成为腐败滋生的沃土。

当然，我们不应苛求于历史的局限性，总体来看，从财政"分灶吃饭"到分税制改革"切蛋糕"，从打破大锅饭到在"经济性分权"框架下突破"行政性分权"的樊篱，这种里程碑式的财政改革开启了后续深化改革推进公共财政转型的空间。

▲1980 年河北省粮票（一市斤）

让我们再次回到 1980 年。为了让全国人民过好 20 世纪 80 年代的第一个春节,商业部在 1 月 18 日专门下发通知,要求各大城市敞开供应猪肉。又过了几天,国务院下达文件,允许"鸡蛋可以实行季节性差价",这意味着国家已经在尝试着用价格杠杆来协调市场。也是在这一年,中央与地方实行"财政分灶"——河流解冻的声音,在今天听来依然如此动人。

第一家个体饭店

北京二环以内的区域,在历史上被称为皇城。北京市东城区翠花胡同就在皇城内。皇城根儿下不一般,很可能某件当事人认为的小事,却成为写进历史书的大事。刘桂仙可能就没想到,1980 年她为改善生活而开设的饭店,成为改革开放后中国第一家个体餐馆。

刘桂仙是河北农村人。40 多岁的她在北京一家幼儿园当临时工,丈夫郭培基在北京饭店当厨师。虽说丈夫是厨师,但是朋友们来家里做客的时候,都是刘桂仙掌勺,大家都夸她做饭好吃。

当时,叶剑英元帅家里想请一位会做饭的保姆,北京饭店的厨师们推荐了刘桂仙。1980 年的一天,邓颖超、康克清等中央领导的夫人们到叶帅家里吃饭,大家聊起刚刚结束的对英国的访问,说是英国的中餐馆都不正宗,做的菜都是西餐味。首长夫人们对刘桂仙开玩笑说,要是她去英国开餐馆,肯定能火。说着说着,首长夫人们开始鼓励刘桂仙:就在北京开饭店也能火。

首长夫人们并非完全开玩笑。1980 年,改革开放的大幕已经掀开一角。在那之前的一年,1979 年 4 月,国务院批转关于全国工商行政管理局长会议的报告中,首次提出了恢复和发展个体经济,同意对从事修理、服务和手工业的个体劳动者发放营业执照。这是"文革"之后,中央批准的第一个有关个体经济的报告。紧接着的 1980 年 8 月,中共中央在《关于转发全国劳动就业会议文件的通知》中明确提出:"允许个体劳动者从事法律许可范围内的、不剥削他人的个体劳动。"

刘桂仙和丈夫共有五个孩子,当时最小的两个孩子都待业在家,日子很艰难。为了改善生活,刘桂仙决定开饭店试试。

刘桂仙找到北京市东城区工商局,要求办理个体餐饮营业执照。当时修理业和手工业的个体经营已经放开了,但是对餐饮业的个体经营,中央还没有明确政策。北京市东城区工商局研究了一段时间,决定特批给刘桂仙一张个体餐饮营业执照。那时还没有个体餐饮营业执照的正式格式,东城区工商局就自己设计了一张营业执照并盖章。就这样,刘桂仙拿到了编号为 001 的北京市第一张个体餐饮营业执照。这其实也是改革开放后中国第一张个体餐饮营业执照。

营业执照拿到了,北京市东城区工商局替刘桂仙担保,向银行贷了 500 元,作为刘桂仙饭店的启动资金。刘桂仙拿着钱,买了 1 台冰箱、4 张旧桌子和 15 把椅子……准备工作做好后,刘桂仙手里只剩下了 36 元。刘桂仙拿着钱来到北京城知名的朝阳菜市场,却发现这里绝大多数商品都需要凭票证购买,只有鸭子不需要凭证。于是,刘桂仙用仅剩的 36 元买了 4 只鸭子,她决定给客人做她拿手的锅烧鸭。

刘桂仙计划在国庆节当天开门营业,后来想了想,决定提前一天开门试试,看到底有没有人来吃饭。1980 年 9 月 30 日,只有 4 张桌子的悦宾饭馆在北京市东城区翠花胡同 43 号开张了。开业的鞭炮一响,人们听说私人饭馆开张,一传十、十传百,来看热闹的人排起了长龙。中国改革开放后的第一家个体餐馆,就这样在些许慌乱中诞生了。美国合众社记者龙布乐在报道里如是说:"在中

▲悦宾饭馆开业

国的心脏,美味的食品和私人工商业正在狭窄的小胡同里恢复元气。"

开业第一天,刘桂仙赚了38元,顶得上那个年代一个工人的月工资。当时来吃饭的主要有三类人:外国驻华使馆的外交官及住在附近华侨大厦的境外人士,香港演员郑少秋就曾多次光临悦宾饭馆;周边机关的工作人员;东四西大街卖服装的个体户。

吃饭的人多了,食材的来源又让刘桂仙头疼。在那时,很多东西都需要凭粮票等票证购买。刘桂仙没有那么多购买凭证,只好去北京周边的河北省高碑店、保定等地的农村集市上买原材料。她常常早上5点钟起来坐火车出发,一个人背着几大包米、面、肉、菜回家。

悦宾饭馆的名气越来越大,非议也越来越多。有人说刘桂仙一家是资本主义复辟的急先锋,还有人见总有外国人到悦宾饭馆吃饭,就说刘桂仙"里通外国"。有段时间,刘桂仙的丈夫郭培基每天下班,在胡同口就下了自行车,悄无声息地推着自行车走进家门,生怕别人听见骑自行车的响动后对他指指点点。

悦宾饭馆还吸引了很多外国记者前来采访,这些外国记者提的问题大同小异:"这饭馆是你自己开的还是政府要你开的?""你担心自己将来挨批斗吗?""你赚了钱会不会被别人拿走?"事实上,对于后两个问题,刘桂仙自己也想找个人问清楚。

1981 年农历大年初一,刘桂仙的悦宾饭馆迎来了两位贵客——国务院副总理姚依林、陈慕华登门向她拜年。"首长告诉我们不用怕",刘桂仙和郭培基终于放心了。

1981 年 10 月,中共中央、国务院发布《关于广开门路,搞活经济,解决城镇就业问题的若干决定》。这份文件明确承认"个体劳动者,是我国社会主义的劳动者"。

坚冰逐渐融化,个体经济的活力喷涌而出。

刘桂仙的悦宾饭馆,生意蒸蒸日上,开业后三个月就还清了银行贷款。两年后,政策允许个体工商户聘请雇工,悦宾饭馆迎来了家庭成员之外的第一个员工——一个名叫张学兰的女青年。后来,张学兰成了刘桂仙的四儿媳。

如今走进翠花胡同 43 号,仿佛时光倒流,悦宾饭店依然保持着简朴的装潢,店里甚至还在使用算盘算账,唯一显眼的是木匾上刻着棕红色的"中国个体第一家"。五丝桶、面筋扒白菜、锅烧鸭……这些刘桂仙独创的菜肴,几乎保持着 39 年前的口味。悦宾饭馆至今不送外卖,没有扩张店面,更没有利用品牌搞连锁经营。执掌悦宾饭馆的刘桂仙的孙辈表示,这不是因循守旧,而是坚守那份纯粹的味道。

改革开放 40 余年,非公有制经济已经成为社会主义市场经济的重要组成部分。刘桂仙已经在 2015 年去世。不知她是否曾想到，"只是开了家饭店"的自己，会成为中国改革开放的标志性人物。

"中国第一商贩"年广久

改革初期许多标志性事件以及典型人物，都不可避免地与邓小平有交集或关联，年广久就是其中一位。年广久一生有三次被邓小平提及或批示，每一次都扭转了他的个人命运。

年广久其实叫年广九，这是他的本名，也是注册商标上的名字，但不管是报纸、杂志还是各种文献记载，都叫他"年广久"，以至于他多次公开澄清也不管用。

▲郑州："傻子瓜子"的创始人年广久

改革开放初期，只要敢闯敢干，不受过去的观念约束，赚到钱还是相对容易的。毕竟那还是一个凭票供应的供方市场，消费者的需求层次较低，只要够大胆、有关系（批条），很容易得到顾客认可，赚取财富。所以，当时很多乡村能人、手工业者迅速成为万元户、民营企业家。年广久就是在这个背景下，走上了时代舞台。

实际上，年广久卖瓜子的生涯比改革开放的时间长，而他作为个体商贩的历史又比卖瓜子的时间早。出生于 1937 年的年广久，自幼丧父，所以早早就和母亲在大街上摆小摊了。1963 年，卖鱼为生的年广久因"投机倒把罪"被判处有期徒刑一年。出狱不久，又因为卖板栗被当作"牛鬼蛇神"关了 20 多天。放出来后，他先是卖水果，后来又跟一个卖瓜子的老师傅学习炒瓜子，从此和瓜子结下不解之缘。

有一个流行的说法是，年广久从 1972 年开始卖瓜子，1976 年就赚到了 100 万元。这其实是年广久自己的说法，既没法证实，也没法证伪，但可以肯定的是，年广久的"商贩意识"是根深蒂固的，没有被各种运动和挫折打趴下。做小商贩成本低，随时可以从头再来，而赚到的钱远比干别的多，所以对他来讲，这么做根本不需要观念转变，也不需要谁来鼓励。

所以，当十一届三中全会召开后，他的第一个念头是可以甩开膀子大干一场了。但他的想法遭到了第一任妻子耿秀云的强烈反对，数落他是不是"坐牢还没有坐够"，年广久一怒之下与妻子离婚，拉着一辆板车，带着炒瓜子的工具离开芜湖，去了扬州。不过，据年广久自己讲，他那时候没有本钱再做生意，是讨饭讨到扬州的。

2008 年，年广久对《南方都市报》回忆道，直到 1980 年 8 月初，他才回芜湖重起炉灶，和儿子一起办了炒瓜子的小作坊。打这以后，他的生意越做越好，越做越大。年广久的真正发迹，应当是从这时候开始的。

这一年，国内的个体户数量也随着政策松动而猛增。据统计，1980年中国从事个体营业的人数为86万人，比上一年翻了一倍多，考虑到当时的统计方式以及政策环境，实际数量可能远远超过此数。

也是这一年，在年广久还蒙在鼓里的情况下，他的名字已经传到中国高层的耳中。

当时，关于雇工人数和姓"社"姓"资"的问题，成了社会关注的话题。由于生意太好，不断增设生产点，年广久开始雇人来干活。在短短两三年时间，他的雇工人数从数人到数十人，直到1983年年初成立芜湖市傻子瓜子总厂时，人数已增加到了103人。

1980年，邓小平看了杜润生送来的关于"傻子瓜子"问题的调查报告后，对姓"社"姓"资"的争论表态，要"放一放""看一看"。这是邓小平最早关于年广久的指示。当时，政策上对发展个体经营有所松动，各地陆续发放了个体工商业营业执照。不过，雇工问题的争论仍然延续了几年才逐渐平息。

邓小平的这番话，身在芜湖的年广久自是毫不知情，但要是没这句话，年广久的炒瓜子事业能不能快速壮大，答案却是明显的。1981年，年广久和大儿子年强租地建起简易厂房，正式创办了芜湖第一家私营企业——傻子瓜子厂。第二年，年广久又正式注册了"傻子"的商标，"傻子瓜子"这个称号从此与"中国第一商贩"年广久的人生牢牢关联在了一起。

只是那时候的年广久不会知道，未来还有多少挫折和磨难等着他。

打击"投机倒把"

"有人到北京来玩,带了一些成衣回去,每件加三五元出售,获取利润二三百元,除了旅游花费外,还捞了一些钱。"你能想象,这种在今天已经司空见惯的行为,在 30 多年前可是违法的行为吗?

千万别笑,这可是最高人民法院机关刊物《人民司法》1981 年第 5 期上面一篇文章《谈谈投机倒把罪》里所举的"投机倒把违法行为"的例子。

"投机倒把",主要是指利用时机行情,以买空卖空、囤积居奇、套购转卖、制假售劣、操纵物价等不正当方式扰乱市场、牟取暴利的行为。

"投机倒把"牵涉的内容很广,在我国过去的一些工商、金融、公安、税务等行政法规中,都有相关的规定。按照前述《谈谈投机倒把罪》这篇文章的介绍,以下这些行为大体上都可以被认定是"投机倒把":

▲1987年1月17日,上海延安路、西藏路人行天桥上,做流动生意的小贩们。那时候的他们,身背一个很不好听的名声——"投机倒把"商贩。

(1) 非法倒卖工农业生产资料;

(2) 抬价抢购国家计划收购物资,破坏国家收购计划;

(3) 从国营和供销合作社零售商店套购商品,转手加价出售;

(4) 个人坐地转手批发;

(5) 黑市经纪,牟取暴利;

(6) 买空卖空,转包渔利;

(7) 欺行霸市,囤积居奇,哄抬物价;

(8) 倒卖计划供应票证和银行有价证券;

(9) 倒卖金银、外币、珠宝、文物、外货、贵重药材;

(10) 偷工减料,掺杂使假,以假充真,骗钱牟利;

(11) 以替企业、事业等单位办理业务为名,巧立名目,招摇撞骗,

掠取财物;

（12）出卖证明、发票、合同，代出证明、代开发票、代订合同，提供银行账户、支票、现金，从中牟取非法收入，等等。

1979 年 7 月，第一部《中华人民共和国刑法》出台，其中第一百一十七条、第一百一十八条、第一百一十九条均涉及"投机倒把罪"。但是，由于内容比较宽泛和笼统，而且对于如何才能算是"情节严重"在判决上存在主观的认定，在过去，投机倒把罪与流氓罪、玩忽职守罪被人合称为三大"口袋罪"。

1981 年 1 月，国务院两次发出紧急文件"打击投机倒把"，就是要对那些与国营企业抢原料、抢市场的"笼外之鸟"进行整治。

先是在 1 月 7 日发出《关于加强市场管理、打击投机倒把和走私活动的指示》，规定"个人（包括私人合伙）未经工商行政管理部门批准，不准贩卖工业品""农村社队集体，可以贩运本社队和附近社队完成国家收购任务和履行议购合同后多余的，国家不收购的二、三类农副产品，不准贩卖一类农产品""不允许私人购买汽车、拖拉机、机动船等大型运输工具从事贩运"。对从事投机倒把活动的任何单位和个人，除按政府规定罚款或没收其财物外，情节严重的，交由司法机关依法惩处。

接着，在 1 月 30 日，国务院又发布《关于调整农村社、队企业工商税收负担的若干规定》，明确指出，"为限制同大中型先进企业争原料，将社、队企业在开办初期免征工商税和工商所得税二至三年的规定，改为根据不同情况区别对待……凡同大的先进企业争原料，盈利较多的社、队企业，不论是新办或原有企业，一律照章征收工商所得税"。

这两个文件口气异常严厉，且措施细密，当时各大媒体的头版头条都进行了报道（这两个文件直到 1986 年 7 月才被国务院正式废止）。一时间，"打击投机倒把"成为 1981 年度最重要的经济运动。

据档案研究文献记载，在 1982 年，判了 3 万多人"投机倒把罪"，改变了 3

万多人的命运。当然,同时被改变的,还有中国发展的轨迹。其中最为轰动的就是发生在个体私营经济的发源地温州的"八大王事件"。

1982年年初,中央下发打击经济领域犯罪活动的紧急通知,温州柳市一批走在市场经济"风口浪尖"上的弄潮儿——"五金大王"胡金林、"线圈大王"郑祥青、"目录大王"叶建华、"螺丝大王"刘大源、"矿灯大王"程步青、"合同大王"李方平、"电器大王"郑元忠以及"旧货大王"王迈仟等八人,因"投机倒把罪"被列为重点打击对象。

直到1997年,修订后的《刑法》重新颁布,"投机倒把罪"才得以被废除。而在1983年到1991年的9年时间里,有不少人因为"投机倒把"被判刑,锒铛入狱,甚至一些"犯罪"情节严重的还被判处了死刑。

温州市市民郑乐芬是1986年"温州抬会(经济互助会)事件"金融投机倒把案的主角之一。尽管法律界对郑乐芬定罪量刑有不少争议,但她最终还是在1991年以"投机倒把罪"被执行死刑,也因此成为中国由于"投机倒把"被判死刑的最后一人。

2005年,河北赵县人李捷成立"月球大使馆",以每英亩298元"出售月球土地",被北京工商部门找上门。随后根据《投机倒把行政处罚暂行条例》,李捷的行为被判定为"投机倒把",他也因此被认为是"中国最后一个投机倒把分子"。

"投机倒把"产生的根源在于,改革开放初期的中国,计划内部分实行国家统配价,同时企业超计划自销产品则按市场价出售,形成了特殊的"价格双轨制"。由于"调整对象已消失,实际上已经失效",2008年1月15日国务院废止了施行了20年且广受争议的《投机倒把行政处罚暂行条例》。

"投机倒把"这个披着浓重的计划经济色彩的词语退出历史舞台,意味着继1997年刑法废除"投机倒把罪"之后,最后在法律上彻底清除了"投机倒把"的残迹,这可以视为改革开放中国法治进程的一个重要历史标本。

柳市"八大王事件"

1982 年,中国的改革开放进入第四个年头,但经济形势却是乍暖还寒,要知道,"打击投机倒把"可是此前一年全国上下最重要的经济运动。

在 1982 年的 1 月 11 日和 4 月 13 日,国务院两次下发文件,措辞异常严厉,"对严重破坏经济的罪犯,不管是什么人,不管他属于哪个单位,不论他的职务高低,都要铁面无私,执法如山,绝不允许有丝毫例外,更不允许有任何人袒护、说情、包庇。如有违反,一律要追究责任"。

当时,一份向中央政法委和浙江省委报送的材料反映,乐清存在"反革命活动猖狂""走私贩卖活动猖獗""投机诈骗成风"等诸多问题。因此,当中央决定打击经济领域中的严重犯罪活动时,浙江省就把温州作为重点;温州一被作为重点,自然就把乐清划为重点;乐清一被作为重点,也自然就把柳市划为重点了。

1982 年,浙江温州当地个体工商企业超过 10 万家,约占全国一成,30 万经销员在全国各地奔波。基于低廉的成本,他们锲而不舍、不择手段的营销让一些国营企业头疼不已,称其为"蝗虫大军",而其大本营就在柳市镇。

早在 1969 年,为了解决支边青年就业问题,温州下辖的乐清市柳市镇负责人石锦宽,以居委会的名义成立了一家街道企业——柳市通用电器厂。电器厂由 32 个门市部(车间)组成,但事实上,门市部与电器厂之间只是挂靠关系,各门市部经营独立,每个月只需向电器厂缴纳 30 元管理费即可,而通用电器厂则负责对外销售和管理账目。

柳市通用电器厂发展非常迅速,建厂 10 年以后,产值已经达到了 1 个亿。通用电器厂每年都会评出营业额最好的 10 个门市部,其负责人则按照从事的行当冠以"大王"称号。

其中最著名的就是"五金大王"胡金林。胡金林是柳市镇第一批做电器元件生意的,远近闻名,他生产出来的产品也都是卖给上海、宁波一带的国营企业,在 1981 年其工厂营业额已有 120 万元。但是,1982 年年初,中央下发了打击经济领域的犯罪活动文件以后,胡金林就预感到"要大祸临头了"。当年 1 月,"乐清县打击投机倒把工作组"进驻到柳市镇后,第一个就去找胡金林谈话。去见工作组时,胡金林带去 6 万元现金,补缴了 17 个月的税款,以为这样就可以过关。

1982 年 7 月中旬的一天,惶恐不安的胡金林收到警察抓捕他的风声,于是带上事先准备好的 500 公斤粮票、2000 元现金和相关证件(五套工作证以及相应的介绍信,上面照片都是他的,但名字是假的),仓皇地逃出了柳市镇。逃跑之前,胡金林已经跟家里人交代好,有什么事情,就写信给上海、山东、天津几个地址固定的联系人,如果通缉令出来了,就写"医生说你病重需要住院"。

两个月后,胡金林果然遭到全国通缉,罪名是"投机倒把""严重扰乱经济秩序"。他从上海、北京流窜到东北,一躲就是两年多。2018 年 7 月 27 日,在接受《温州商报》采访时,谈起当年逃跑的事儿,胡金林称"这就是我 26 岁时做得最聪明的一件事"。

1985 年 1 月 15 日,看到风声没那么紧,胡金林抱着侥幸的心理潜回家中,结果这个"八大王"之首当夜就被警方抓获归案。被抓后,胡金林一直被关在重刑犯单间里,此时他已做好了被判重刑乃至枪毙的准备。不过,1985 年 3 月 22 日,也就是在被关押了 66 天后,胡金林还是走出了牢房。因为此前一年,中央"一号文件"中明确提出,鼓励农民向各种企业投资入股,兴办各种企业,国家要保护投资者的合法权益。

1982 年,与胡金林同时遭此命运的还有一批柳市工商户,他们分别是:"线圈大王"郑祥青、"目录大王"叶建华、"螺丝大王"刘大源、"矿灯大王"程步青、"合同大王"李方平、"电器大王"郑元忠和"旧货大王"王迈仟。除了胡金林和刘大源外,"八大王"中的另外 6 人都没有跑掉,这些当时柳市镇最有代表性的个体经营专业户,均以"投机倒把罪"被判刑或送进学习班,成为当时轰动全国的"八大王事件"。

其实,"八大王事件"只是 1982 年全国经济整肃运动的冰山一角,对柳市"八大王"的高调讨伐,令全国民营企业噤若寒蝉,更是让温州的个体经营户安分守己多了。人们发现,大家平时口口声声称的"大王",其命运仍是脆弱的。

1980 年,温州的工业增速为 31.5%,到 1982 年却下滑为 -1.7%,其后 3 年也一直徘徊不前。1984 年,原来主张严惩"八大王"的时任温州市委书记袁芳烈意识到："'八大王'案不翻,温州经济搞活无望。"趁着 1984 年中央"一号文件"出台,他组织联合调查组,对"八大王"案件进行复查,结论是:除轻微的偷漏税外,"八大王"的所作所为符合中央精神。

如今,昔日轰轰烈烈的"八大王"只剩下七位,其中"旧货大王"王迈仟已于 1995 年因肝癌病故。

十多年前,"五金大王"胡金林和大儿子一起到柬埔寨闯荡。2013 年《人民日报》称他是"中国民营经济走出去的代表人物"。现在胡金林的身份是柬埔寨温州同乡会会长、三林国际电器(柬埔寨)股份有限公司董事长。

平反后,"电器大王"郑元忠于 1986 年办起了乐清精益开关厂;1992 年,又创办庄吉服装公司,并脱产进入温州大学国际贸易专业读书;2015 年 9 月,庄吉集团破产,坊间传言涉及债务近百亿元,一时舆论哗然,郑元忠则近乎悲壮地对外界说:"虽然欠了债,但我绝不跑路,欠钱慢慢还。"

"八大王事件"之后,"合同大王"李方平移民加拿大,1996 年再回国发展,2005 年创立了一家研发人工耳蜗的公司。如今他把公司设在了杭州城西,毗邻阿里巴巴总部。

无罪释放后,"线圈大王"郑祥青得到 1.7 万元的赔偿,但他没再从事铜线圈的生产,而是办了一家电风扇配件厂,不过不是很成功,再后来又开了家打字复印店,现赋闲在家,每天早起锻炼身体,写写字,研究电脑知识。

至于其他几位,"矿灯大王"程步青,1986 年转到上海发展;"螺丝大王"刘大源是唯一未坐牢的"大王",平反后回到柳市镇继续经营螺丝至今;"目录大王"叶建华出来后,开了家"笑笑照相馆",曾随孩子在国外生活了数年,后又回乐清本地生活。

改革开放 40 年来,发生在温州柳市的"八大王事件"是一个非常特殊的符号,后来人要研究中国的民营经济发展史也都绕不开这一历史事件。

　　"八大王"的命运,其实就是民营经济进行突破性制度创新改革的一个缩影。这种对已有制度的突破都是建立在"违法"的基础上的,探索的先行者需要付出极大的勇气与智慧,因为"罪犯"与"英雄"的转变全在一瞬间,下狱的风险随时存在,我们常说的"提着脑袋搞改革"大概就是这个意思。因此,历史不会忘记他们,人民也不会忘记他们。

02

　　那一年,后来成为中国第一代企业家代表人物的柳传志 40 岁、张瑞敏 36 岁、王石 33 岁……受惠于邓小平描绘的改革蓝图,一个个新时代的弄潮儿们,从那时候开始,纷纷在其人生的中途开启了属于自己的时代冒险。

陈春先与中关村

今天,中关村创业大街的咖啡厅里坐满了踌躇满志的年轻人,各种众创空间里,蒸腾着年轻人强烈的创富欲望。早已告别了电子一条街的中关村,正在成为年轻人互联网创业的圣地。

但很多人不知道的是,如今中关村轻松简便的创业环境,对他们的前辈陈春先来说,简直不可想象。38 年前的 1980 年,他排除万难创立中国第一个"技术扩散"基地"先进技术发展服务部",其困难程度是今天的年轻人完全无法想象的。

故事要从 1978 年的全国科学大会说起。1978 年 3 月,第一届全国科学大会召开,中国科学院院长郭沫若发表《科学的春天》讲话,宣告了"科学的春天"到来。在那次大会上,邓小平紧握着陈景润双手的照片记录了经典瞬间——两个月之前,陈景润刚刚因为徐迟的报告文学《哥德巴赫猜想》闻名全国。很多人不知道的是,坐在陈景润旁边的同样也是一位重量级人物,那就是日后人称"中关村之父"的陈春先。

在这次科学大会上,陈春先领衔建立的"北京托卡马克装置(6号)",获评全国科技一等奖。而在此前不久,他刚与陈景润一道被破格提拔为正研究员(教授级)。

▲2003年9月,"中关村之父"陈春先,中国著名科学家,曾创办华夏硅谷公司。

科学大会给了陈春先这样的科研工作者重新投入科研工作的热情与信心,但成立第一家民营科技机构的时间,却要从陈春先三个月之后的美国考察开始算起。

1978年6月,陈春先跟随中国科学家访美团来到美国,在那里,他强烈感受到了"技术扩散"带来的庞大威力。在旧金山硅谷和波士顿"128号公路"地区,他发现在斯坦福、哈佛、麻省理工等高校周围,诞生了苹果、英特尔等高科技公司,这些公司依托众多高校的人才与技术资源,将后者转化为巨大的财富与社会价值。这给了陈春先极大震荡,他痛心疾首地慨叹道:"我们已经落后了一个时代!"

震荡之后必有回响。回国之后,陈春先便开始播种耕耘。1980 年 10 月 23 日,陈春先在新成立的北京等离子体学会常务理事会上发表题为"技术扩散与新兴产业"的学术报告,这标志着他走出了创业第一步。

紧接着,陈春先的"创业项目"紧锣密鼓地开张了。正如比尔·盖茨与乔布斯在车库创立微软与苹果,陈春先的创业史同样从中科院物理所一间破败的平房仓库开始。在陈春先的领衔之下,纪世瀛、崔文栋、曹永仙、汪诗金、吴德顺、刘春城、罗承沐、耿秀敏、潘英、李兵等人一起在这里开创了中国第一家民营科技企业。

在这间仓库里,陈春先等人成立"北京等离子体学会先进技术发展服务部"。这是一个咨询性质的机构,隶属于科协,不属于物理所领导,服务部的每个人都是利用业余时间工作。除陈春先等主要领导外,每人每月象征性拿不超过 30 块钱的津贴。[①]

当时的主要参与者纪世瀛后来撰文回忆称,当时协会得到了市科协咨询部部长赵绮秋、科协党组书记田夫的支持。赵绮秋曾对协会"约法三章":

(1) 不去和研究所争任务;

(2) 如用单位的成果、器材、场所,要征得单位同意,并要给补偿费;

(3) 外事活动要按规定上报有关部门审批。

一切组织架构、财务运营设计完毕之后,中国第一家民营科技公司就这样诞生了。此后,服务部工作围绕技术咨询、技术培训、为企业与科研机构牵线搭桥开展工作。一个民办自发性质的科技开发机构,就这样点燃了中关村甚至中国民营科技企业兴起的圣火。

---

① 凌志军.中国的新革命:1980—2006 年,从中关村到中国社会[M].武汉:湖北人民出版社,2008:19.

但就像一桩美好的婚姻总有人泼冷水，"北京等离子体学会先进技术发展服务部"在发展之初，同样经历了不少刁难。首先是服务部的财务状况遭到质疑。据纪世瀛回忆，服务部开展工作之后，中科院纪委要查服务部的账。但实际上，服务部隶属于北京科协，中科院纪委并无权查账；其次是几个月来，科技人员来往服务部非常活跃，如此"火热"的现象引起一些人的注意，有人将状告到物理所管惟炎所长那里，管惟炎很愤怒，直接把固定工作地点撤了。从此，科研人员只能打游击，服务部因此得名"科技游击队"。

但历史潮流已经不可阻挡，科技创业之火一旦燃烧起来，就再无熄灭的可能。服务部成立一年后，非但没有因为各种阻力止步，找上门来的企业反而越来越多。后经过多方努力，陈春先他们在中关村老 67 楼居民区附近一块空地搭建了两大间木板房，有了新的"创业基地"。

再之后两年，尽管陈春先也曾因为有人打小报告诬陷其贪污，遭到物理所"恐吓"——继续搞下去要影响其职称评定与分房，但既然春天已经来了，任何人就再无法阻挡花开的脚步。1982 年年底，新华社资深记者潘善棠两次采访陈春先，将其事迹写成《研究员陈春先搞"新技术扩散"试验初见成效》，并发往新华社《国内动态清样》，专供党中央、国务院领导阅读。

几个月之后，这篇文章终于有了回应。1983 年 1 月 6 日，文章在新华社《国内动态清样》第 52 期刊出，随后，胡耀邦、胡启立、方毅等中央领导同志，分别在内参上做了重要批示。中央政治局委员胡启立批示："陈春先同志带头开创新局面，可能走出一条新路子，一方面较快地把科研成果转化为直接生产力，另一方面多了一条渠道，使科技人员为四化做贡献。一些确有贡献的科技人员可以先富起来，打破铁饭碗、大锅饭。当然还要研究必要的管理办法及制定政策，此事可委托科协大力支持。如何定，请耀邦酌示。"而中共中央总书记胡耀邦则批示:"可请科技领导小组研究出方针政策来。"①

得到中央高层的首肯后,陈春先便再没有了阻力。在相关创业政策号召之下,陈春先在 1983 年创立了技工贸三位一体的民营科技公司"华夏新技术开发研究所",开创了中国民营科技企业的历史。在那之后,一批中关村知识分子下海创业,从早期的四通、科海、联想,到后来的新浪、搜狐、网易、百度,中关村一度站在中国互联网经济的最前沿。

当然,在陈春先开启了中关村民间科技企业创业的模式之后,中关村经历了一段辉煌,后来也经历了颓废、变革、转型的过程。曾几何时,中关村电子一条街成为假货一条街,攒机的、卖盗版光盘的鱼龙混杂,中关村一度堕入诚信危机。

而与此同时,由于中关村是体制改革的产物,在管理体制上受到行政力量的掣肘较大,科技创新资源条块分割的状态始终存在,这限制了科技创新的活力,让一些原本"赢在起跑线上"的互联网科技企业在后来与深圳、杭州企业的竞争中落后,出现"中关村失落现象"。

近年来,随着双创热潮的到来,以及自身管理体制的不断迭代优化,中关村重新焕发了活力,成为全球产业链分工的价值高地,并迎来新的转型。陈春先点燃的星星之火终归没有熄灭。

第一辆桑塔纳轿车下线

1978 年 11 月,深秋,德国沃尔夫斯堡市已经颇有寒意。一群身穿黑色中山装的中国人,来到德国大众汽车公司的一家工厂门外。领头的中国人通过翻译

---

① 中华人民共和国科学技术部政策法规与体制改革司. 中国民营科技企业发展报告 1978—2001 年[M]. 北京:中国经济出版社,2002:698.

对工厂门卫说:"我是中国第一机械工业部部长,想跟你们厂的领导聊一聊。"

这位"不速之客"所言不虚,他就是时任中国第一机械工业部部长周子健。

门卫大概还从没经历过部长直接登门拜访的情形,一时有些慌乱。正好德国大众公司负责销售的董事施密特博士就在办公室,门卫赶紧给施密特打电话。

接到电话的施密特也惊讶得几乎合不拢嘴,他赶紧对门卫说:"那就请他到我的办公室来吧,那将是我的荣幸。"

或许连周子健也没想到,从他迈入德国大众工厂大门的那一刻起,中国汽车工业 40 年风云激荡的大幕,就此拉开。

……

新中国成立后,轿车一度被贴上"资产阶级生活方式"的标签,轿车工业几乎一片空白。1978 年下半年,国家为了出口创汇,决定从国外引进一条轿车生产线,并且决定把这条生产线放在上海。

▲1987 年,上海,装配线上的桑塔纳汽车。

1978 年 10 月,美国通用汽车公司董事长墨菲率领代表团来到中国,商谈跟中国合资经营重型卡车生产项目。当时中方对跟资本主义"合资经营"有很大疑虑,不敢答应,只好一层一层向上汇报请示,最后汇报到邓小平那里。

几乎与此同时,1978 年 11 月,国家组织机械工业代表团对欧洲机械工业进行考察,代表团团长是时任第一机械工业部部长周子健。代表团考察了罗马尼亚、南斯拉夫、意大利、联邦德国、法国、瑞士,到德国时,本来打算去斯图加特考察奔驰公司,但他们发现德国满大街跑的都是顶着 W 标志的汽车,一打听,才知道德国还有一家大众汽车公司,于是当机立断去大众公司考察。

说来也巧,代表团去大众公司考察的前一天,邓小平同意采用合资经营的方式与外国合作。参观完大众公司的工厂后,代表团提出,希望大众公司和上海汽车厂合资经营轿车厂。话音刚落,施密特高举双手表示同意。施密特说:"我们正在亚洲选择合作伙伴,现正跟亚洲另一个国家进行谈判。如果中国愿意跟我们合作,我们也愿意放弃跟那个国家的谈判,首先跟中国合作。"

其实,当时中方还跟通用、福特、雷诺、雪铁龙、日产等世界知名汽车企业进行过接触。中方的原则是:外方首先要能提供适合中国市场需要的先进车型;其次是要能提供先进的生产技术和科学管理模式,共同建设完整的现代化轿车工业;再次是加快零部件国产化。

对于中方的要求,美国通用公司表示,如果与他们合作,将由中方生产部分汽车零部件,再由他们提供其余的零部件在中国装配,纳入通用公司的世界生产体系;日本的汽车企业也表示"只卖商品,不卖技术"……这显然与中方的要求相去甚远。接触了一大圈,只有德国大众汽车公司既愿意提供技术又愿意提供资金。于是,合资轿车项目理所当然花落大众公司。

合作对象确定之后,中德双方展开了紧锣密鼓的谈判。具体引进什么车型？中方研究后认为，当时的轿车用户多为机关企事业单位，引进的轿车应当既可以作为公务、商务用车，也能作为旅游出租车。中方还要求，引进的轿车必须是具有现代技术的中级轿车。

根据中方的需求，德国大众提供了当时正在研发还没有上市的第二代帕萨特中级车。中方收到资料后认为，这款车外形朴实大方，用作公务、商务和旅游都可以，并且是最新研发的车型，用了许多新材料新工艺，理想状态下每百公里油耗只有6.1升，车身结构也科学，即使车头车尾都被撞变形，车厢也能保持基本完整，车门可以打开，便于车内人员逃生。经过研究，中方决定引进该车型，并将其命名为"桑塔纳"。

意向达成了，但是在具体落实上，却一波三折。1980年，国家开始进行经济调整，原定的一些工业项目面临取消。当时德国大众也遇到经济困难，同样产生了取消合作的念头。

面对这样的局面，上海汽车厂一方面派人进京解释，强调汽车工业一定要从长远着眼，哪怕先打个基础也行，不能完全不搞；另一方面，上海汽车厂提出，将合资项目的年产量从原定的15万辆降低到3万辆，实际生产时还可以再降低到2万辆，这样双方的负担都小一些。

这一方案最终获得中德双方的同意。双方决定共投资3.6亿元人民币，各占50%的股份，利润用于再投资，进行滚动式发展。

当时，中德双方一边谈判，一边筹备桑塔纳轿车的生产事宜。由于上海汽车厂既无技术也无设备，德国大众提出直接出口整车零部件到中国，再由上海汽车厂组装。

1983年年初，首批100辆桑塔纳轿车的零部件运到了上海汽车厂。当时的上海汽车厂没有机械手臂，只有葫芦吊，安装零件也没有规范工艺。在上海牌轿车的总装车间里，7位工人腾出一片不大的空间，装上10多米长的手推导轨，就这样开始组装桑塔纳轿车。

当时国门打开还不久，又是中外第一次合作生产轿车，双方的理念碰撞堪称激烈。在生产过程中，由于设备和技术的偏差，有一批冲压零部件不符合质量标准。现场的德国专家毫不犹豫，就把锃亮的零部件扔进了报废箱。中方工人却认为，这些零部件虽然不完全合格，但表面上看起来那么锃亮，打磨后应该可以重新利用，于是就悄悄地把废品捡了回来。德国专家知道后，又把这些零部件找回去，拿起榔头奋力砸坏，再次扔进废品箱。中方一些老工人当时心痛不已，认为太浪费，双方为此僵持不下。当然，中方工人很快便完全接受了德方对质量的严格要求。

尽管磕磕绊绊，中德双方的合作终于修成正果。1983 年 4 月 11 日，第一辆桑塔纳轿车的交钥匙仪式在上海举行。上海桑塔纳轿车的诞生，结束了中国不能生产现代化轿车的历史，也让人看到了中国现代化轿车进行批量生产的曙光。

首批生产的 100 辆桑塔纳轿车受到了用户的广泛好评。1984 年 10 月 10 日，组建上海大众汽车有限公司的合资协议在北京人民大会堂签署。1985 年，上海大众汽车有限公司正式成立。

桑塔纳性能好、质量佳，一直处于热销状态。上海大众一边建设一边生产，20 世纪 90 年代初期，桑塔纳的国产化率就达到了 90％以上。而桑塔纳的受欢迎程度远超中德双方的预料，在那个轿车紧缺的时代，桑塔纳几乎成了轿车的代名词，一些年轻人更是从小看着大街小巷无处不在的桑塔纳长大。

从 1983 年第一辆车下线，到 2012 年 10 月正式停产，普通型桑塔纳轿车累计销量超过 220 万辆。"桑塔纳（Santana）"本是美国加利福尼亚州峡谷中一种旋风的名字，当年的生产者用"桑塔纳"给这款轿车命名，就是希望它能在汽车市场刮起一股旋风。事实确实如此，桑塔纳在中国畅销 29 年，跨越时空之长、地域之广，堪称轿车界的传奇。

中国公司元年

张瑞敏第一次蹚过青岛冰箱厂门口的烂泥路,就决心要做一点不一样的事情。那是 1984 年的最后一个月,市二轻局科级干部张瑞敏被排挤,接过了这个连续换了三任厂长依然未见好转的烫手山芋——"8 点钟上班来,9 点钟就走人,10 点钟时随便在大院里扔一个手榴弹也炸不死人。"

一年后,张瑞敏挥起了他的大锤砸向不合格的冰箱,那一刻张瑞敏们正式宣告了属于他们的时代到来。

那时候的张瑞敏不知道,那些在后来和他一起成为中国第一代企业家的耀眼人物,也在那一年做出了一些平凡而又不平凡的决定——就像他不知道,他所想要整修的家电厂门口的泥泞小路,后来通往的是属于中国公司品牌的铸造之旅。

那注定是一个会被中国历史记住的年份。

当 1984 年刚刚到来时,邓小平在中国的南方写下"深圳的发展和经验证明，我们建立经济特区的政策是正确的"。这位"改革开放的总设计师"悄然南下担当起"扳道工"的角色，回到北京，他又坐回"驾驶员"的位置，吹响号角，宣布改革开放全面提速。

那一年早春，南方已经吹来了温暖的风，王石创办了万科公司的前身——深圳现代科教仪器展销中心。史玉柱毅然告别了安徽省统计局办公室的机关生活，跑到深圳研发、兜售自己编写的软件。

那一年，段永平愤然离开分配单位北京电子管厂，发誓再也不会在国营工厂里上班，他坐着火车到珠江三角洲去了。华南理工大学毕业生李东生，则在惠州一个破败的农机仓库开始生产录音磁带。三水县酒厂厂长李经纬研发出了全新饮料"健力宝"，它在当时陈旧、雷同的中国商品中简直算得上是鹤立鸡群。

任正非也在那一年离开了部队，开始了他的华为想象。而在北方的中关村，电子企业开始慢慢集聚，那条大街正在成为孕育互联网企业家的摇篮之一。那一年，柳传志不甘心做一个平庸的科研人员，在中科院计算机研究所简陋的传达室内创办了联想公司。

那一年，后来成为中国第一代企业家代表人物的柳传志 40 岁、张瑞敏 36 岁、王石 33 岁……受惠于邓小平描绘的改革蓝图，一个个新时代的弄潮儿们，从那时候开始，纷纷在其人生的中途开启了属于自己的时代冒险。

从国企出发的张瑞敏，更像是一个起承转合的标杆。毕竟在那一年，无论是柳传志、王石，还是鲁冠球、刘永好、任正非等，那些刚刚做出人生重大抉择的创业者都不是中国最耀眼的企业家。在那个时刻，浙江海盐衬衫总厂厂长步鑫生打破"大锅饭"，实行"联产计酬制"，成为家喻户晓的"具有独创精神"的厂长；在河北，石家庄造纸厂的业务科长马胜利毛遂自荐当厂长，推行"层层承包，责任到人"的管理机制。

除"南步北马"两大明星之外,云南的褚时健在当地声名鹊起,这一年,他"豪赌"2300万美元引进国外先进卷烟设备。这次搏命的冒险成为玉溪卷烟厂的命运转折,也成为褚时健一生传奇的开始。

30余年过去了,任正非麾下的华为,正在让人重新思考中国公司的价值潜力;柳传志成了中国企业家的"教父",虽然他反对这个标签;年届七十的张瑞敏,试图用"人单合一"的互联网商业模式再造海尔;而王石打造了全球最大的房地产公司之后,又一度陷入一场足以彪炳中国资本史的宝万鏖战;褚时健和他的褚橙基地,依然是王石们常常去求教的地方……

30年后,属于熊彼特所定义的"创造性破坏",似乎正在被新一代企业家们所接棒。但一切的痕迹依然可以追溯至当年。

1984年9月,马云经过三次高考终于走进杭州师范学院,每天激情澎湃地东奔西跑。东莞的王志东考入北大无线电电子学系,第一次接触到计算机。熊晓鸽从湖南大学考上中国社科院研究生院,梦想成为新华社知名新闻记者。等到互联网时代到来之际,这些人都将成为新的商界领袖。

如今我们再回望当年,会发现太多的草蛇灰线;20世纪80年代泛黄的历史定格里,开放气息在30年后依然透过老照片扑面而来。那些年轻人的开放梦想,似乎是对奥威尔关于1984悲观预言的一次绝地反击。

"莫干山会议"

1984年6月12日,《经济日报》上刊登了一条新闻,标题是"本报等五单位将召开中青年经济学术讨论会,广泛征集论文邀请入选者作为正式代表出席",

内容如下：

> 本报讯《经济日报》《经济学周报》《世界经济导报》《中国青年》等报刊和浙江省社会科学院，将于 9 月上旬在浙江省联合召开"中青年经济科学工作者学术讨论会"。讨论的中心内容是我国经济体制改革中的重大理论问题和现实问题。从本月中旬开始，向全国广大中青年经济科学工作者广泛征集论文。论文入选者将作为正式代表应邀出席会议。论文写明"九月征文"字样，寄北京市《经济学周报》社。论文不超过 8000 字，提纲不超过 1000 字，并请写清作者姓名、性别、年龄和工作单位。

就是这条 200 多字的短讯，吹响了一个探索中国经济体制改革重大理论问题和现实问题的集结号。

据 1984 年 8 月 25 日《经济日报》报道："截至 8 月 15 日止，会议筹备组收到了来自全国各地的 1300 多篇论文。论文作者有从事理论研究的专业人员，更多的是在各条战线基层工作、利用业余时间从事理论研究的同志。"

在选拔参会代表的过程中，会议筹备组遵循"五不讲"原则，即"不讲关系、不讲学历、不讲职称、不讲职业、不讲名气"，仅凭论文水平，确认了 124 名参加会议的正式代表。除前述 124 位凭论文入选的代表外，还有中央有关部委的代表 8 人、浙江省特邀及列席代表 19 人，加上会议领导小组成员、新闻界代表、浙江省有关方面负责人等，最终参加这个学术讨论会的人数有 180 余人。据会议发起者之一的张钢（其他三个发起人是朱嘉明、刘佑成、黄江南）回忆："因为在莫干山开，所以多给了浙江 10 个名额。"

1984 年 9 月 3 日，大约也就是在中共十二届三中全会召开前的一个月，全国中青年经济科学工作者学术讨论会在浙江省德清县的莫干山上开幕，会议一直持续开到 9 月 10 日,这就是后来在中国改革史上具有举足轻重地位的"莫干山会议",在当年也被誉为"经济学界的一件大事"(1984 年 8 月 27 日《经济学周报》语)。

在一份现存可见的"中青年经济科学工作者学术讨论会名单"里,王岐山、马凯、马宾、吴稼祥、金观涛、张维迎、周其仁、徐景安、常修泽、贾康、王晓鲁、高粱、华生、郭树清等人的名字赫然在列。

9 月 3 日开幕大会之后,会议即进入分组讨论阶段,一共有七个组。

第一组是宏观组。聚焦的内容是价格改革,与会者认为,当时的价格体系有两大弊病:一是官定价格太多,二是价格结构不合理。彻底价格改革的时机已经成熟。会上关于价格改革的讨论和建议受到了时任国务委员张劲夫的赞赏,并呈到总理面前,还得到了批示。次年,中央实行的价格双轨制,其形成在一定程度上凝聚了"莫干山会议"的集体智慧结晶。

第二组是企业组。集中讨论的是关于国有企业改革的基本方向和启动点、"利润留成"和"股份制"两种改革方式、国有企业破产问题等。

第三组是开放组。这一组的成员主要来自上海、广州、深圳等沿海开放地区和内蒙古、陕西等西部地区,讨论的内容包括扩大开放战略,沿海开放和中西部地区开发的关系,金融、外汇管理体制,特区货币问题,等等。

第四组是流通组。主要集中讨论如何发挥城市多种功能:城市功能发挥和建立全国统一市场之间的相关性;政府在发挥城市功能方面的作用;调整城市产业结构,改变单一工业生产功能大城市;纠正那种认为只有物质生产部门才创造价值,不承认城市多种功能和第三产业对社会利益的贡献的思想。

第五组是金融组。重点讨论了我国经济体制改革和商品生产对金融提出了哪些最为迫切的要求,我国应建立什么样的金融体系,当前金融改革主要抓哪些环节,区域性金融中心、开放金融市场以及由开放金融市场(资本市场)引发的"股份经济"问题等。

第六组是农村组。讨论的主要问题有:如何判断农村改革和发展总体形势;改革农产品(首先是粮食)购销体制,新型粮食流通渠道和粮食部门经营模式;农村产业结构;等等。

第七组是理论组。讨论集中在经济体制改革的总体设想、政企分离及国家的经济职能、所有制形式以及经济模式选择等方面的问题。

虽然只是一次由"民间发起"的会议,但是"莫干山会议"的基调定得很高,就是要"为党和国家献计献策",因此,会议主要围绕"城市经济体制改革"中心议题,选择了几个我国社会主义经济建设中的重大理论问题和现实问题来进行讨论。

9月10日,会议结束后,各组报告起草人赶写,9月15日完成了七份专题报告,加上两个附件,一共九份文件上报。9月中下旬,几位主要执笔人徐景安、朱嘉明、黄江南、周其仁等又去北戴河做进一步修改。

关于参加会议者,这里说点趣事。现任慧聪网董事局主席的郭凡生当时在内蒙古自治区党委政研室工作,他写了一篇"反梯度理论"的文章,因观点新颖,一下子就入选了。后来与华生等人一道,因价格双轨制理论而获得"中国经济理论创新奖"的张维迎当时还是西北大学经济系的研究生,他提交的是关于价格改革的文章,一开始初审人写的评语是"此稿不用",后来筹备组筛选完一轮之后发现稿件数量不够,就把原先毙掉的一些稿子拿出来重审,二审时给他文章的意见是"此文很好,建议录取"。就这样张维迎幸运地上了莫干山,而且还成了"明星人物",尽管当时在讨论中他带着浓重陕西口音的发言别人要听他说几遍才能懂。

30 年以后,当站在宽大的落地窗前俯瞰北京的林立高楼,在接受《钱江晚报》记者采访时,著名经济学家华生说起 1984 年 9 月的自己——一个疲惫的中国社会科学院研究生。9 月 8 日,在杭州汪庄二号楼,这个在农村长大的学生作为代表,向当时的国务委员张劲夫汇报了"莫干山会议"的讨论结果——对价格改革问题的两种思路。此前一晚在驶下莫干山蜿蜒山路的汽车上,他晕车昏了过去。

自此以后,华生将"莫干山会议"作为人生轨迹的初始刻度:"'莫干山会议'之前,我和参加会议的许多年轻人一样,都是默默无闻的普通在校学生。'莫干山会议'给了我们机会,第一次把我们摆在国家政策的参与、建言、决策角度考虑问题。从此,我开始频繁地介入中国的改革进程。"

在 1984 年召开的"莫干山会议"是中国经济改革思想史上的开创性事件,是中国改革开放史上一个重要符号。学者柳红认为,"莫干山会议"将青年推上历史舞台,使新生的改革力量得以聚集。在这次会议之后,中国一批中青年经济学家脱颖而出,"中青年"由此也成为当时社会广泛认可的改革时代的新名词。

长春君子兰泡沫事件

说起改革开放初期、20 世纪 80 年代发生的长春君子兰泡沫事件,可称得上是经济史上的奇闻;它与 17 世纪荷兰发生的郁金香泡沫事件齐名,常常出现在经济学和商学的中外著作中。

这两个泡沫事件确有类似之处:投资的对象都是观赏植物;大量非专业人

士涌入市场参与交易；价格在短期内高速攀升，然后戏剧性地跌落。

因此，这两个事件也常常被反市场人士作为论证"市场失灵""人性疯狂"的案例。"郁金香泡沫事件"经过多年的学术研究和梳理，原貌大体清晰，许多歪曲夸张的描述已经被澄清。而人们对"长春君子兰泡沫事件"的研究还不充分，许多资料未被收集整理，其经济学解释值得探究。

君子兰原产南非，石蒜科君子兰属，多年生草本植物，寿命长达几十年，花期长达 30 天以上，且株型挺拔，属于赏花赏叶俱佳的优秀观赏植物。君子兰的栽培需要一定技术，但是并不特别困难，可以形成较大的种植规模，而且还可以通过杂交、变异获得新的园艺品种。

君子兰在我国的栽培历史很短，却颇有传奇色彩。君子兰最初从日本被引进，"君子兰"这一优雅的别名也是日本植物学家赋予的。1932 年，君子兰被赠送给"伪满"宫廷，成为"皇室"珍品，平民百姓难得一见。"伪满"覆灭后，君子兰流入民间，在长春市形成了爱好者群体。据说君子兰著名的基础园艺品种"大胜利"就是为了纪念抗战胜利，由"伪满"皇宫的花匠张师傅命名的。

君子兰和郁金香一样，都有成为投资品的潜力。郁金香原产中国天山，经土耳其帝国传入欧洲。两者作为盆栽植物都具有以下近似的特征：较高的观赏性，有一定珍稀度，但又不妨碍商品化的规模种植，可期待的变异性。因此，君子兰得以在 300 年后续写郁金香的传奇。

君子兰自从 20 世纪 30 年代传入中国后就在长春扎下了根，种植的风气一直没有断过，但是其种植在"文革"中受到了冲击。

20 世纪 70 年代末，政治狂热退却，君子兰的种植和小规模交易迅速恢复，从零散的、不正规的市场到逐步形成规模。1980 年前后，君子兰价格已经开始走高，一盆好花的价格可以是长春人工资的几倍到十几倍。

1982 年,君子兰交易正式进入官方视野。该年春节期间,民间君子兰爱好者在官方支持下,举办了"抢救国宝大熊猫君子兰义展",参观人数达到了 2 万余人,义展门票收入 1.7 万余元,组织者把这笔钱送到了北京,还受到了农业部副部长的接见。这一事件对后来事态发展影响很大。

同年,长春市出台君子兰"限价令",规定一盆君子兰售价不得超过 200 元。这一举措耐人寻味,价格管制在当时的计划经济背景下是正常之举,纳入价格管制体系即表示了对君子兰交易合法性的认可。200 元的政府限价等于默许了君子兰的正常市场价格。

很快,政府的态度又从许可升级到鼓励。1983 年,长春市领导提出了"窗台经济",号召市民家家户户养三到五盆君子兰,启动了具有鲜明时代特征的运动式推进。

高潮出现在 1984 年。该年 10 月 11 日,长春市第八届人民代表大会第十四次常务委员会在听取了市长的报告之后,通过了一项专门决议案,决定将君子兰命名为长春市市花,并要求有关部门加强宣传,积极指导,普及君子兰的养植知识。

紧接着,中央高层的支持不期而至。11 月 1 日,中国花卉协会在北京正式成立,时任国务委员的陈慕华同志任名誉会长,就在一个月后的 12 月 4 日,《长春君子兰周报》创刊发行,头版头条就引用陈慕华的一句话:大力发展花卉事业。

高层信息明确,地方政府的热情更为高涨。12 月 20 日,长春市政府又颁布了一项有关君子兰交易的新的法令,明确地提出要放开价格,取消限价的规定,无论成龄君子兰或小苗,一律实行买卖双方自行议价。

就这样,政府对君子兰交易的态度完成了"许可—鼓励—大力提倡"的三级跳。上至中央下至百姓,长春君子兰成为经济界的闪亮新星,不仅是长春市乃至吉林省的经济希望,甚至被提高到出口创汇的高度。

这是因为日本访问学者对长春君子兰的品种丰富、品质优良高度赞扬,引起了日本业界的兴趣,提出了参加下届君子兰花展的要求。当时,出口创汇是国家最为重视、高度鼓励的经济事业。形势发展到这一步,君子兰热潮势不可挡。

长春市的君子兰区域经济急速升温,开启全民参与模式。

地方企业纷纷把君子兰产业作为正式的副业发展。长春机械厂号召职工走君子兰致富道路,全厂 1700 多名职工家家开养;长春洗衣机厂投资数十万元,在办公楼顶上盖了 600 平方米空中温室。新兴企业在政府扶植下迅速出现,短短几十天,长春出现十大公司和 40 家花木商店。

政府机关也不甘落后,不仅在办公场所大量种植,鼓励甚至要求工作人员在家种植,还有机关投入百万巨资建温室。连见惯风雨、老成持重的离休干部也把全部离休金当作本钱,再向亲家借贷,投进了君子兰市场。

市民的热情更为高涨,长春工商部门当时统计,每天走进长春各君子兰市场的人高达 40 万人次,占全市人口的 1/5,这还不包括走街串巷无证经营的人。至今还有老年市民回忆当时在商店直接用君子兰换商品的奇异景观。

整个社会都因君子兰而沸腾。而由此引发的治安问题也令人瞩目,所谓"君子兰四大血案"触目惊心,其中有一桩弟弟为抢劫兄长家的两盆兰杀害嫂子的惨剧尤其让人感叹。

长春的区域经济热点迅速扩散到东三省乃至全国,1985 年之前君子兰最高的成交单价是由哈尔滨客户创造的,其以 14 万元的高价收购了长春王姓种花大户的一盆君子兰,这一事件轰动一时。当时,全市几千几万元的交易价格俯拾皆是。交易市场里,南腔北调的客户络绎不绝,连不远万里的广东、上海客人都屡见不鲜。有走进来的,也有走出去的。最高潮时长春市有 5000 多人去全国各地搞君子兰展,来回都坐飞机,风光无限。

更壮观的是,君子兰热远远超出了花卉种植的领域,几乎渗透进了人民生活的方方面面。电视台节目片头用了君子兰;香烟、肥皂、服装、家具等商品,都打上君子兰的图案或字眼。连文娱、艺术这样不沾边的领域也没错过君子兰热潮。用今天流行的"风口上的猪""现象级事件",都远远不能描述当时的狂热景观。

1985 年的君子兰市场满载了长春人的梦想。至今市场交易的亲历者还能回忆起"东头买苗西头卖"的易赚钱、赚快钱的好时光,还有什么比政府高度鼓励、全社会支持的君子兰事业更有希望的呢? 但是,戏剧性的转折不期而至。

1985 年 6 月 1 日、7 日、13 日,吉林某省级报纸头版刊发《奇高的君子兰花价能维持多久》《再谈奇高的君子兰花价能维持多久》《不能靠挖国家墙脚来哄抬君子兰花价》三篇社评,进行高密度且精准的打击。1985 年 6 月 10 日,更高级别的《人民日报》也传出"不祥之音",在二版显要位置刊发《"君子兰"为什么风靡长春?》,文中将"君子兰交易"称为"虚业",并提出"四化建设要我们多干实事"。

宣传打压的同时,政府态度也急转直下。1985 年 6 月 1 日,长春市政府发布了《关于君子兰商场管理的弥补规定》,这个弥补规定尽管依然提出发展君子兰产业,却禁止了君子兰的公款买卖,也禁止了公务员、党员等"公家人"参与交易,并且重新征收君子兰交易税——其后一度加重到交易额的 60%。如此强势弹压,市场交易直接跌入冰点。再后就是全面查处,甚至有人为此坐了牢。除了极少数人此前抽身而退,收获第一桶金外,绝大多数人的君子兰之路都是黄梁一梦,归于泡影。而长春的君子兰产业也随之沉寂多年。

回顾君子兰泡沫事件,至今还有不少问题有待解释。

将这一事件归咎于市场机制,显然是失之偏颇的。这一事件虽然名义上发生在市场中,真正的推动力却是市场之外的政府。以 1982 年政府限价 200 元为界,此前的君子兰价格上涨属于市场自发行为,这种价格快速攀升源于"文革"干扰引发的供给不足,价格达到奢侈品水平并不奇怪。1983 年至 1984 年官方迅速加码的高层次、高密度推动,才大幅提高了市场对君子兰的投资回报预期,迅速形成了热点。

所谓"窗口经济"就意味着百万级的需求,更不用说想象空间几近无限的出口需求预期,源于官方的需求信息在今天的市场中也很少受到质疑,何况在当时的时代背景之下?由此产生的价格泡沫化就成了应有之义,虚假的供需关系总是导致错误的价格,表面上的疯狂有着合理的驱动。

而形成这一事件的深层次背景是改革开放初期,由政府大规模赤字引起的通货膨胀。和所有大规模的经济事件一样,君子兰泡沫事件背后必有货币因素发挥作用。

从宏观角度分析,1979 年至 1980 年我国两年财政赤字都达 170 亿元以上,国家不得不增发货币 130 亿元来弥补国库亏损。1980 年年底,全国市场货币流通量比 1978 年增长 63.3%,大大超过同期工农业生产总值增长 16.6%和社会商品零售总额增长 37.3%的幅度。而东三省当时的 GDP 占比全国 15%,是仅次于三大直辖市的经济重镇,重工业发达。而且,东北地区城市化率将近 50%,远超全国 20%出头的平均水平,中心城市的经济比重奇高。比如 1984 年吉林GDP 174 亿元,其中 78 亿元出于长春。综合上述因素,在大通胀背景下,可以得出结论,东三省是当时中国的货币集中地区之一,而东三省的货币又高度集中于长春这样的中心城市。通胀引发的剧烈价格波动引发事件在此时此地发生,并非偶然。

从微观角度看也能印证这一推测,改革开放初期无论是双轨制下的资源配置机制还是大量基建上马的实际需求,东三省的重工业产品都是热门紧俏的。无论政府部门还是工厂企业都很容易得到计划外资金,形成后来所谓的"小金库"。而个人也能从这种状态下分润,形成额外收入——当时流行的"切口"如"研究研究(谐音烟酒)""积压不积压(谐音鸡鸭)"等或始于东北,或在东北流行。这两部分构成了难以统计的"热钱",很可能在君子兰泡沫事件中成为货币支撑——显然,长春机械厂等企业迅速投入君子兰产业的巨额资金不可能是计划内资金。而且,亲历者的回忆都指出当时市场交易是以现金为主,并没有像"郁金香泡沫事件"中以区区几个盾的小钱换取成百上千倍期货"白条"的虚价现象,可见君子兰交易者的现金储备之充沛。因此,在改革开放初期消费和投资渠道极为有限的情况下,长春在 1980 年开始形成的君子兰价格快速上涨是合乎情理的货币现象。

而 1984 年到 1985 年上半年君子兰泡沫快速形成期,恰恰是这轮通胀对居民收入与储蓄影响最显著的阶段。国家统计局发布的《1984 年国民经济和社会发展的统计公报》指出,1984 年年末居民储蓄存款余额达 1214.7 亿元,比上年末增长 36.1%。而且,该年度各项工资收入相关数据的增幅均在百分之十几到二十,意味着通胀仍在加剧。因此,临近 1985 年下半年,政府的政策导向"变脸",迅速从鼓励投资、消费转向严厉的限制和收缩,是必然选择。"君子兰王国"的覆灭,也就无足为奇了。

而这一事件的最大谜团是:君子兰泡沫事件的交易规模到底有多大?官方统计为每年 1700 万元,但这个根据缴税总额统计的数字,显然远低于实际,连参考价值都不大。按照 1984 年长春工商部门统计,每天走进长春各君子兰市场的人高达 40 万人次推算,交易涉及的资金规模肯定达到亿元量级。至于场外交易以及个人、企业投入君子兰生产的巨额投资更无从统计,只能说"长春君子兰泡沫事件"的体量巨大到难以想象。

而 1985 年长春市政府对君子兰交易各方的后续查处、追补、罚没等措施涉及的金额与事件涉及的交易规模有着直接的关系,但也没有完整统计的公开信息。这些措施实质是把事件中挤出来的"灰色"资金回收到政府财政,回笼资金以缓解通胀压力,这对事件参与者而言也是莫大的讽刺吧。

纵观整个君子兰泡沫事件的历程可知,其与郁金香泡沫事件形同实异:郁金香事件源于荷兰底层自发的投资空想,以期货虚价推高了郁金香的名义价格,但其并没有真正的货币支撑,实际交易量微乎其微。官方从未推进事件的发展,甚至没有参与善后。而君子兰泡沫事件的急起急落与官方政策息息相关,大量资金进场运作,远比郁金香泡沫事件惊心动魄。

那么,长春君子兰泡沫事件是否和郁金香事件一样,迅速平复后波澜不惊呢?表面上看确是如此,东三省的经济形势并未受到事件影响,其辉煌持续到 20 世纪 90 年代国企改革下岗大潮,从此经济转衰、大量人口出走。值得欣慰的是,长春的君子兰产业也只是短暂地进入休眠期,进入 20 世纪 90 年代后复苏。2014 年长春市的君子兰产业规模达到了 30 亿元,种植量 4 亿株,从业人员超过 20 万。君子兰展、君子兰节依旧红火。

"立似美人扇,散如凤开屏",美丽的君子兰,正绽放在属于它的市场中。

价格双轨制

经历过 20 世纪 90 年代之前生活的中国人，相信多多少少都知道，同一个产品在流通中存在着牌价和议价两种价格。牌价，又叫平价，是计划内实行的国家定价，购买产品时要凭票供应；议价则是计划外由企业实行的自主定价。这其实就是极富中国特色的"价格双轨制"。

中国的工业生产资料价格双轨制是在 1979 年价格改革以后逐步产生与发展起来的。1981 年，国务院批准对超过基数生产的原油，允许按国际市场价格出口。1983 年，批准对石油、煤炭超产部分实行加价出售。

1984 年 5 月 10 日，国务院颁发《关于进一步扩大国营工业企业自主权的暂行规定》，允许企业加价自销计划外超产部分的工业生产资料，加价幅度控制在 20％以内，企业可以自定价格，或由供需双方在规定的幅度内协商定价。这被认为是"我国全面实行生产资料价格双轨制的开始"，但是价格双轨制形成还得等到 1985 年。

1985 年 1 月 24 日,经国务院批准,国家物价局、国家物资局联合发布《关于放开工业生产资料超产自销产品价格的通知》,取消了 20％的幅度限制,企业计划外超产的生产资料可以进入市场交易,价格由买卖双方自行商定。这一年,国家还放开了绝大部分农副产品的购销价格,取消了粮油的统购价格,实行合同定购制度。

在这之前,虽然在某些时候,我国的某些商品也出现过一市两价,但并不普遍,也不持续。

从 1985 年开始,我国价格改革坚持"以放为主,放调结合,双轨并存"的方针,范围从工业品生产资料扩大到其他商品。1986 年,国家放开了自行车、电冰箱、洗衣机等 7 种耐用消费品的价格。1988 年,又放开了 13 种名烟和 13 种名酒的价格。

价格双轨制在任何一本西方经典著作中都是找不到的,被公认是中国改革历史上的一个本土创造。然而,就是这样一个开创性理论,到底是谁第一个提出来的,至今仍是众说纷纭。

根据张梦薇的研究,目前至少有四个版本。

华生版:这是目前流传较为广泛的一个版本。在 1984 年 9 月召开的全国中青年经济科学工作者学术讨论会(即"莫干山会议")上,"价格双轨制改革思路"就是这次会议的突出成果之一。

据经济学家华生等亲历者回忆,当时在"莫干山会议"上关于价格改革的争论分为三派:调派(计划价格派)以田源为代表;放派(自由价格派)以张维迎为代表;华生、何家成、蒋跃、高粱、张少杰等人则提出了第三种主张——放调结合的双轨制思路。这一想法得到了会议的赞同,并由华生向时任国务委员张劲夫汇报,最终为中央所采纳。

只是,放调结合、双轨推进的战略从一开始推行,就遭到了相当多的责难和批评,几个提出双轨制的人后来成为大家集中批评的靶子,20世纪90年代后才慢慢得到更全面的积极评价。华生后来多次在回忆文章中指出,价格双轨制其实是"'莫干山会议'集体智慧的结晶"。

在这里需要指出的是,在"莫干山会议"上青年学者们进行的是"调"与"放"之争,而不是"双轨制"与"单轨制"之争,即使是在徐景安最后起草《价格改革的两种思路》的报告中,也都没有提"双轨制"(仅仅是华生在报告的附件中,使用过这个词),只是因为放、调的结果形成一种产品两种价格的现实,人们就习惯把这项改革称为"价格双轨制改革"。

罗小朋版:在"莫干山会议"上的另一个亲历者罗小朋则认为,"价格双轨制"的观点是他在会上第一个提出来的。

罗小朋说,华生和何家成他们当时的论文倾向于放开价格,他根据自己在河北进行价格放开试点的经验反驳华生他们,指出计划价格和自由价格都是行不通的,只有搞双轨价格。"我相信,他们是从此开始与当时研究生院的同学,包括高粱一起讨论双轨制,产生了支持双轨制的一系列论点,并由华生带头在自由辩论中战胜了田源代表的'调派'和张维迎代表的'放派',双轨制因此成为'莫干山会议'的主流观点。"

在罗小朋看来,华生对价格双轨制的贡献在于他的口才,"他把这个思路变成会议的主流思路,并且对于说服中央领导人起了其他人不可替代的作用"。从这个角度来讲,"在当时的青年一代中,他的功劳确实是最大的"。

张维迎版:和华生、罗小朋的观点不同,张维迎认为他在"莫干山会议"之前就提出了"价格双轨制"。其依据是他发表在国务院技术经济研究中心能源组内部资料《专家建议(三)》中的《以价格体制的改革为中心,带动整个经济体制的改革》一文,这是张维迎"价格双轨制"提法的原始文件,完稿于 1984 年 4 月 21 日,发表时间是 1984 年 6 月,比"莫干山会议"早了 3 个月。

张维迎也是因为这篇文章入选"莫干山会议"的。既然在"莫干山会议"前就提出了"价格双轨制",那张维迎为什么却又在会议中摇身为"放"派,主张放开价格呢?张维迎后来解释:"'放'是双轨制价格改革的核心。"但华生、高梁等人认为,张维迎发表在《专家建议(三)》中的文章其实"和改革没有多大关系",这个看法和"莫干山会议"主报告起草人徐景安的观点差不多。

2012 年 1 月 19 日,徐景安在接受《香港商报》采访时披露他的发现:2006 年张维迎在书中发表的《以价格体制的改革为中心,带动整个经济体制的改革》一文,尽管题目与 1984 年 4 月 21 日写的文章大致一样,但内容按"莫干山会议"的主报告做了重大修改。1984 年张维迎文章里写的是"对原牌价与市场议价相差过大的产品可以实行分阶段放开",2006 年的文章则刚好相反,改成了"先从长线产品(牌价接近市价甚至高于市价的产品)放起"。

徐景安表示,张维迎这么做的目的就是证明,他不仅是双轨制价格改革理论的发明者,还是双轨制价格改革操作方案的设计者。

吕东版:在 1982—1990 年担任国家物价局局长的成致平说,首先明确提出价格双轨制概念并使之普及化的,是前国家经委主任吕东。成致平说,价格双轨制首先是从石油行业开始的,当时,石油产量上不去,1981 年,国家决定在石油行业实行包干,包干以内一个价,超出包干的一个价,计划内 100 元/吨,超产的 644 元/吨,这种价格的差距就是"价格双轨制"。

在 2006 年出版的《价格改革三十年》[①]中,成致平提到,石油行业搞了几年以后,为解决工业领域里的困难,国家经济委员会主任吕东决定在其他工业生产资料方面推广价格双轨制,价格双轨制因此得以普及。

2011 年 11 月 6 日,第四届中国经济理论创新奖揭晓,以华生、何家成、蒋跃等人组成的研究组和以田源、张维迎为主要贡献人的"价格双轨制理论"高票获奖。这一结果是经过 202 位经济学家、著名大学经济院系和研究机构负责人、主要经济和学术媒体负责人以记名投票方式评选出来的。看来,对于价格双轨制,大家比较认同的说法还是"集体智慧的结晶"。

而且,徐景安认为,价格双轨制很难说是经济理论创新,"实际上是改革技巧、改革方法、改革艺术上的一个创造"。

价格双轨制是在我国商品经济和市场经济两个体制并存的经济环境里产生的一种过渡模式,对改革原有的单一不合理的价格体系有着积极的意义,不但在一定程度上解决了资源短缺的问题,使资源配置向生产效率更高、产品更适销对路的企业倾斜,而且也大大增加了社会的财富。统计数据表明,1985—1988 年,全国乡镇企业数量从 1200 多万家上升到 1800 万家。而且,这一阶段也成为改革开放以来经济增长较快、人民得益较多的时期。

在 20 世纪 80 年代中期,决策者之所以会看好价格双轨制,无非就是想让双轨制中的"市场轨"去对付短缺,用"计划轨"去消灭通货膨胀,好处"两头占"。

但是,好景不长,价格双轨制的各种弊端开始逐渐暴露,非法倒卖物资活动日益猖獗,尤其是在供求矛盾突出的情况下,双轨制出现的巨大价格差,诱发了

---

① 成致平. 价格改革三十年 1977—2006. 北京:中国市场出版社,2006.

大量的"官倒"和"私倒"。据陈昌明的相关研究,在 1985 年倒卖一辆载重 4.5 吨的卡车就可以成为"万元户";而在"双轨制"出台不到一年的时间里,全国就冒出了 20 多万家"公司",其中相当一部分是无资金、无场地设备、无确定业务方向、官商合一的皮包公司。这些皮包公司靠倒卖物资牟取暴利,在搞乱流通秩序的同时,也给国家带来了严重的损失。①

而随着中国经济的迅速发展,民间企业数目剧增,物资供应更趋紧张,全国物价就像一匹脱了缰的野马,不断狂涨。到了 1988 年,通货膨胀严重,物价总水平比 1984 年上涨了 47%,尽管如此,产品比价不合理的情况仍然没有得到妥善解决,就连国家计委(发改委的前身)经济调节司一官员也不由得感慨:"该涨的没有涨,或者涨得不够,不该涨的却涨得过多。"

在 1988 年价格闯关失败之后,学术界及社会上对价格双轨制的反思文章也越来越多。20 世纪 90 年代,随着中国向市场经济转型,价格双轨制也开始慢慢退出历史舞台。

复旦大学中国经济研究中心主任张军教授认为,价格双轨制是中国成功进行经济转型的最有代表性的"程式化事实","无论在世界的什么地方、什么场合,只要提到中国的经济转型策略,就必然要提到价格双轨制"。

回望过去 40 年走过的道路,不难发现中国的经济改革实际上走的就是一条"双轨制道路",除了我们这里讨论的价格双轨制外,还有养老金双轨制、医保双轨制等。中国改革的成功,与双轨制这种渐进式的改革(也叫增量改革)有很大的关系,这是新旧体制并存的条件下,为减少改革阻力而做出的一种智慧妥协。

---

① 陈昌明.对"价格双轨制"的再认识[J].中国物资流通,1989(10).

当然,改革者也明白,双轨制是一把双刃剑:运用得好,就能使中国改革绕过重重暗礁,踏上光明坦途;运用得不好,则需要付出沉重的改革代价。而且,我们改革的最终目标还是要从双轨走向单轨,最后完全用新制度取代旧制度。

温州模式

"温州模式"这一概念,目前有据可查的最早来源是 1985 年 5 月 12 日《解放日报》头版刊登的题为"温州三十三万人从事家庭工业"的长篇报道,以及同时配发的评论员文章《温州的启示》。

《解放日报》描述称:"温州市农村家庭工业蓬勃兴起,短短几年,已创造出令人瞩目的经济奇迹。如今'乡镇工业看苏南,家庭工业看浙南',已为人们所公认。温州农村家庭工业的发展道路,被一些经济学家称为广大农村走富裕之路的又一模式——'温州模式'。"并且,文章首次概括了著名的温州精神(后来也成为浙商精神)——"四千精神":走千山万水,吃千辛万苦,想千方百计,说千言万语。

一直研究"苏南模式"的社会学家费孝通,当时听说了温州这个农村经济发展的新模式,非常感兴趣。1986 年,抓住政协召开全国会议前的一段时间,他去浙南考察了颇为闻名的"温州模式"。

同是人多地少,也同样是由贫变富,为什么人们对苏南肯定的较多,而对温州的看法却有较大的分歧呢?"苏南模式"和"温州模式"之间究竟有哪些不同?带着这些问题,那年已经 76 岁高龄的费孝通开始了自己的"温州行"。

在温州,费孝通看到了当时中国经济中一个极为重要的"大市场"。他在

《瞭望》杂志上发表自己的观点："这个市场不仅包括在各乡镇街巷里看得见的数以万计的店面或摊子，而且还包括撒在全国各地十多万个每天在火车、轮船上运转，甚至深入偏僻边区活动的商贩大军；各家各户的生产者就是靠他们同千千万万零售商店和摊子，甚至同无数消费者个人之间建立起了一个生动活泼而又似乎无形的流通网络。"[1]老人家无时无刻不感觉到，这一网络在温州经济中发挥的巨大作用，而且这个力量已冲出省界，走向全国，甚至已越出"国境"，在国营商业渠道触及不到的领域里发挥着促进商品流通的作用。

费孝通从中领悟到"温州模式"与"苏南模式"之间不同特色的关键之所在。苏南的历史传统是农工相辅、男耕女织，可以说是"牛郎织女"，因此在此基础上苏南发展起来的是社队工业和后来兴起的乡镇工业。而温州地区的历史传统是石刻、竹编、箍桶、裁缝、理发、厨师等百工手艺人和挑担卖糖、卖小百货的生意郎周游各地，挣钱回乡，养家立业，可谓"八仙过海"。在这种根基之上，在温州这块地方冒出来的自然是家庭工业和加工专业市场，是从商贩业出工业[2]，以工扩商。

1986 年 2 月 27 日，费孝通一行从杭州出发，途经东阳、丽水、青田来到温州。3 月 7 日，取道台州、绍兴回到杭州，历时 9 天，行程 1518 公里。在温州，他们走访了 4 县 5 镇，参观了市区的两个街道厂。

调查结束以后，费孝通写了一篇《温州行》的大文章，在《瞭望》周刊上连续（1986 年第 20—22 期）刊出。文章刊出后，在全国引起很大反响，对一直忐忑不安的温州创业者们来说，也算是吃了一颗定心丸。之前一些雇主大多心神不定，为了扩大再生产，不能不雇工，可是雇多了又怕挨整。费孝通认为，温州农

① 费孝通.温州行[J].瞭望,1986(20—22).

② 费孝通.小商品,大市场[J].浙江学刊,1986(3).

村经济发展的基本特点就是以商带工的"小商品，大市场"，"从这一特点看去，'温州模式'就超出了区域范围，而在全国范围内带有普遍意义"。

自此以后，"小商品，大市场"也逐渐成为人们津津乐道的"温州模式"的经典概括。"温州模式"开始与"苏南模式""珠江模式"一道成为中国三大典型的区域发展模式。

随后，第一轮"温州热"席卷全国，到温州去参观的人数累计超过 60 万。其中，1986 年更是被人们称为"温州年"，那一年仅前往温州考察取经的副省级以上官员就多达 93 人次。

自古以来，在温州这块土壤上滋生出来的永嘉学派，提倡功利之学，主张"经世致用，义利并举"。虽然这一主张对传统的"重农抑商"冲击有限，但是在当地还是留下了比较鲜明的烙印。在温州，人们有很强的致富欲望和创业精神，而且不觉得赚大钱、发大财是一件羞耻的事。

从 20 世纪 50 年代以来，尽管与当时国家的计划经济发展战略和有关政策措施相悖，但是温州的农村还是存在着一定程度的自发的民营化、市场化倾向，当地的农民家庭工业、劳务输出和包产到户等现象总是屡禁不止。十一届三中全会以后，曾经原来一直在"地下"游走并受到严重压抑的个体商贩、手艺人有了合法身份，也有了广阔的用武之地。

作为体制外改革的典型，"温州模式"基本上可以算是一个由基层民众自发、组织和实施的诱致性制度变迁过程。这种变革的主体是农民、居民和私营企业等市场的力量，他们因为发现潜在的获利机会，就会产生自下而上的对制度的变革需求，直至影响决策者，以做出更好的制度安排。

"温州模式"的兴起与发展，也与当时地方政府"无为而治"的理念息息相关。也许是吸取了之前发生的"八大王事件"的教训，1984 年以后，在温州很少有人会去纠缠姓"社"和姓"资"的问题。政府的这种"放任自流"客观上为温州的个体、私营企业发展创造了一个相对宽松的经济发展大环境。

"'温州模式'以商带工这个特点,形成了大量的家庭工业和个体经济,在一开始处于自发、小型、分散的状态。这有好的有利的一面,即容易起步,经营灵活,群众自发有积极性,不靠国家投资而创造财富。但也有不利的一面,就是有些盲目性,规模小,技术低,质量不高。"[①]1994 年 11 月,84 岁的费孝通第二次来到温州考察,后来在发表的文章《家底实、创新业》中,他道出了上述的感悟。

也正是因为这种市场的无序发展,20 世纪八九十年代的温州在全国的形象和声誉一度很差,温州商品甚至还成为"假冒伪劣商品"的代名词,受到一些地方的抵制和打击。针对这种情况,温州政府部门提出了"质量立市"的口号,以期逐步恢复并提高温州产品在全国的形象和声誉。当然,这些都是后话。

---

① 费孝通.家底实、创新业(上)——再访温州[J].瞭望,1995(12).

全民所有制企业改革

1984 年 10 月 20 日，十二届三中全会通过《中共中央关于经济体制改革的决定》。这个指导中国经济体制改革的具有里程碑意义的文件，里面有一句纲领性的话："增强企业活力是经济体制改革的中心环节。"同时指出，围绕这个中心环节，必须确立国家和企业、企业和职工这两方面的正确关系。可以说，这些内容都是 20 世纪 80 年代后期经济体制改革讨论得出的共识。自此，中国迈开了国有企业改革的步伐。

然而，国有企业改革到底该走怎样的路径，如何在公有制条件下引入市场机制，当时在中央决策层仍然有不同的见解。相对应的，针对改革策略，理论界则形成了"企业主体改革派"和"整体协调改革派"两个针锋相对的流派，两派的代表分别是经济学家厉以宁和吴敬琏。

厉以宁认为，在设计改革总体思路时，应以企业制度的改革为主线。厉以宁说，"中国唯一可以选择的途径是：先进行所有制改革，在所有制改革取得成就的基础上，使市场体系逐步趋于完善"。为此，他还提出了一套企业改革的具体办法，就是通过"先包后股""先股后包""又股又包"或"只股不包"等办法，把企业改造为"真正自负盈亏的公有制企业"。

跟厉以宁不同的是，吴敬琏自称为"整体协调改革派"。吴敬琏认为，中国的经济改革靠"单兵突进"的企业改革是难全其功的，因为市场经济是一个有机体系，这个体系主要是由自主经营、自负盈亏的企业，竞争性的市场体系和主要通过市场进行调节的宏观管理体系三者组成，经济改革必须在这三个互相联系的方面同步配套地进行[该主张最初由吴敬琏在 1985 年 7 月讨论《中共中央七五建议（草案）》时提出]。

厉、吴二人都是中国改革派的主力，只是在实现路径上有所不同，也就是从这次争论开始，"厉股份"与"吴市场"的外号不胫而走。

1986 年 3 月，国务院领导采纳了吴敬琏、周小川、楼继伟、刘吉瑞、邱树芳等"整体协调改革派"的意见。3 月 25 日，国务院发文通知成立经济体制改革方案研究领导小组，负责制订 1987 年和 1988 年的改革方案和主要措施。

4 月，国务院经济体制改革方案研讨小组办公室（简称"方案办"）成立，办公室下设价格、财税、投资、金融、工资、外贸等组，共有 30 多人，都是从各部门抽调来的精英骨干（像后来我们熟知的一些政府官员，如曾任国务院总理的朱镕基当时就在投资组，楼继伟属于财税组，周小川则被安排在外贸组），领导小组组长由后来出任国务院副总理的田纪云担任，办公室主任为高尚全（在高出国考察期间由国家体改委主任安志文直接领导），杨启先、傅丰祥、姜习和吴敬琏等 6 人被任命为副主任，办公地点在中南海北海桥边上的工字楼里。吴敬琏是方案的主设计人之一。

1986 年 4 月到 6 月，吴敬琏在方案办和同事写出了"七五"前期以价格、税收、财政、金融和贸易为重点的整体配套改革方案。其中价格改革"先调后放"，形成市场割据、流通阻滞的局面，为企业创造平等竞争环境，将"分灶吃饭"体制改为"分税制"。

这个整体配套改革方案几经修改和补充后，在 1986 年 8 月得到中共中央财经领导小组和国务院常务会议批准，准备在 1987 年推出，可惜方案最终还是被搁置。

为什么会被搁置？有人说，是因为在理论界，厉以宁旗帜鲜明地反对。这个应该是事实。2008 年 12 月，已经就任中国建设银行董事长的郭树清在接受《第一财经日报》采访时说到了当年整体配套改革方案被搁置的各种原因。

郭树清说："直接原因是大家没把握，盘子太大，顾及面太多。另一个原因是当时有一些既得利益集团反对，一些企业扩权让利做试点，尝到甜头了，害怕改变经营环境（主要利润上缴基数和挂钩系数），当时就反对价税财联动。他们的作用很大，影响了领导人的决心。另一些反对声音来自于原来控制资源的部门，包括负责计划、物资分配、商业调配等职能的部门，他们反对，是因为担心会削弱手中的权力。"

当时，首都钢铁公司一些领导以首钢经济研究所的名义给党中央上书，认为改革应当"以承包为本"，离开了企业承包制，改革就背离了正确的方向，国务院搞的改革是"反改革"。

至于深层次的原因，郭树清说"还是经济过热"，还有就是，价格双轨制以及价格双轨制造成的"官倒"问题，引起社会极大不满。即便是当时邓小平同志说了"这个方案非常好"，但配套改革方案还是被"雪藏"了 6 年多，直到 1993 年才被中央重新采纳。

的确,由于联产承包责任制在中国农村获得了巨大成功,在 20 世纪 80 年代,从上到下很多人都非常迷信"承包制",认为改革"一包就灵",只要把承包制引入企业改革,就一定能够取得成功。

1986 年 12 月 5 日,国务院发布《关于深化企业改革增强企业活力的若干规定》,提出:全民所有制小型企业可积极试行租赁、承包经营;全民所有制大中型企业要实行多种形式的经营责任制;各地可以选择少数有条件的全民所有制大中型企业进行股份制试点。

到了 1987 年,国有大中型企业普遍推行了企业承包经营责任制。而且承包制推行的效果很快就显现出来:既调动了企业和职工的积极性,也推动了国有经济的发展。数据显示,1987 年和 1988 年我国工业增长速度分别为 14.1%和 20.7%;企业实现利润和上缴税金 1987 年比 1986 年增长 8.0%,1988 年比 1987 年增长 18.2%,亏损面逐年下降,经济效益有所提高。

但需要指出的是,在推行承包制期间,也出现了企业增效、经济增长、国家财政收入反而下降的怪现象。在推行承包制的第一年(即 1987 年),国民经济高速增长,财政收入却出现了低增长,财政收入占国内生产总值的比重下降了2.4 个百分点,从 1986 年的 20.8%降至 18.4%;1988 年又急剧降到 15.8%,比1987 年下降了 2.6 个百分点。分析原因,主要是国家财政先前已经进行了一回放权让利,实行承包制后又向企业做了更大幅度的让利,因此招致国家财政收入严重流失。

这样的结果自然遭到了全国各界猛烈的批评和反对。批评者认为,承包制对企业行为是一种软约束,企业只负盈、不负亏,这不仅会使国家财政收入占国民收入比重下降,而且还造成了企业承包者的行为短期化和"搭便车"的机会主义行为。

从 1986 年开始的全民所有制企业改革,从更深层次上解决了作为经济主体的国有企业缺乏积极性、整体经济效率不高的问题。只是,由于承包制所产生的一些负面影响,及股份制的发育不足,致使国企改革一度处在摇摆和徘徊之中,改革的效果不是很理想。当然,今天我们回头再看历史,1986 年启动的这一场全民所有制企业改革,无疑是从 1984 年提出"有计划的商品经济"到 1992年"建立社会主义市场经济体制"无法跨越的坚实一步。

乡镇企业崛起

20 世纪 80 年代,中国广袤的农村大地上涌现了一种新型企业形态。这些企业由农民创办,具有相对固定的生产经营场所,单独核算的账目,也要缴纳不菲的利税,但相比国营企业,技术粗糙,设备落后,管理上主要靠"厂长"的权威而不是现代权责明确的管理体系。这样一种企业,就是乡镇企业。

回过头来看,乡镇企业实是应中国改革开放之运而生。1978 年中国开始实行家庭联产承包责任制,分产到户到人,一大批农村剩余劳动力被解放出来,农村没有了生存空间,剩余劳动人口必然涌向城市。但由于城市下岗职工同样是社会"不稳定分子",加上与农村剩余劳动力的合流,这必然对城市产生冲击。乡镇企业的崛起,恰恰提供了一种完美的解决方案:既避免了城市秩序受到冲击,也为农村劳动力提供了释放的出口。邓小平曾称其为"完全没有预料到的最大收获"。①

① 高屹.历史选择了邓小平[M].武汉:武汉出版社,2012:204—205.

乡镇企业在我国主要经历了三个阶段。第一个阶段是 1978 年到 1984 年。此时国家经济和社会发生了深刻变革,农村改变了"以粮为纲"的单一经济结构,社办企业和队办企业开始兴起,这是乡镇企业的萌发阶段。

第二个阶段是 1984 到 1991 年。1984 年,国务院正式发出通知,将社队企业改称为乡镇企业。这一时期是乡镇企业的高速发展阶段。财经作家吴晓波在《激荡三十年》里称,1986 年前后,乡镇企业的总数已经发展到 1515 万家,劳动力近 8000 万,向国家缴纳税金 170 亿元,实现总产值 3300 亿元,占全国总产值的 20%。这已是一个巨大的规模。

第三个阶段是 1991 年到 1997 年。邓小平南方谈话之后,乡镇企业进入另一个辉煌发展期,1992 年乡镇企业总收入达 15931 亿元,比 1991 年增长49.5%,乡镇企业总产值突破万亿。

乡镇企业崛起,并成为 20 世纪八九十年代中国经济版图中的重要一部分,是不争事实。

乡镇企业往往以乡村为发展基地,创始人往往就是农村的书记,包括乡镇干部。经由乡镇企业,他们从纯粹的党的干部分化出另一重身份:企业家。所以,他们既是村镇的大家长,又是乡镇企业的管理者,但由于政商合一的内在特质,严格意义上,乡镇企业并不是现代企业,乡镇企业创始人也不是现代企业家。

这一时期,中国的乡镇企业涌现出大量的模范村,譬如河南的刘庄和南街村、天津的大邱庄、江苏的华西村、浙江的横店等。而这背后,也连着一个个乡村能人,比如刘庄的史来贺、南街村的王宏斌、华西村的吴仁宝、横店集团的创始人徐文荣等。之于村镇管理与乡镇经济发展,他们都是"无私而威权的领导者"。有人总结道,他们同时具备两种能力:其一是极其善于利用一些优势和概念,为自己营造一个宽松而受扶持的执政氛围;其二是有相当的市场敏感性,因而往往就能办起一家乃至若干家非常赚钱的工厂。

这些人是典型的农民企业家。"他们无论穿什么牌子的西装总是不合身,很少有人会正确地打领带,他们最喜欢的服饰品牌是法国的皮尔·卡丹和香港的金利来。标识都做得很大,老远就能清晰地看到。他们的普通话都糟糕透了,还特喜欢把自己的照片登在企业介绍册和广告上,而形象都是一律地可笑。"①也就是说,这些企业家裤腿上的泥点子都没甩干净,就已经登上创富的时代列车了。

这一批乡镇企业家中,有一个绕不过去的人物,那就是万向集团主席鲁冠球。鲁冠球1969年7月带领6名农民,集资4000元,创办宁围公社农机厂。1979年在看到《人民日报》上的一篇社论中出现"国民经济要发展,交通运输是先行官"这样的论述时,他决定砍掉其他项目,专攻万向节。

随后,在未获批准的情况下,他冒着风险搞职工内部入股,成为中国农民企业家中最有产权精神的企业家。媒体开始注意到鲁冠球,是因为《半月谈》将他评为当年的全国十大新闻人物,万向集团也成为第一家上市的乡镇企业。善于突破、勇于担当、敢于创新的鲁冠球后来也被尊为"浙商教父"。

以鲁冠球为代表的乡镇经济企业家,成为那时候的风云人物。他们虽然文化水平不高,也没有创业的经验,但硬是凭着一股蛮劲儿,在政策与时代的庇佑下快速成长起来,并影响至今——集体经济的苏南模式与私人经济的温州模式,正是当今中国民营企业发展模式的两种雏形,对中国经济模式的塑造起到了至关重要的作用。

---

① 吴晓波.激荡三十年——中国企业1978—2008[M].北京:中信出版社,2007:161.

在发展过程中，中国乡镇企业也在不断调试，其中一个重要探索是联营。乡镇企业家们以低价格购买国营公司的设备与技术，不少国企的工程师也在周末接受乡镇企业的聘用，为乡镇企业发展提供技术支持。更先进的做法是，乡镇企业与国营企业达成联营协议，以资金购买技术援助，以及使用那些知名品牌。在河北、山东等不少地方都出现了"经济联合体"，即国营公司把自己的业务承包给乡镇企业，形成联盟发展的模式。在更先进的技术加持之下，乡镇企业更快地发展起来。

根据财经作家吴晓波所著的《激荡三十年》中的叙述，1986 年第一期的《时代周刊》也注意到中国的乡镇经济。这期杂志以"中国的第二次革命"为主题，对中国经济发展展开描写，撰稿人写道："仅仅隔几年重访中国的外国人简直不敢相信他们访问的是同一个国家，丰富多彩的食品自由市场，农村如雨后春笋般盖起来的整洁小屋和充满生机的乡村工业，这些都是他们以及他们的东道主所没有见到过的。"这从侧面肯定了乡镇经济对中国社会经济的促进作用。

1986 年前后的乡镇经济其实是民间力量崛起的象征。1978 年之后，改革春风唤醒了民间积蓄已久的社会、经济力量，农村土地、人力等资源丰富，在个人英雄主义与政策带动下，农村广袤大地蒸腾起新的希望，乡镇经济终于"异军突起"，并影响了中国农村的深刻变革。虽然不少乡镇企业在后来因为家族式管理、企业家精神成色不足陷入困境，但乡镇企业对中国经济形态的塑造，不应被忽视。

个税进入公共生活

2018 年 8 月上旬,个人所得税法修正案草案向社会征求意见结束,一个月内共征到逾 13 万条意见。这体现出立法与民意的积极互动,更能看出公众对个税改革的广泛关注。正因如此,梳理一下我国个税改革的历史脉络,有助于我们更好地把握它的未来走向。

很多人可能不知道,早在 1950 年,中华人民共和国政务院公布的《中国税政实施要则》中,就已列有薪给报酬所得税。这是中华人民共和国成立以来颁布的第一部涉及个人所得税的法规。但由于中国长期实行低工资制,且个人收入来源渠道单一,因而这种税一直未开征。

为了适应经济体制改革和对外开放的需要,1980 年全国人民代表大会常务委员会公布了《中华人民共和国个人所得税法》,既适用于外籍居民,也适用于本国公民,起征点定为 800 元——那个时候,对普通人来说,这几乎是一个天文数字。当时国内大部分职工月工资就几十元而已,能达到这个标准的人群,主要是当时在华的外国高收入者,比如外籍在华高级职员等。这部分人成为早期的主要纳税人。数据显示,1981 年开征的时候,征收入库的个税收入只有区区500 万元。

1984 年以后,随着分配形式的多样化和个人收入渠道的增多,个人之间的收入差距开始拉大。为了调节部分社会成员的较高收入,更好地体现按劳分配的原则,国务院于 1986 年 9 月发布了《中华人民共和国个人收入调节税暂行条例》,并决定自 1987 年 1 月 1 日开征。该条例规定对本国公民的个人收入统一征收个人收入调节税,纳税的扣除额标准降低至 400 元。而外籍人士的 800 元扣除标准并没有改变,内外双轨的标准由此产生。

也就是从这一年起,个人所得税真正进入了公众的视野,与人们的生活发生了关联。毕竟,随着改革开放的深入,随着经济活力的释放,400 元虽然对多数人而言是一笔高不可攀的收入,但已有越来越多的人具备了缴纳个人收入调节税的资格。

而为了促进个体经济健康发展,在此前的 1986 年 1 月,《中华人民共和国城乡个体工商业户所得税暂行条例》对从事工业、商业、服务业、建筑安装业等,且经工商行政管理部门批准开业的城乡个体工商户开征城乡个体工商业户所得税。

按照中国社科院专家的说法,从 1980 年到 1993 年这一时间段,实际上存在着三种系列的个人所得税:对外籍人士征收的个人所得税、对中国公民征收的个人收入调节税和对城乡个体工商户征收的城乡个体工商业户所得税。

接下来,国务院于 1994 年 1 月 28 日发布了《中华人民共和国个人所得税法实施条例》，这次修改个人所得税法的主要内容之一，就是将个人所得税、个人收入调节税和城乡个体工商业户所得税合并为统一的个人所得税，结束了中国个人所得税税制不统一的局面，使中国个人所得税制步入统一、规范的轨道。

2009年6月18日，财政部个人所得税课题研究组发布报告说，个人所得税是1994年我国税制改革以来收入增长最为强劲的税种之一。1994年我国仅征收个人所得税73亿元，2017年税收收入则增长到75697亿元。如果将时间再拉长一点的话，从1981年的500万元到2017年的7万多亿元，36年间增长了100多万倍。

随后的这些年，个人所得税经历过多次调整。2005年10月27日，国务院宣布将个税起征点由800元提高到1600元。2007年12月29日，国务院宣布将个税起征点由1600元调高到2000元。到了2011年7月27日，国务院公布《关于修改〈中华人民共和国个人所得税法实施条例〉的决定》，明确自2011年9月1日起施行新的个税法条例，个税起征点上调为3500元。2018年8月31日，全国人大常委会表决通过关于修改个人所得税法的决定。从10月1日起，新的个税起征点上调至5000元。

2018年个税调整的亮点，并不仅仅只是将起征点调整到了5000元，更为关键的是确立了新的税制体制。首先，它修订了个人所得项目的大体系，应税项目由原来的11项调整为9项；其次，建立了个税综合扣除机制，提高基本减除费用标准，增加针对子女教育、继续教育、大病医疗、住房和赡养老人等支出的专项附加扣除；最后，此次税改优化税率结构，调整税率级距，为中低收入劳动者减税降负。

"税"是公民与国家的交汇点，是政治生活与经济生活的连接点。人们今天关注税收起征点,也关注怎么征税、给谁减税、税收支出的公开透明等问题,这种关注的过程,本身就是现代公民意识形成、积淀的过程。

洋快餐的中国进化史

当肯德基的山德士上校人偶第一次被竖在北京前门西大街上之时,正是北京初冬,但 30 余年前那个飘着雪的寒冷清晨,并没有阻挡人们排队的热情。

1987 年 11 月 12 日,人们带着锅和筷子在寒风中等待品尝来自美国的"家乡鸡",在他们推开门的那一刻,迎面感受到的是来自大洋彼岸的暖风,以及完全颠覆中国古老美食技巧的"舌尖上的美国"。

如今排在"喜茶们"门口的年轻人,也许难以想象他们的父母辈在 30 年前也一如他们对美食的虔诚,愿意花数个小时去排队等待大快朵颐。当时的店员张庆红至今回忆起来仍感骄傲,她记得那时只要到周末,光餐厅外排的队就有 400 多米长,必须分段分时放人进来。

而在全世界的瞩目下,中国人民展示了他们的消费观念和购买能力。这家位于北京前门的中国第一家西式快餐连锁餐厅一开业,就创下单一店铺单日最高的营业额——30 万元。

肯德基在那个早晨之后,以势如破竹之势在中国开拓餐饮市场,流行风潮传播之快,使得去肯德基用餐一时之间竟成为一种身份的象征。中国区业务在后来这些年发展得如此之快,以至于百胜中国被拆分出来在纽交所单独上市,才能够承载得起这一高速发展的业务体量。

当山德士上校在北京前门纵览 3 年京华烟云之后,它真正意义上的对手麦当劳才选择进入中国。相比第一个吃螃蟹的肯德基,麦当劳最初是希望为在京的外籍人士提供家乡风味。但麦当劳最终落地地点的选择,似乎更显现出市场化的野心:它的第一家门店选址在深圳,那个在后来成为"春天的故事"的城市。尽管毗邻香港,但因好奇来就餐的人们,依然从餐厅的三楼排到一楼。当时的光华餐厅可以用港币或人民币结算,但让人始料不及的是,港币结算的柜台前面挤满了土生土长的深圳人。据说,为了要来麦当劳一尝连锁快餐的味道,他们都提前准备好了数量充足的港币。

在第一家肯德基门店的柜台前,百事可乐的标识如此醒目,当现在的百事可乐不得不跟随中国饮料包装的步伐探索个性化之时,当年的口号听起来像是对中国新生代消费者们的一次表白:"百事,新一代的口味。"不过这样的"土味情话",却恰好展现了当年那些消费外企巨头们在中国的想象疆野。

随后,沃尔玛、家乐福、宝洁、联合利华……那些来自西洋的巨头们纷纷抢占了北上广的 CBD 核心,试图给古老中国展现一种全新的现代生活方式。

最先做出选择的是曾经的天之骄子们。20 世纪 90 年代末,中国应届毕业生一度以成为外企白领为荣。对求职者来说,一份外企的工作意味着职业化、国际化、收入优厚。他们从最早的翠花、小红、二狗变成了 Linda、Mary、John……西方的生活方式成为中国最早的中产生活方式中的身份标签。

这种标签至今犹有痕迹,在我们试图去解释星巴克这些年在中国区域取得巨大成功的原因之时,不得不承认恰当的生活方式定义标签,是其脱颖而出的法宝之一。

但星巴克已经不再拥有足够的吸引力,网红咖啡、茶饮的出现,就像过去那些年挑战着肯德基市场的"乡村基"一样,以更本土化的方式开始了与星巴克的争夺战。

当然,竞争不止来自于消费市场,资本层面的变化也开始改变"肯德基们"。

1987 年的冬天,《人民日报》甚至为肯德基发了一则简讯,这篇不足 200 字的报道里,提到了肯德基的三家股东:美国肯德基国际公司、北京市牧工商总公司和北京市旅游公司。

那一年的报纸,更像是为后来这些年埋下了草蛇灰线。因为 30 年后,肯德基在全球的竞争对手麦当劳变更公司名为"金拱门"的新闻在互联网上被编成各色段子广为传播,这更像是麦当劳在中国新媒体营销时代的一次巨大告别演出:更名金拱门的相关新闻点击量达到 90 亿次,相当于每个中国人人均看了 6 篇有关麦当劳更名金拱门的新闻。

段子背后,是股权的变化。

2017 年 8 月 8 日,麦当劳宣布与中信股份、中信资本以及凯雷投资集团的战略合作已经顺利完成交割。新公司将运营和管理麦当劳在中国内地和香港的业务。换句话说,麦当劳中国,成为真正的本土化"中国金拱门"。

在资本的运筹帷幄时代,肯德基依然走得要比麦当劳快一步。2016 年,肯德基和必胜客的母公司百胜餐饮集团宣布引进蚂蚁金服和春华资本作为战略投资者,二者共同向百胜中国投资 4.6 亿美元。该投资与百胜中国的分拆业务同步进行。一个更熟悉中国本土市场的阿里和它的掌舵者马云,将成为百胜中国的股东,参与其在华 7200 多家餐厅的特许经营。

30 年后,太平洋的浪潮依然一刻不停地拍打着东方的海岸,那些消费领域的巨头随着浪潮离开了漩涡的中央,他们中的一部分撤出了 CBD,甚至撤出了那些生产和供应链条,但以苹果和亚马逊们为代表的新的公司和来自海外的资本,依然在探索他们的东方大陆。

"大哥大"进入中国

如果要寻踪 20 世纪 90 年代的潮流时尚,BB 机和大哥大,是当时最典型的代表。

当年,一部摩托罗拉数字寻呼机曾经是无数人梦寐以求的奢侈品。凭借夸张的造型与昂贵的价格,若有人在街头掏出"大哥大",那这个人就会瞬间成为焦点。到后来,当"Hello, Moto"的铃声响起时,与之伴随的往往是一部部炫酷的手机。

那是中国通信业的启蒙年代,"腰别 BB 机,手捧大哥大"是当年成功人士的经典形象。或许人们在怀念 20 世纪的个人通信工具时,在后来做得更加普及的诺基亚是第一时间想到的品牌,但实际上,在 iPhone 开启智能机时代之前的很长一段时间,通信市场的定义者,是摩托罗拉。1982 年,摩托罗拉生产出了第一代模拟手机,而此时以木材加工厂起家的诺基亚尚未涉足无线通信业。

尽管早期已经开始有 BB 机进入中国市场,但摩托罗拉真正进入中国内地市场,还是在 5 年之后。

1987 年,在移动通信领域发生了两件事情:一是当年的 11 月 18 日,我国内地第一个大容量蜂窝公用移动通信系统在广州开通,这标志着我国内地移动通信发展历史正式开启;二是摩托罗拉在北京设立代表处,正式宣布进入中国内地。摩托罗拉在中国内地推出的第一款机型就是后来被中国人称为"大哥大"的移动电话,型号是摩托罗拉 3200,当时售价在万元人民币以上,入网还需要花费上千元,这在当时成为十足的个人身份的象征。

当时,中国改革开放已经步入第九个年头,正在大力引进西方发达国家的技术和资本;摩托罗拉则看中了中国潜在的巨大市场——1987 年中国人口已经接近 11 亿,现代化通信正在起步,移动通信领域近乎空白。一个具有无限成长潜力、未来规模庞大的市场出现在摩托罗拉面前。这对摩托罗拉来说,无疑是一块巨大的蛋糕,必须尽快抓住。

广东中海集团董事长徐峰,1987 年 11 月 21 日成为中国第一个手机用户,当时他还是一个 20 多岁的小伙子。后来他回忆说:"虽然购买模拟信号手机花费了 2 万元,入网费 6000 元,但是手机解决了我进行贸易洽谈的急需,帮助我成为市场经济第一批受益者。"

1992 年,摩托罗拉在天津成立公司,把半导体和传呼机的生产放到天津。"1992 年公司刚成立时,依我本来的计算是要亏本的,没想到第一年传呼机业务就赚钱了,而且赚了很多钱,拿到了第一桶金,也证明改革开放后中国对于通信产品的巨大需求。"前摩托罗拉公司全球资深副总裁蔡国雄曾对媒体透露,当年中国市场把摩托罗拉推上了行业之巅,其一度占据寻呼机市场超过 80% 的份额。

1994 年,世界 500 强企业摩托罗拉在全中国顶级的国贸写字楼办公。摩托罗拉和它开启的外企 CBD 神话,也是从那段时间开始的。能衣着光鲜地进出国贸,哪怕是进入摩托罗拉公司当前台,都是当年许多大学毕业生的梦想。

前后和来自美国的摩托罗拉一起试图发掘这片东方广袤市场的,还有来自北欧的诺基亚和爱立信、韩国的三星。在小米和华为们诞生之前的多年,在移动通信领域,基本只能看到这些巨头的身影。

1999 年,摩托罗拉推出了首部真正意义上的支持中文输入的手机。摩托罗拉 CD928＋不仅可以使用中文输入编辑短信,还可以在电话簿中输入中文名字。在手机汉化的进程中,CD928＋当之无愧地成为最重要的里程碑。除此之外,CD928＋通话音质清晰,续航多达一周以上,也是它在那个年代被用户所喜欢的原因所在。

但属于摩托罗拉中国的荣耀史,在进入 21 世纪之后不断遇到挑战。首先的挑战来自老对手诺基亚——尽管进入中国的年份比摩托罗拉还要早,但诺基亚在 20 世纪 90 年代还无法与摩托罗拉的占有率相提并论。而后,随着摩托罗拉对技术发展方向押注的失误,失败如同多米诺骨牌一般源源不断地袭来。

20 世纪 90 年代初,当以诺基亚为代表的欧洲厂商忙着开垦 GSM 处女地之际,摩托罗拉在构想宏大的铱星计划,并把大量的技术人员调往负责“铱星”的部门。然而,这个耗时 11 年、投资 50 多亿美元的计划,最后被发现几乎无法实现民用。

2000 年,摩托罗拉的市场份额已降到 13％,诺基亚则增加至 31％,之后数年,摩托罗拉的市场份额一直徘徊在 15％左右。

如果说摩托罗拉和诺基亚的战争还是在一个次元的话,来自 iPhone 的升维打击,直接改变了整个移动通信市场的格局。在此之后,不仅是摩托罗拉,曾经的“北欧诸神”也纷纷陨落,它们没有找到对抗 iPhone 跨维度打击的正确方式。但新的时代开启,也孕育了新的帝国——我们把时间轴拉回到中国移动通信业务开始发展之时,1987 年,任正非集资 2.1 万元创立华为技术有限公司,雷军在这一年进入了武汉大学计算机系,而后来奠定 vivo、OPPO 两大手机品牌基础的段永平也即将展开他从拯救“小霸王”开始的传奇人生。

03

　　1990 年 12 月 19 日,虽是隆冬季节,但这一天的上海外滩却是风和日丽。在外白渡桥下浦江饭店的门口,隆重举行了上海证券交易所的开业仪式。证券交易所这个曾经远离中国内地 40 年的资本市场集散中心,又重现在上海这座曾经是远东地区最为繁华的大城市,由此引起了全世界的密切关注。

"私营经济"被写入宪法

"私营经济"的提法在改革开放前两次出现在根本大法中。第一次是出现在共和国成立前夕通过的具有临时宪法性质的《中国人民政治协商会议共同纲领》中："凡有利于国计民生的私营经济事业,人民政府应鼓励其经营的积极性,并扶助其发展。"

另一次是出现在1954年颁布的第一部《中华人民共和国宪法》里。"五四宪法"一方面规定了私营经济的存在;另一方面为了实现社会主义改造的总任务,又规定了对其实行"利用、限制、改造"等政策,并且指出了逐步以全民所有制代替之的发展方向。

1956年实施私营经济改造后,私营经济不仅退出了中国经济的舞台,而且因为在意识形态领域被认为是资本主义的代表产物之一,引来侧目和批判。

改革开放之初,私营经济的发展在制度层面并没有过专门的设计,而是从个体经济中积累、发展起来的。

1979 年 2 月,中共中央、国务院批转一个有关发展个体经济的报告:"各地可根据市场需要,在取得有关业务主管部门同意后,批准一些有正式户口的闲散劳动力从事修理、服务和手工业者个体劳动。"从此,中国出现了"个体户"这个名词。它的出现最初不过是为了解决由 800 万回城知青和城镇失业大军构成的"盲流"群体的温饱问题。

但是,个体经济却意想不到地高速发展起来。1979 年,全国批准开业的个体工商户约 10 万户。到两年后的 1981 年,统计数据变为 101 万户,是原先的10 倍。这一形势与当时"兴无灭资"的主流意识形态势必形成冲突。尤其是雇工涉及的所谓"剥削问题"尤为敏感,1980 年中央下发的文件《关于进一步加强和完善农业生产责任制的几个问题》中明确规定"不准雇工",表态非常明确。但是,实际上严厉的限制无法落实到现实状况中。各地雇工现象非常普遍,广东承包鱼塘的陈志雄、安徽"傻子瓜子"的年广久等都有较多的雇工。

20 世纪 80 年代初的"剥削问题"大讨论由此引发,这场争议也使得"私营经济"这一提法重新出现。

最先引起高层注意的是陈志雄事件。从 1981 年 5 月 29 日《人民日报》发表《一场关于承包鱼塘的争论》开始,历时三个月,最高规格的党报集中用二三十篇文章来评议一个农民的行为。

而这场不同寻常的讨论,最重要的成果是订立"七上八下"原则。经济学家林子力在马克思的著作中找到了货币转化成资本的最低限额理论中的一条注释和一个算例,得出了雇佣八人以下不算剥削的结论。尽管那个算例只是一个概算,但总算是引经据典的结果,而且也符合支持陈志雄的参与讨论者的立场,遂成为后来个体经营界定标准的制度设计依据。

1981 年 7 月 7 日，国务院在《国务院关于城镇非农业个体经济若干政策性规定》中又进一步规定，"个体经营户，一般是一人经营或家庭经营；必要时，经过工商行政管理部门批准，可以请一至两个帮手，技术性较强或有特殊技艺的，可以带两三个最多不超过五个学徒"，就是"七上八下"的体现。但是，各地的个体户在实际经营中雇佣人数超过八人的屡见不鲜。

1983 年 1 月，政策再次放宽。中共中央对超出政策规定雇请较多帮工提出"三不"原则："不宜提倡，不要公开宣传，也不要急于取缔。"但是争议并未停止。

1983 年年底，有人将安徽年广久经营"傻子瓜子"雇工达到百人以上的情况向上反映，又一次引发了高层震动。1984 年 10 月 22 日，邓小平明确指出，"放两年再看"，由此一锤定音。这不仅保护了年广久，也对雇工问题做出了结论，也就是事实上默许了八人以上的私人经营性机构的存在。那么，另一个问题产生了，雇工八人以上的私人经营机构该如何定性呢？

最初注意到这一理论问题的是华南师大研究生部的研究生郑炎潮，他在 1982 年就注意到了这一问题，他在毕业论文中给出了自己的概念定义——"社会主义初级阶段的私营经济"，并提出私营经济的发展不可阻挡。时任广东省委第一书记任仲夷阅读了郑炎潮的论文，并与之交谈，在交谈中正式确认了"私营经济"的提法，并在此后大力推广，直至影响到高层。

1984 年，大连个体户姜维经过百般曲折，获得国务院特例批准，于 11 月 9 日成立了中国光彩实业（合资）有限公司。销声匿迹 27 年的私营企业重又获得国家承认。

可是，私营经济的发展始终缺乏根本性的法律依据，尤其是宪法层面存在冲突。在"八二宪法"第 6 条关于"社会主义公有制消灭人剥削人的制度，实行各尽所能、按劳分配的原则"的规定之下，种种歧视和限制以及政策的不确定性严重影响私营经济发展。

　　私营企业主有的采取了见好就收的办法，在企业发展势头良好时结束经营。有的采取挂靠模式，用集体企业的"红帽子"保护经营。然而"红帽子"带来的企业性质混乱存在很大风险，甚至引发过冤案。从法律层面保护私营经济成为重中之重。

▲1988 年，改革开放后的个体户。

　　1987 年 10 月 14 日，中共中央主要负责人在一份反映温州私营经济状况的材料上批示："迫切需要拟订私营企业管理条例，以便有所遵循，而私营企业主也可以放心依法经营。"随即，私营经济的立法问题被迅速提上了议事日程。

　　1987 年 10 月 25 日，在中国共产党第十三次全国代表大会的报告中，引人注目地论述了社会主义初级阶段私营经济的性质、地位和作用，并明确提出，要鼓励发展私营经济，尽快制定有关私营经济的政策和法律，保护它们的合法权益，加强对它们的引导、监督和管理。

　　1988 年 2 月 8 日上午，中央领导人在中南海主持了中央财经领导小组会议,讨论关于私营企业立法的指导思想和重大政策问题。根据这次会议的精神,国务院有关部门抓紧了对私营经济立法的起草工作。

1988 年 2 月 28 日,中国共产党中央委员会正式向全国人民代表大会常务委员会提出《中国共产党中央委员会关于修改中华人民共和国宪法个别条款的建议》,要求根据几年来经济体制改革和对外开放进一步发展的实践,就私营经济和出租土地问题对宪法进行修改。

1988 年 4 月,第七届全国人大一次会议通过宪法修正案,"私营经济"的提法在改革开放后第一次出现在中国的根本大法中。宪法第 11 条增加"国家允许私营企业经济在法律规定的范围内存在和发展。私营经济是社会主义公有制经济的补充。国家保护私营经济的合法权利和利益。对私营经济实行引导、监督和管理"的内容。

这是中国实行社会主义改造、消灭私营经济之后,首次在宪法上重新确立私营经济的法律地位。由个体户雇工问题的争论,不经意间衍生出了"私营经济"概念的重新提出问题,进而修改宪法及相应法律制度建设,可谓改革开放进程中实践倒逼理论、理论催生制度的经典案例。

清理整顿"三角债"

"三角债"这个词，对今天的人们来说可能有点陌生。但是，在 20 世纪八九十年代，它可是出现在媒体上的高频词。当时从官方到民间，"三角债"都是一个被热烈讨论的话题。

何谓"三角债"？按照一般解释，它是人们对企业之间超过托收承付期或约定付款期应当付而未付的拖欠货款的俗称，是企业之间拖欠货款所形成的连锁债务关系。通常由甲企业欠乙企业的债，乙企业欠丙企业的债，丙企业又欠甲企业的债以及与此类似的债务关系构成。它是一种无序开放的债务链。

"三角债"形成于 20 世纪 80 年代中后期，1985 年中央政府开始抽紧银根后，企业账户上"应收而未收款"与"应付而未付款"的额度就大幅度上升了。央行的资料显示，1989 年 3 月底，全国企业超过正常结算期的拖欠总额就高达 1085 亿元。到 1991—1992 年间，"三角债"的规模曾发展到占银行信贷总额1/3

的地步。债务问题盘根错节,涉及地方政府、银行以及企业众多方面,可谓牵一发而动全身。

▲1990 年,"三角债"盛行。当年 12 月,一家"全国首家讨债技巧函授班"在北京鼓楼开业。

为了解决"三角债"问题,1989 年 5 月,国务院宣布,在央行的牵头下,工商银行、农业银行、建设银行、中国银行和交通银行联合起来,在全国范围内有组织地清理企业"三角债"。

1990 年,国务院成立了清理"三角债"领导小组,时任国务委员兼国家计委主任邹家华任组长,周正庆任副组长。2015 年,周正庆曾在接受《财经国家周刊》采访时回忆说:"根据有关方面测算,1989 年全国工业企业不正常的拖欠大体在四五百亿元,至 1990 年年初猛增至 2000 亿元,而 1990 年国内生产总值为 18000 多亿元,两个数据一对比,就可以发现那时候的'三角债'问题已经相当严重了。"

更令人惊悚的一个数字是,当时全国有 90% 的企业被卷入"三角债"链条中——这说明,彼时的"三角债"已经不再是简单意义上的甲欠乙、乙欠丙、丙欠甲的连环债务问题了,而已成为当时我国经济生活中的一种深层次矛盾。

长期以来,产业结构不合理,盲目追求无实在效益的产值、速度,在一定程度上形成了生产越多、积压越多、亏损越多的不正常局面。尤其是到了 1989 年下半年,经济进入了治理整顿阶段,实行财政、信贷双紧政策,经济生活中一些平时被掩盖的问题开始显现。

三角债清理由此成为当时中国经济整顿的核心,也成为朱镕基上任国务院副总理后第一把火。1991 年 6 月 1 日召开的国务院会议认为,"企业之间相互拖欠,靠自己解决,国家不干预,不进行宏观调控,是解决不了'三角债'的"。① 会后朱镕基带着国务院生产办、国家计委、人民银行等相关部委的负责人,赶赴"三角债"纠结最深的东三省,亲自坐镇,现场清欠。他提出注入资金、压货挂钩、结构调整、扼住源头、连环清欠等一整套铁拳式的解决措施,只用了 26 天,就基本解决了东北的"三角债"问题。

回到北京第二天,朱镕基就主持召开全国清理"三角债"电话会议,他严厉要求"各地务必在 1999 年 9 月 20 日 21 时以前,将你省(自治区、直辖市)固定资产投资拖欠注入资金情况(银行贷款、自筹资金和清理项目数),报至国务院清欠办公室,如果做不到,请省长、自治区政府主席、市长直接向朱镕基副总理汇报,说明原因"②。

据《财经国家周刊》报道,截至 1991 年年末,全国共注入清欠资金 330.5 亿

---

① 宋怡青,李欣.周正庆回忆清理三角债始末[J].财经国家周刊,2015(1).文章的采访对象周正庆,时任中国人民银行副行长、国务院清理"三角债"领导小组副组长。

② 吴晓波.激荡三十年:中国企业 1978—2008[M].北京:中信出版社,2014:16.

元,清理欠款的基本建设、技术改造项目 9026 个,连环清理拖欠款 1150 亿元。前清后欠、欠大于清的势头被遏制,企业资金紧张的状况得到缓解,资金周转速度加快,企业经济效益提升。朱镕基雷厉风行、行事果断的风格在此役中表露无遗——回过头来看看,历史在那样的时刻选择了朱镕基,是否也可以看成历史对中国人的一种眷顾?

20 世纪 90 年代的"三角债"已成云烟。而今天,地方政府债务同样牵涉到城投公司、信托机构、银行、房地产企业等众多方面,隐隐然已有新的"三角债"的迹象。有报道称,中国有一些省份存在偿债压力大、借新还旧率高、变相融资突出等问题。虽然,今天的这种债务困局与当年的"三角债"有根本不同,但当年治理"三角债"的勇气、果决与担当精神,对今天的我们来说仍然不无启示。

开发浦东

浦东因地处黄浦江东面而得名,按照现在浦东新区的区划计算,面积达1120平方公里,是上海第二大行政区(崇明岛撤县设区后是第一大行政区),约占上海市总面积的1/6。

自20世纪初开始,开发浦东的想法其实由来已久,而最早具有影响力的方案出自孙中山先生。

1918年6月26日,孙中山来到了上海,写成《建国方略》,其中就把浦东作为设想中"东方大港"的选址之一。值得一提的是,当时孙中山就提出"可以引致外国资本也",其开放的眼光让人钦佩。

1927年4月,国民政府设立了上海特别市,当时的上海市政府也曾经做了一个"大上海计划",要在浦东沿江地区进行城市化开发。

1930年12月,浦东路(浦东大道的前身)开始修建,至1935年10月完成。

这条宽 10 米的煤渣路,是浦东地区的第一条沿江交通干道。但国民上海市政府的"大上海计划"在浦东的实施仅此而已。

此后,浦东地区就陷入了沉寂——长期战乱的情况下,上海自顾不暇,无心也无力开发浦东。即使在 1949 年新中国成立后,上海也没有这样的余裕。

新中国成立后的 30 年间,上海担负着供应全国工业消费品的重任,上海市财政收入近 3000 亿元,占全国财政的 18%,净上缴中央 2000 亿元。20 世纪 80 年代中国改革处于从农村到城市,从小城市、小企业、非公有制到大城市、大企业、公有制经济的试点阶段,上海扮演了改革"后卫"的角色,为试点部门和地区改革提供财政和人力上的支持。这也使上海付出了沉重的代价,经济增长率一度只有全国平均增长率的 1/2。

1980 年 10 月 3 日,上海市委机关报《解放日报》在头版发表了上海社会科学院一位学者的文章《十个第一和五个倒数第一说明了什么?——关于上海发展方向的探讨》。文章列举了上海经济指标有 10 个全国第一后,称上海城市建设等方面有 5 个全国倒数第一,而其建筑之密、厂房之挤、道路之狭、绿化之少、人均居住面积之小、缺房户比重之大,均为我国大城市之最。这篇文章在上海各界引起了很大的反响,谋求发展、突破困局的焦虑让上海各界把眼光投向了浦东的巨大发展空间。

1980 年 2 月,市建委内部简报《基建情况》登载了《关于在浦东地区建设新市区的建议》。同年 12 月,上海社会科学杂志发表了同一作者的论文《向浦东广阔地区发展》。

1981 年,上海市政协五届三次会议上,社会各界人士提交了《建议筹设开发浦东建设和规划机构》《请积极准备建立浦东新区,建设成为新型国际城市楷模》《引进外贸建设浦东发展上海经济》等提案。其后,关于开发浦东的各类文章络绎不绝地被发表。这一时期开发浦东的呼声和建议主要来自民间,可以说是一个预热期。

政府高层对浦东开发的系统研究和论证阶段始于1984年。该年9月,国务院"改造振兴上海"调研组和上海市政府联合制定《关于上海经济发展战略的汇报提纲》,首次在官方正式文件中提出开发浦东问题。同年年底,上海市政府将《关于上海经济发展战略的汇报提纲》上报中共中央和国务院。

1985年2月8日,国务院正式批准《关于上海经济发展战略的汇报提纲》,指出"重点是向杭州湾和长江口南北两翼展开,创造条件开发浦东,筹划新市区的建设"。

1986年春,在上海市政府的支持下,上海10家研究机构联合发起召开了两次"上海城市发展战略研讨会",形成了四个可供选择的方案。综合比选后,大多数与会者倾向于选择开发浦东的东进方案。

1986年10月13日,国务院正式批复《上海市城市总体规划方案》,要求"当前,特别要注意有计划地建设和改造浦东新区。要尽快修建黄浦江大桥及隧道等工程,在浦东发展金融、贸易、科技、文教和商业服务设施,建设新居住区,使浦东新区成为现代化地区"。至此,大体上完成了开发浦东的宏观研究与论证。

1987年至1989年是浦东开发的筹备阶段,以上海市委市政府为主,做了一系列准备工作。其中最为著名的是,1988年5月2日至4日,上海市人民政府在上海西郊宾馆召开了"上海市浦东新区开发国际研讨会",时任上海市委书记江泽民、市长朱镕基、市政府顾问汪道涵与140多位中外专家参加了这一盛会。江泽民在会上指出了"结合老城区的改造,建设一个现代化新区"的方针,并强调要再造上海"经济中心的功能和对内对外枢纽的功能"。此后,边做进一步深

入的可行性研究,边进行工作部署,甚至建立开发浦东的筹备班子。但是,在
1989 年政治风波的影响下,浦东开发未能全面展开。

在 20 世纪 80 年代后半期,各省经济发展情况继续出现深刻变化,上海在
全国的 GDP 排名继续下滑,1990 年已经降至第 10 位。必须为上海寻求新的机
遇。同时,江苏、浙江经济发展势头迅猛,长三角地区的整体发展也需要找到新
的突破口。在这一背景下,浦东开发是箭在弦上、不得不发。这时,最强有力的
推动及时出现了。

1988 年起,一直到 1994 年,邓小平都到上海过春节,这一举动意味深长,因
为它与浦东开发的全面展开有密不可分的关系。

1990 年年初,邓小平在上海过春节,对浦东开发的准备工作表示极大的关
注和高度的重视。他对上海市领导说:"浦东开发晚了,但还来得及,上海市委、
市政府应该向中央汇报。"回到北京后,他对政治局的领导说:"我已经退下来
了,但还有一件事,我还要说一下,那就是上海浦东开发,你们要多关心。"①在这
一年里,他在各种场合对上海发展、浦东开发密集地发表讲话,开发浦东的启动
工作也随之明显提速。

2 月 17 日,在接见香港基本法起草委员会的全体会员前,邓小平拉着时任
国务院总理李鹏的手说:"你是国务院总理,你要关心上海的开发、开放。"

2 月 26 日,上海向中央提出了《关于开发浦东的请示》。

3 月 3 日,邓小平找中央负责同志谈话。他说:"现在要特别注意经济发展
速度滑坡的问题,我担心滑坡……世界上一些国家发生问题,从根本上说,都是
因为经济上不去……这不只是经济问题,实际上是个政治问题……""要实现适

---

① 刘金田,张爱茹.走出中南海的邓小平[M].北京:台海出版社,2011:374—375.

当的发展速度,不能只是在眼前的事务里打圈子,要用宏观战略的眼光分析问题,拿出具体措施。""比如抓上海,就算一个大措施。上海是我们的王牌,把上海搞起来是一条捷径。"①

4月10日,中共中央召开政治局会议,一致通过了浦东开发、开放的决策。

4月18日,李鹏在上海大众汽车有限公司成立5周年大会上宣布了中共中央、国务院关于开发、开放上海浦东的重大决策:原则上在浦东实行经济技术开发区和某些经济特区的政策,并将浦东作为今后10年中国开发、开放的重点。

6月,中共中央、国务院正式发出《关于开发和开放浦东问题的批复》,指出:开发和开放浦东,是进一步实行对外开放的重大部署;开发和开放浦东,必将对上海和全国的政治稳定和经济发展产生极其重要的影响。

9月,国务院批准建立了上海浦东外高桥保税区。

至此,浦东开发正式启动,而邓小平的目光并没有离开浦东。

1991年邓小平在上海过春节期间,对陪同的上海市委书记、市长朱镕基说:"我们说上海开发晚了,要努力干啊!""希望上海人民思想更解放一点,胆子更大一点,步子更快一点。"②

1992年1月17日到2月20日,邓小平第七次视察南方。他把最后一站定在了上海,并且专门视察了浦东新区。

1993年春节,邓小平高兴地说:"上海人民在1992年做出了别人不能做到的事情。"

1994年春节时,邓小平离沪返京,临上火车前嘱咐上海负责人:"这是上海

---

① 中共中央文献编辑委员会.邓小平文选(第三卷)[M].北京:人民出版社,1993:354—355.
② 刘金田,张爱茹.走出中南海的邓小平[M].北京:台海出版社,2011:389—390.

的最后一次机遇。"①

上海抓住了这次机遇,浦东新区的开发成为中国改革开放进程中举世瞩目的标志性事件。1990 年,浦东新区生产总值只有 60 亿元。而 2017 年,已经达到 9651.4 亿元,接近上海总 GDP 的 1/3。位于浦东的陆家嘴金融开发区更成为上海的新地标。这一区域集聚了各类金融机构 5500 余家,拥有 249 幢高层楼宇、50 万从业人员,陆家嘴金融中心实至名归。

回顾浦东新区开发的历程,浓缩了中国百年开放、强国的梦想,也反映了上海这座东方大都市的兴衰起伏。从前 30 年艰难支撑中国经济,到改革开放时代"后卫"到"前锋"的角色转换,上海终于浴火重生、再现辉煌。

沪、深证券交易所建立

1990 年 12 月 19 日,虽是隆冬季节,但这一天的上海外滩却是风和日丽。在外白渡桥下浦江饭店的门口,隆重举行了上海证券交易所的开业仪式。年轻的交易所总经理尉文渊敲响了开市锣声,证券交易所这个曾经远离中国内地 40 年的资本市场集散中心,又重现在上海这座曾经是远东地区最为繁华的大城市,由此引起了全世界的密切关注。

在上海证券交易所建立的同时,中国另一个改革开放的前沿城市深圳,也建立起了证券交易所。深圳证券交易所在 1990 年 7 月就开始试营业,但当时的形势对于证券交易还存在激烈的争议,因此深圳方面并未张扬,直到 1991 年

---

① 刘金田,张爱茹.走出中南海的邓小平[M].北京:台海出版社,2011:389—390.

7月才举行仪式正式营业。

证券交易所的建立,是在债券、股票发行已经达到了一定规模的基础上,必然出现的事物。从20世纪80年代初开始,随着改革的深入,越来越多的企业开始采用发行股票或类似股票的有价证券的形式集资扩大生产,并开始形成了股票交易市场,成都的"红庙子"市场、沈阳的债券交易市场,都曾显赫一时。而在上海,早在证券交易所建立之前,也已经出现了由工商银行在南京西路上开设的专业的证券交易场所。并且在1986年,那里还曾经迎来了一位重要的客人——纽约证券交易所前董事长凡尔霖先生,他在这里买下了一股中国企业的股票。如今这张股票仍然悬挂在纽约证券交易所的展览室里。

今天回顾中国股市的发展历史,关于哪家企业发行了第一张股票的记忆已经模糊不清,上海说是延中实业,深圳说是宝安集团,北京说是北京天桥,莫衷一是。其实,这些公司发行股票,都是在20世纪80年代中期,而在更早的改革开放初期,四川等地就已经出现了大量新发行的企业股票,其中有少量在20世纪90年代进入了上海和深圳的交易所,更多的股票则随着时间的推移,渐渐地湮灭在了历史的尘埃里。

20世纪80年代出现的一些股票,用今天的眼光来看自然很不规范,其中有不少也未经过权力机关审批。但是,这种自发的市场萌芽与很多市场经济发达国家几百年前最初的股票市场形成过程倒是一致的,它充分证明了一个道理,只要走上市场经济道路,股票这种高度市场化的资本要素就必然会产生并且逐渐形成规模。20世纪80年代初,我国的经济在很多领域仍然实行计划经济,改革最初是在农村和基层小企业中起步的,而这都是政府管制相对宽松的领域。正是群众自发的探索,推动了中国的改革开放。

　　上海、深圳两家证券交易所的建立,使中国的股票市场开始从原来的自发形态向规范形态发展,市场交易的规模也迅速扩大。与此同时,为了迅速壮大两家交易所的规模,上海、深圳两地政府都开始成批量地将企业改制成股份制企业,并推动其在交易所挂牌交易。按照中央的部署,其他地方一律不再创办新的证券交易所,而其时已经建立的这两家证券交易所则开始将异地企业拉进来实现上市。

　　20 世纪 90 年代,上海随着浦东开发的兴起,确立了建设国际金融中心的目标。深圳虽然没有提这样的目标,但对此也是雄心勃勃。两地的竞争,终于在1996 年发展到了白热化的程度,深圳证交所在当地银行的帮助下调集资金炒作深发展股票,拉动深圳股市急速上涨。上海市政府在此压力之下,也调集银行资金,以炒作陆家嘴股票为手段急起直追。

　　▲20 世纪 90 年代初,地处上海市中心的西藏中路广东路口的万国证券公司是上海股市发祥地之一,也是股民交流信息及经验的集聚点。每天晚上都有成百上千的股民聚集在一起。

两地的这种炒作为 A 股市场带来了第一次激动人心的大牛市,并吸引各地普通老百姓开户成为股民。但是,这种炒作明显违反了《证券法》,并且加大了股市风险,引起中央的严重不安。1996 年 12 月 16 日,《人民日报》发表特约评论员文章《正确认识当前股票市场》,对这一场恶性炒作提出了严肃批评。在这同时,国务院还决定提高股票发行额度,对每日股票交易设立 10% 的涨跌停板限制。在多重打压之下,沪、深两地股市连续三个交易日所有上市股票全都出现了跌停板。在地方政府策划之下的这一轮炒作才基本止住。

1997 年,国务院和中国证监会对在这一场炒作中的多位银行、证券公司高管做出了处理,多位高管被免职,并被禁入金融证券机构。其后,中国证监会对沪、深两家交易所进行了改组,交易所从原来的由地方政府管辖改为由证监会领导,交易所理事会成员和总经理也由证监会任命。这一次改革,对中国证券市场产生了深远的影响。

交易所按地方政府要求炒作股票,这当然是完全错误的,但这也反映出证券市场发展过程中权力对市场的干预的不良影响。将交易所从地方政府的管辖中剥离出来,自然终结了地方政府的干预,但需要指出的是,由于市场改革得不彻底,政府对股市的干预一直存在,在交易所收归证监会直管以后,对市场的干预之手实际上已经由原来的地方政府改到了证监会。证监会这个机构是履行监管职责的,交易所作为市场主体,本来也是它的监管对象,但交易所由证监会直管以后,两者就成了利益共同体,这就使一些产生于交易所的并不符合证券法规的行为可以通行无阻,投资者的合法利益难以得到法律的切实保障。

实际上，今天回过头来看，发生在 20 多年前的这一轮牛市行情，虽然问题很多，但也有一定的正面作用。沪、深两地的竞争使两个交易所快速成为全国资本市场的交易中心，使中国股市的发展走上了快车道。而在两个交易所成为证监会的"派出机构"后，这种竞争机制就不复存在了，这并不利于两个市场的互相促进和发展。

罐头换飞机

1991 年中国内地商界发生了一件大事。民营企业南德集团以巨额的物资换回了苏联的 4 架崭新的图 - 154 客机,因为输出的物资主要是日用商品,又以食品罐头最为大宗,所以这一事件被称为"罐头换飞机"。

4 架客机的价格大致在 4 亿到 5 亿元,而采购对应的国内商品总价为 2 亿到 3 亿元,规模相当惊人。而且输俄物资来源复杂、品种繁多。这些商品来自于 14 个省的近 500 家企业,包括各种服装、食品、家用电器、日用百货、精密机床等,总计 110 多个品种、3000 多个规格的商品。至于这些物资的运输动用了多少火车车皮有多种说法,分别是 500、800 和 1000,而以 500 车皮说最接近事实。

这一事件之所以成为数十年间中国商业界的传奇,不只是因为其庞大的体量,更是因为在当时的时代背景下,一家民营企业能成功操盘这样的外贸大单,实在让人难以想象。南德集团掌门人牟其中成为一时焦点,围绕他的争议不断,人们对这一事件的来龙去脉也多有误解。

至今仍然流行的说法,多把"罐头换飞机"归因于牟其中的一时兴起,加上一点偶然的运气。比如有这是牟其中"侃大山"侃出来的说法,更有甚者直白地说牟其中是"胡思乱想"而"碰巧"成功了的"牟疯子"。

其实,商业贸易不是买彩票,要操盘"罐头换飞机"这样的大宗贸易更是如履薄冰、步步艰辛。

首先,发现商机就需要特别的商业敏锐。1986 年,牟其中在解决"三角债"筹资问题的过程中,听闻了中苏边境贸易的情况,立即前往东北的黑河市。经过调研发现,苏方对中国商品的需求到了十分饥渴的程度,特别是生活日用品。不久,牟其中将原在四川万县的中德公司迁往北京,成立南德集团,又多次调研中苏边贸,并成立了"苏联东欧贸易部"。公司先后聘用 20 多位熟悉俄语的人才,前往苏联建立联系,这在当时方兴未艾的民企中也算得上是大手笔了。

20 世纪 50 年代后一度兴盛的中苏易物贸易,后来规模萎缩,80 年代又逐步恢复,较为有名的项目是"西瓜换化肥"。当时,规模稍大的贸易项目从来都是国家官方机构运作,民间交易多属小打小闹。当然这显然不符合牟其中大刀阔斧的风格。

又经过一番调研、论证,牟其中把方向瞄准飞机。最重要的影响来自一批曾在航空战线战斗过多年的老将军、老部长,这些离退休的老同志为发挥余热,组建了"老区扶贫基金会",借用了南德总部的一间办公室。牟其中多次向他们请教,了解到中国航空领域的发展需求。随即成立了"南德航空咨询所",并组织专项研究,直至成立"飞机贸易小组"。

接下来的问题是,南德没有航空经营权,买来飞机如何处理?牟其中联系了家乡的四川航空公司。川航组建于 1986 年,地方财政对川航的全部投资仅人民币 3200 万元。没有飞机,没有基地,没有办公场所,可谓白手起家。至 1988 年川航才开始正式营运,当时公司急需增加飞机开拓干线市场,却苦于没有资金和渠道。

南德与川航达成协议,大意是:以"川航"的名义(川航才有飞机"经营权")用中国的商品去"换"(买)苏联的 4 架图-154 客机,和相当于 1 架飞机的备件;而这些"货"由南德筹资并出力去组织交易,飞机所有权属于南德,南德将飞机租赁给川航使用——坊间流传的南德换来飞机后卖给川航是不确切的,租赁改为分期付款购买是后来川航提出的。

为了落实这一协议,川航出面向各部门申请的"飞机贸易"在经重重审批通过后,再委托给南德办理,委托书约定:以川航的名义购机,委托南德贷款;川航负责还贷、付息;等等。这一委托至关重要。

至此,没有航空经营权、也很难获得银行大笔贷款的南德集团,通过与川航的密切配合,突破了这两项限制。

最后横在南德面前的是,如何解决进出口权的问题。牟其中发现了改革带来的政策机遇——外贸体制改革中为了促进开放,规定了"委托代理制"。即无外贸权的单位,可以按规定交纳 1% ～ 3% 的代理费,委托有权单位为代理人,办理进出口事宜。于是,南德便按规定操作,委托中国机械进出口总公司和北京市国际易货公司,分别负责苏方飞机进口、中方易货商品出口的相关事宜。最终这些申请都获得了国家外经贸部门的批准。

这些战略上的关卡被突破后,在交易流程中还有很多难关需要南德一一攻克,如与苏方商定货品目录、落实贷款、组织采购和运输货物等,其中的艰难困苦可想而知。

由于整个项目运作长达五六年时间，一路上千头万绪、坎坷不断，到第一架飞机抵达国内时已经是 1991 年了。

在今天看来，"罐头换飞机"并不神奇，易物贸易、委托代理、融资租赁都是司空见惯的商业操作。但是，在其发生的 20 世纪八九十年代，这一重大贸易事件无疑具有开创性的意义，可以被视为中国民营企业崛起的标志性事件之一，其成功的背景值得思考。

众所周知，苏联的改革自赫鲁晓夫时期开始，时断时续，实质起步已经是 1985 年戈尔巴乔夫当政后，启动较晚。而且，苏联的计划经济体制积重难返，短暂的经济领域改革无法扭转重工、轻工之间的畸形比重。因此，国内出现了飞机可以上天，轻工、民用品却极度匮乏的奇异形势。与之形成对比的是，中国的改革开放起步早，政策设计关注民生领域，而且改革之初就从农村乡镇、中小城市开始，农业、轻工业的发展最为迅速。至 20 世纪 80 年代后期，轻工业产品已经相当丰裕，甚至出现部分产品滞销和积压。两条不同的改革道路，形成了物资需求的互补，成就了"罐头换飞机"这件事。

而当时苏联这一特殊的市场需求形成了潜在的商机，牟其中能及时捕捉到这一商机，并且紧紧跟踪运作长达数年，这体现了改革开放以来的市场化进程培育了一批果敢艰毅、目光敏锐的企业家群体，这一群体后来也成为中国经济的重要支撑。仅牟其中的南德集团就走出了冯仑、潘石屹、王功权、任志强等人，后来他们都成为商界的风云人物。可见"罐头换飞机"的时代，最重要的不是财富积累，而是人才的培育。

还有一点值得重视的是，"罐头换飞机"能够获得成功的重要原因之一也在于浓厚的改革氛围在政府、国企中发挥了积极作用。政府部门在政策设计上推进改革、鼓励创新，国企与民企携手合作，才能让牟其中的大胆设想付诸现实。

"罐头换飞机"的结局皆大欢喜。川航一次性获得 4 架图-154 客机后,得以经营干线市场,并进入了一个高速成长期。

为这次易物贸易提供物资的中方企业出售了大量商品,而且其中不乏积压商品,这也救活了不少企业。

当然,当时的牟其中不可能想到后来自己的命运竟会如此跌宕起伏。荣登中国首富后("首富"可能是估算,较为权威的是《福布斯》将其列入 1994 年全球富豪龙虎榜,位列中国内地富豪第四),他第三次入狱,人生轨迹直上直下,其中的落差不逊于晚清巨贾胡雪岩吧。

2016 年,牟其中经历 16 年囚徒生涯后出狱,此时的南德集团已经一无所有。

上海牌轿车停产

上海牌轿车曾是中国民族工业的骄傲,它轰轰烈烈地诞生,却又在时代的洪流中黯然离去。

新中国成立以前,上海是各国汽车驰骋的舞台。尽管当时的中国无法制造汽车,但客观形势也让上海在汽车修理和零配件制造方面具备了一定的技术基础。新中国成立后,上海作为国家重要的工业基地,在汽车制造领域也有所动作。

1958 年,第一汽车制造厂生产出东风牌小轿车。当时,中国共产党第八次全国代表大会第二次会议正在北京举行,一汽将东风牌小轿车送到北京献礼。几乎与此同时,中央发出"鼓足干劲,力争上游,多快好省地建设社会主义"的号召。这极大地激发了上海汽车人的热情,从那时起,上海人也决定要建造自己的小轿车。

这个任务最终由上海汽车装配厂承担。上海汽车装配厂的前身宝昌号于1915 年由德商创办。新中国成立后,人民政府整合了原有的汽车修理资源。1958 年,上海汽车装配厂参考波兰生产的华沙轿车底盘和美国克莱斯勒顺风车的造型,安装南京汽车厂生产的四缸发动机,开始试生产轿车。当时的技术落后,钣金工艺基本上全靠手工敲打,在生产车顶的时候,工人用榔头敲打了 10万次才将车顶敲打成形。经过全体上海汽车人的不懈努力,1958 年 9 月 28 日,上海第一辆自主生产的轿车诞生了。考虑到一汽生产的东风牌轿车车头上装了一条龙,为了与此呼应,形成"龙凤呈祥"的美好寓意,上海汽车人在这辆车的车头发动机盖上安装了一只展翅欲飞的凤凰,并给新车取名为凤凰牌。这就是上海牌轿车的前身。

造出第一辆车后,上海汽车人并没有满足,他们决定提高轿车的档次。同样是在 1958 年的一天,一辆奔驰 220S 轿车被运到了上海汽车装配厂。紧接着,这辆车被进行了"活体解剖",当时上海最具实力的几十家工业企业都参与了"解剖",并各自认领了相应的零部件进行仿制。仿制过程比较顺利,上海汽车底盘配件厂用 7 个月完成了悬架、转向器、前减震器、传动轴、制动器等 18 个总成的仿制。1959 年 9 月,上海内燃机配件厂试制出发动机;上海郑兴泰汽车机件制造厂试制出变速器和螺旋伞齿轮。上海汽车装配厂用 5 个月时间完成了车身制造和整车组装。

然而,"三年困难时期"阻延了新车型的诞生。1963 年,上海轿车工业重新启动,上海汽车装配厂与几家颇具实力的工业企业联合重组了上海汽车制造厂。在江南造船厂和上海重型机械厂等实力强劲的企业的支持下,上海的汽车工人们迅速重整旗鼓,不仅重新造出了一款新轿车,还给新车装配了自己生产的六缸发动机。上海汽车人给这款"凤凰涅槃"的新车型取了一个豪迈的名字——上海牌。

当时的上海牌轿车外形稳重低调,中控台简洁规整,最高时速可达 133 千米。在那个年代,红旗轿车专供高级官员乘坐,一般级别的官员只能乘坐上海牌轿车。因此,普罗大众对上海牌轿车更为熟悉。

1972 年,美国总统尼克松访华,中方动用了 20 辆红旗轿车和 100 辆上海牌轿车迎接尼克松一行。按照当时中美双方达成的协议,尼克松到中国后,将乘坐中国生产的汽车。后来,尼克松和美方高级官员乘坐的是红旗轿车,美方一般人员则乘坐上海牌轿车。就这样,上海牌轿车也成为这一历史大事的"见证者"。

随着时代的发展,上海汽车制造厂也在不断改进车型,提升产量。尽管如此,平均每年几千辆的产量,根本无法满足庞大的市场需求。在改革开放前,能乘坐上海牌轿车,绝对是一件特别有面子的事。20 世纪 70 年代,上海人结婚的时候,如果能有一辆上海牌轿车作为婚车,会吸引整条街上的人出来围观,那一天基本上是他人生中最耀眼的时刻。

时光来到了 1978 年,改革开放的大幕徐徐拉开,中央决定以中外合资的方式在上海建设汽车项目。1984 年,中德双方在北京人民大会堂签署协议,决定各出资 50%,组建上海大众汽车有限公司。1985 年,上海大众汽车有限公司正式成立。实际上,在这之前,上海汽车制造厂就已经跟德国大众公司合作生产桑塔纳轿车。上海大众汽车有限公司成立后,上海汽车制造厂 2900 名职工中的 1600 人被调往合资公司生产桑塔纳轿车。这个时候的上海汽车制造厂,已经名存实亡,上海牌轿车很快就面临既无资金又无技术的窘境。

随着桑塔纳轿车国产化率的逐步提高和产量的日益提升,上海大众汽车有限公司计划进行第二期扩建,上海牌轿车注定要谢幕了。

1991 年 11 月 25 日,上海牌轿车迎来了最后的时刻。这天下午,最后一辆上海牌轿车披着红绸带开下生产线。许多人尤其是上海汽车制造厂的工人闻讯从市区赶到上海西北部的安亭镇,争相与最后一辆上海牌轿车合影留念,很多人的眼眶湿润了。这一天不仅是向上海牌轿车告别,更是向 33 年自力更生、自主生产的情怀告别。

从 1958 年第一辆凤凰牌轿车算起,到 1991 年最后一辆上海牌轿车下线,33 年的时间,共生产了 79525 辆上海牌轿车。上海牌轿车停产后,上海汽车制造厂的厂房也被拆除,原有地块作为上海大众汽车有限公司的第二期厂房。上海汽车工业留下一个让人叹息的背影。

时光流逝。2012 年年初,工业和信息化部公布的第 233 批车辆生产企业及产品目录显示,上海汽车集团的"上海"与"荣威"两个品牌共用新增的 3 个产品型号,很多人激动不已,认为这是上海牌轿车重新归来的信号。不过遗憾的是,6 年多过去了,上海牌轿车仍然没有明确的复出消息。

近年来,一直有声音呼吁复活振兴自主品牌轿车。不过也有业内人士坦言,老品牌轿车要复活,光靠情怀是不够的,还必须拥有能在市场竞争中获胜的技术。

"北红旗,南上海",这是许多国人心中挥之不去的民族汽车情结。上海牌轿车不仅仅代表了一辆车,而是代表了人们对自主工业品牌的深情,更是中华民族自主自强精神的体现。不论上海牌轿车能不能复活,但只要一提到它,都将永远让国人热血沸腾。

"姓社姓资"大讨论

改革开放以后,中国的"姓社姓资"大讨论其实发生过两次。

第一次是在改革开放之初。十一届三中全会做出改革开放的伟大决策后,家庭联产承包责任制、实行社会主义市场经济、建立经济特区等一系列改革举措渐次展开。但是,作为对中国经济发展模式的创新,这些政策也引起社会各界的许多误解,有人批评改革是"走资本主义",由此掀起一场规模不大的"姓社姓资"讨论。

但历史地看,那场争论的影响力远比不上 20 世纪 90 年代的第二次。1991年"姓社姓资"大讨论是中国经济思想史上的大事件,某种意义上,其前承"真理标准大讨论",后启邓小平南方谈话,对中国改革开放的进程起到了至关重要的作用。

20 世纪 90 年代初,随着改革开放的渐趋深入,中国改革进入转型期,不少社会矛盾涌现,譬如国企分配问题、贫富不均问题等引起一些人不满,社会上对市场化改革的怀疑空气渐浓。同时,苏联、东欧解体加剧了人们的恐慌,一些人开始怀疑,资本主义的问题何以出现在社会主义国家?甚至有人认为,中国改革已经走上了资本主义的道路,正面临苏东解体的风险。

典型事件是 1990 年 2 月北京某大报刊发的《关于反对资产阶级自由化》一文。文章提出一个命题:是推行资本主义化的改革,还是推行社会主义的改革?文章认为,资本主义化的改革有两个内容:"一个是取消公有制为主体,实现私有化;一个是取消计划经济,实现市场化。"这是 20 世纪 90 年代最早提出改革开放姓"社"还是姓"资"问题的文章之一。

不过此时,改革开放的总设计师邓小平却自有思量。1990 年年底,在党的十三届七中全会召开之前,邓小平给中央几位领导开会,强调:"必须从理论上搞懂,资本主义与社会主义的区分不在于是计划还是市场这样的问题。社会主义也有市场经济,资本主义也有计划控制。"①以后人的角度来看,其实从一开始,"姓社姓资"大讨论就输赢已定。

根据皇甫平系列文章的起草者周瑞金的回忆,1991 年春节前夕,邓小平在上海视察的讲话中指出:"不要以为,一说计划经济就是社会主义,一说市场经济就是资本主义,不是那么回事,两者都是手段,市场也可以为社会主义服务。"②

听到这样的讲话,周瑞金非常激动。而作为一名资深党报工作者,他的职业自觉与政治敏感告诉他,邓小平的讲话"非常有针对性,显然不仅是对上海说的,而是有意识地就全国的改革开放做一番新的鼓动"。

于是,在 1991 年的小年夜,周瑞金决定操刀动笔,响应邓小平讲话精神。他找来上海市政策研究室的施芝鸿和《解放日报》评论部的凌河,三人一起联系上海改革开放实践,筹划撰写阐释邓小平改革开放思想的政论文章。1991 年 2 月 15 日,也就是大年初一,《解放日报》在头版发表署名皇甫平的文章《做改革开放的"带头羊"》。文章旗帜鲜明地指出:"改革开放是强国富民的唯一道路,没有改革开放就没有中国人民美好的今天和更加美好的明天。"在这之后,一场围绕"姓社姓资"的大讨论正式拉开。

皇甫平系列文章一发就是四篇。第一篇之后,随后三篇文章《改革开放要

---

① 中共中央文献编辑委员会.邓小平文选(第三卷)[M].北京:人民出版社,1993:364.
② 中共中央文献编辑委员会.邓小平文选(第三卷)[M].北京:人民出版社,1993:367.

有新思路》《扩大开放的意识要更强些》《改革开放需要大批德才兼备的干部》先后发表,系列文章明示"计划和市场并不是划分社会主义和资本主义的标志""要进一步解放思想,抛弃任何保守僵滞、封闭的观念""改革开放需要更多勇于思考、勇于探索、勇于创新"。文章在全国范围内掀起巨大的舆论声浪,皇甫平的名字也红遍全国。

既然是"姓社姓资"大讨论,必然意味着有反对意见。在皇甫平系列评论引起巨大反响后,一些媒体对此发起批判。当年4月,有媒体发文质疑:"改革开放可以不问姓'社'姓'资'吗?"在列举一系列后果后,文章进而指出:"不问姓'社'姓'资',必然会把改革开放引向资本主义道路而断送社会主义事业。"①

根据周瑞金的回忆,还有杂志把"皇甫平"说成是"逃亡海外的政治流亡者的同路人","所谓'改革不要问姓社姓资',是精英们为了暗度陈仓而施放的烟幕弹"②,给周瑞金扣上严重的意识形态帽子,几近于政治审判。

报纸、杂志上的争议,也蔓延到理论界。1991年7月4日,中国社会科学院经济学科召开了"当前经济领域若干重要理论问题"座谈会,吴敬琏、戴园晨、周叔莲、卫兴华、樊纲等经济学家就姓"社"姓"资"展开激烈讨论。著名经济学家吴敬琏认为:"从具体问题来说,不能囿于'姓社还是姓资'的诘难。对外开放用了一些社会化大生产通用的做法,如果问'姓社还是姓资',这些做法都不能用了。如果这样的话,从根本上来说,是妨碍社会主义经济繁荣的,甚至是破坏社会主义繁荣的。"③这样的观点,也是那场会议的共识。

这场"姓社姓资"大讨论从新闻界传播到学界,终于还是传导到了中央高

---

① 流波.改革开放可以不问姓"社"姓"资"吗? 当代思潮,1991(2).

② 曹景行.亲历:上海改革开放30年[M].上海:上海辞书出版社,2008,174.

③ 经济观察报.开放中国:改革的30年记忆[M].北京:中信出版社,2008:142.

层。1991 年 7 月,江泽民在庆祝中国共产党建党 70 周年大会的讲话中,阐述了邓小平关于不要把计划和市场作为区分社会主义与资本主义标志的思想。这其实是对这场"姓社姓资"大讨论做了一个定调,市场派成了胜利的一方。

也正是这次"姓社姓资"大讨论,某种程度上促进了邓小平 1992 年南方谈话的诞生。1992 年春天,88 岁的邓小平开始南方视察,反复强调社会主义建设与姓"社"姓"资"的关系问题。他坚定地认为,"不坚持社会主义,不改革开放,不发展经济,不改善人民生活,只能是死路一条"①。他还富有洞见地指出:现在,有右的东西影响我们,也有"左"的东西影响我们,但根深蒂固的还是"左"的东西……右可以葬送社会主义,"左"也可以葬送社会主义。中国要警惕右,但主要是防止"左"。② 可谓是大音希声扫荫翳。

20 世纪 90 年代初这次"姓社姓资"大讨论,是中国市场经济转轨过程中一次及时的思想碰撞,它廓清了社会上对中国道路的质疑,明确中国必须走改革开放与市场经济的道路,对中国经济发展产生了至关重要的影响。这次大讨论之后,中国市场经济改革也快速地运转起来。

---

① 中共中央文献编辑委员会.邓小平文选(第三卷)[M].北京:人民出版社,1993:370.
② 中共中央文献编辑委员会.邓小平文选(第三卷)[M].北京:人民出版社,1993:375.

公务员"下海"

1992 年年初,中国发生了一件大事:邓小平视察南方。当年 1 月 18 日至 2 月 21 日,邓小平视察武昌、深圳、珠海、上海等地,视察途中发表一系列讲话,被统称为"南方谈话"。

这一系列讲话厘清了"姓社姓资"的问题,让国人卸下了思想包袱,敢于拥抱市场,一批公务员与知识分子纷纷下海创业,这就是后来人们所说的"1992 年下海浪潮"。

1992 年的下海浪潮,是改革开放后中国第二次下海浪潮。第一次发生在 1984 年。1983 年,国家相关部委发布《关于企业职工要求"停薪留职"问题的通知》,国企职工下海创业可以保留职位,停薪留职期间可以保留工龄。这促成了中国第一批下海浪潮,史玉柱便是这次下海潮的突出代表。

到了 20 世纪 90 年代,经济改革进入由计划经济转向市场经济的关键阶段,此时国企中弥漫着一种不思进取的氛围,很多有想法的人急于打破现状,"南方谈话"给这些人打了一剂"强心针"。同时,国务院修改和废止了 400 多份约束经商的文件,下海经商的桎梏进一步被打破。一些有抱负的体制内年轻人由此迈出体制的大门,形成了"第二次下海潮"。人社部的数据显示,1992 年有12 万公务员辞职下海,1000 多万公务员停薪留职。下海大潮真的开始了。

与第一次下海潮相比,这次的下海人员中,除了公务员,还有知识分子。这一批人,不论在职位、学历、视野还是经验上,都比第一波强出不少。从后来的效果看,这一批下海人士中成功的也更多。冯仑、郭凡生、陈东升、田源、王运正、毛振华等都成了现在中国顶尖的企业家,陈东升后来将这些人称为"92 派"。

这批"92 派"下海之前不少都任职于政策研究、体制改革部门,对经济问题或企业管理都有相关的理论基础与研究实践,这为他们下海经商创造了便利条件。譬如 SOHO 中国有限公司董事长潘石屹在 1992 年下海前,任职于河北廊坊原石油部管道局经济改革研究室,"92 派"的提出者陈东升任职于国务院发展研究中心,冯仑先后在中央党校、中宣部、国家体改委、武汉市经委和海南省委任职,如果在体制内,可以说也都是前途无限。

但下海创业的心绪一旦被点燃,就再也挡不住了。这群曾经的官员与知识分子义无反顾辞职下海,虽然屡经波折,但始终没有回头。潘石屹成了中国商业地产大佬,陈东升创办了中国最大的拍卖公司嘉德拍卖与大型保险公司泰康人寿,冯仑则在北京组建万通地产,并参与创建了中国民生银行。到现在,他们仍然是中国市场经济的弄潮儿。

东方风来满眼春,下海大潮渐成势。人们不再羞于谈钱,在城市里,很多人见了面第一句不再是"你吃饭了吗",而是代之以"恭喜发财"。大街上涌动着财富的气息。《人民日报》甚至发表《第二职业热》的文章,提出了"要赚钱,忙起来"的口号，为公务员、知识分子下海加油鼓劲。

时势造英雄，当市场经济的列车轰鸣而来，陈东升们及时抓住机会跳上了列车。公务员与这一代知识分子普遍都是社会精英，有着浓重的家国情怀，他们的下海，意味着社会主流精英开始进入商界。他们不同于纯粹"重利轻义"的商人，而是以"士大夫"自许，将个人奋斗与社会的行程紧密相连，诠释了那个时代企业家的理想与商道。这也是"92派"最丰厚的精神遗产。

深圳抢购股票认购证风波

20世纪90年代初，上海、深圳两地证券交易所建立以后，股票热迅速从这两个城市辐射到全国，全国各地的民众纷纷加入了抢购股票的队伍。特别是上海证券交易所建立以后，其上市的8个股票普遍被持有者认为奇货可居，不愿抛售，导致交易成交冷清。要让交易所的交易活跃，就必须加大股票发行力度。但是，面对全国各地浩浩荡荡、迅速增加的投资者，如何安全有效、公平公正地把股票发行出去，却成了一个横亘在市场管理者面前的大难题。

当时，中国证监会还未建立，市场的管理主要由上海和深圳两地的地方政府负责。经过反复研究论证，1992年年初，上海市率先做出决定，面向全社会发行股票认购证，然后分批发行股票，凡1992年全年发行的股票都必须根据认购证公开摇号，中签者可认购规定数量的股票。在世界股市的历史上，这是一个颇为奇特的规定，但在当时来说，却不失为一种能够解决中国式现实问题的应对措施。

但是，股票认购证发行的时候，对于1992年全年能够发行多少股票，不仅普通百姓不知道,就是上海的管理部门也没有预案,而这张股票认购证的发行价却需要 30 元。这样一来,购买这张股票认购证就产生了购买彩票的性质,它的收益很不确定,因此,实际购买股票认购证的人并不很多。

但不久以后,邓小平南方谈话公开发表,全国出现改革热潮,股份制改革被作为推动企业改革深化的一个重要措施而得到政府的重视。以上海来说,列入全年股票发行计划的企业迅速增加,这使得年初发行的股票认购证的身价倍增。这一年,上海全年发行了 4 批共计 30 多家公司的股票,使得股票认购证的中签率超过了 50%。就在这一年,很多上海人通过股票认购证发了大财,他们在股市掘到的"第一桶金"并不是来自股票,而是来自这张股票认购证。

上海发行的这张股票认购证获得了意外的成功,但是它的官方评价并不高,太高的中签率加剧了社会上的股票热,引起了一些非议。因此,几个月后深圳发行股票认购证时,采取了改进措施,首先是降低售价,每张 10 元,其次是预先确定中签率,为 10%。深圳方面以为通过这两项改革能够在一定程度上解决上海方面出现的问题,但他们没有料到,这张股票认购证却在深圳引发了更大的风波。

深圳市当局在设计股票认购证的发行方法时,忽视了一个重要事实,在上海的股票认购证发行点燃全国人民对股票的熊熊欲火以后,深圳发行的这张认购证无疑是起到了火上浇油的作用,全国各地的人员闻风迅速集结到深圳,准备抢购。

1992 年 8 月 10 日,深圳各家银行和证券公司开始发售认购证,但在此之前全市 302 个发售网点前早已出现了人山人海的场面,有的人已经排了一天一夜的队。由于有关方面对此缺乏必要的准备,发售开始,多个销售网点前就出现了混乱,特别是由于一些网点的内部人员私自截留大量认购证用于内部人员购买,导致用于门市销售的认购证数量太少,绝大多数辛苦排队的人都无法买到,这激起了他们的怒气。

当天上午,一些人就在深圳市中心进行游行,打出了反腐败的标语。夜里,游行人员越聚越多,集中在深圳市政府和深圳市人民银行门前呼喊口号甚至制造暴力事件,事态迅速严重化了。

▲1992年8月10日,深圳特区发售新股认购抽签表,前来抢购的准股民们在各个发售网点排起长队,秩序非常混乱。

迫于压力,深圳市政府连夜请求中央,增加深圳的股票发行额度,发行更多认购证,以满足群众的需求。中央很快同意了深圳的要求,深圳连夜赶印认购证并向游行人群公示,承诺将严肃处理私自截留认购证的违法人员,事态才渐告平息。此后,深圳市政府处理了一批截留、私分认购证的网点和人员。

深圳"8·10"风波是在中国股票市场刚刚建立时出现的一次事件,它对中国股票市场产生了深刻的影响。

首先,我国的股票发行在当时还实行额度分配制,每年由中央规定一个总额度分配给各省、自治区、直辖市以及相关的部委,这当然是一种计划经济的痕迹,但在当时这种认识也与整个社会对股票市场的认识相匹配。股票曾经作为资本主义的产物在中国长期被禁绝,改革开放后虽然得到了允许,但其时仍在试点阶段。在邓小平南方视察以后,这种"姓社姓资"的争论已经被搁置,而在深圳这起事件中,政府看到了人民群众对股票投资的高度热情,而股票又能满足企业融资的需要,对于帮助国有企业解困等有正面作用。正是在这一事件以后,我国股票发行迅速升温,股票市场也从此成为一个帮助企业解困的工具而得到了全面的肯定。但这样一来也使得大量经营不善的国有企业进入市场,引发了我国股票市场重发行市场而轻交易市场的顽症。大量资质低劣的国有企业被投进股市,市场投资回报低下,投资者损失严重。

其次,深圳"8·10"事件爆发时,中国证监会尚未成立。事件的发生使政府意识到,股票市场需要加强监管,走法制化的道路。经过几个月的紧张筹备,1992 年 11 月,国务院证券委和中国证监会同时在北京建立。按照当时的分工,证券委主要负责制订股票市场发展计划,包括分配股票发行额度;证监会则主要负责市场监管,打击各种违法犯罪行为。随之,国务院制定并颁行了《股票发行与交易管理暂行条例》,这是在《证券法》制定之前的一份用以规范股票市场的法律文件,它对我国股票市场的规范化建设起到了重要的作用。《证券法》的制定也被提上议事日程。经过充分而深入的讨论,我国第一部《证券法》在 1999 年正式施行。

证券委和证监会是按照当时股票市场实际情况建立的两个领导机构。1997 年,鉴于股票发行已经由额度分配制改为审核制,国务院决定撤销证券委,部分职能归并到证监会。从此,证监会把发展与监管这两种对立的职能合于一身,直到今天,这两个职能都未能得到很好的协调,市场监管常常会让位于市场发展的要求,导致中国股票市场上的内幕交易等顽疾很难得到根治。而要彻底解决这一问题,只能寄希望于进一步深化改革,让股票市场摆脱行政控制,完全体现出市场化的色彩。

另外,在证监会成立后,股票发行也很快取消了发行认购证的方法,逐渐转向通过网络摇号抽签的办法。20多年来,这一方法虽有各种技术性的改动,但大致原则一直沿用至今,它保证了股票的顺利发行,也节省了大量股票发行的社会成本。

04

回首往昔,作为改革开放后中国内地出现的第一个商品房小区——坐落在深圳市罗湖区爱国路3001号的东湖丽苑,在38年前第一批推出108套住房,户型面积50~60平方米,均价2730港元/平方米,一套房总价约合当时的5万~6万元人民币。而如今,它们作为老旧的二手房,均价已高达每平方米5万多元。

宝安收购延中实业风波

1993 年,上海证券交易所发生了一起震惊中外的股权收购事件,来自深圳的宝安集团大量收购上海延中实业股票,导致延中的董事会改组,创业元老被逐出公司。这次事件对于中国企业和投资者深化对股份制改革和股票市场的认识,起到了重要的启蒙作用。

1993 年 9 月 30 日中午,宝安集团通过上海证券交易所的平台对外发布公告,声称已经在交易市场购买延中实业发行在外的普通股超过 15.98%。这份公告话虽寥寥,却在市场上引起了惊涛骇浪,当天下午交易复盘以后,延中股价迅速冲高,汹涌的买盘使得延中股票成为当天上交所最为热门的股票,其成交额几乎占到当天大盘成交额的一半。

但是,宝安的这份公告却急坏了延中的董事长周鑫荣。延中公司的前身是上海静安区延安中路街道的一家里弄工厂,只是一家 20 世纪 70 年代末为安排回沪知青就业而由街道创办的小企业。进入 80 年代后，企业一直想扩大生产规模，但得不到银行的资金支持，于是便萌生了通过向企业职工发行股票集资的想法。其时，上海正在展开股份制改革试点，在了解到延中的希望以后，有关部门就将它列入了试点名单。上海市人民银行有关领导提议延中干脆向社会公开发行股票，延中因此成为改革开放后上海地区第一家公开发行股票的企业。

延中在 1985 年 1 月首次公开发行股票，获得了轰动性的成功，不仅上海市民积极认购，而且引起海内外媒体竞相报道，把延中发行股票视为中国推进改革开放的大动作。1986 年，在上海工商银行建立证券营业部时，它又第一个成为挂牌交易的股票。如今，宝安集团向延中发起挑战，通过大量收购延中股票成为延中持股量最大的股东，它已经可以要求延中召开股东大会改选董事会。对于宝安的"突然袭击"，延中的干部群众都相当气愤，周鑫荣表示，宝安的这种行为会引起老股东的抵触情绪，挫伤管理人员的积极性。

客观地说，这个时候虽然股票市场的建立已有数年，但不管新老股民，都从未听说过股市收购，上市公司对股票市场的认识也只是融资，而不知道公司上市以后有可能会被他人收购，辛辛苦苦开创的企业有可能会成为他人的囊中之物。不仅是当时的股票市场对此感到陌生，整个社会对此都难以理解，因此，宝安发起的收购影响到了延中当时的生产经营，一些项目的签约与专利申请都被延缓。

几天以后，宝安集团向延中提出了召开临时股东大会改选董事会的要求，延中对此一口回绝。延中提出，宝安这次的收购行动有违规之处。延中在为此召开的董事会上，认为这次宝安对延中的收购是一种弱肉强食的行为，是钻了股份制改革试点的空子。轻易夺取他人成果，这种行为不符合公平竞争的原则。另外,延中也聘请了法律专家,打算利用国际流行的反收购"毒丸计划"来击败宝安。

延中对宝安的收购产生不满是可以理解的。它以一个街道企业的身份发行股票并且上市,只是想以此筹集资金扩大再生产。它确实做到了,延中股票上市以后,这家企业在上海众多街道企业中脱颖而出,成为一家优秀的企业,同时给投资者带来丰厚回报。但是,要求它理解现代企业制度中的收购兼并原理,就很困难了。那个时候,不要说像延中这样的小企业,就是一些国有大型企业,在它们争相上市的过程中,也根本没有哪家企业会想到还有被他人收购的风险存在。

但是,国务院在半年前发布的《股票发行与交易管理暂行条例》中却已经预见到了这种情况,并设立专章"上市公司的收购",对此做出详细规定。只是在此之前,这个重要的章节几乎没有被人注意到。在中国股票市场以后发生的很多事件所引起的争议中,经常出现按既有的法律无从给出标准答案的尴尬,但在宝延风波发生时,这部只是暂行性质的条例却起到了定纷止争的重要作用,中国股市在起始阶段就走在了法制化的轨道上,这是值得庆幸的。

既然有法律,那就应该按照法律的精神来办。中国证监会对宝安集团收购延中这一事件进行了全面的调查,最终做出了裁决:虽然宝安对延中股票的收购过程存在违规之处,中国证监会对其做出罚款处理,但其所收购股票有效,其股权由双方共同指定人员行使,在适当时间再召开延中临时股东大会并改选董事会。第二年,在延中临时股东大会上,新一届董事会选举产生,宝安方面派出的人员担任了董事长,而延中的创始人周鑫荣则不得不以体面退休的形式,饮恨离开了他一手拉扯大的企业。

这一场宝延风波,跌宕起伏,给初生的中国股票市场带来了多方面的崭新课题,其影响直到今天依然存在。在宝延事件推进的过程中,产生了如何鉴定关联企业的间接持股,如何定性操纵市场,持股满5％后如何披露信息,被举牌企业应该怎样保护自己的权益等问题,由此引发市场上激烈的争议,而这些问题的讨论结果对于正在进行中的《证券法》的制定也产生了借鉴作用,宝延事件由此成为中国股票市场发展的宝贵财富。

▲1993年宝延风波事件,股民抢购延中集团股票。

当然,延中实业被宝安集团相中,成为中国股票市场举牌收购第一股,与其独特的股权结构有很大关系。延中实业股本规模小,收购者用较低代价即可搞定,更重要的是,在当时大量上市的国企股中,其占有控股地位的国有股都不能在交易市场流通,即股权分置,这使得收购者无法通过举牌来实现对标的公司的控股,而延中实业本身是一个全流通股,方便被收购。在宝延风波尘埃落定后,紧接着又出现了深圳万科举牌上海申华、深圳天极公司举牌上海小飞乐的事件,虽然都未能成功,但被举牌公司在股权结构上都有类似特点。

举牌收购对于上市公司最重要的作用,是使市场上的优质资源得以进一步优化配置,对于上市公司来说能够产生一种压力激励,因此是值得肯定的一种市场行为。1998 年,宝安集团经营走上了下坡路,而已经由宝安集团入主的上海延中,此时又被北大方正举牌收购,而此时的宝安集团,再也没有当年收购延中时的锐气了,只能看着到手的果实被北大方正摘走。

北大方正收购成功后,不仅改组了董事会,宝安集团的人选从董事会中彻底退出,而且延中股票也被更名为方正科技。曾经在中国股票市场上写下了辉煌篇章的延中,终于彻底消失。

外汇体制改革

外汇制度作为一国主要的经济制度,在国家的经济发展过程中发挥着重要的作用,关系着汇率变化、外汇储备状况、进出口贸易等一系列重大经济问题。中国进入改革开放时代后,外汇体制发生了一系列的变化,见证了中国经济成长的轨迹。其中,1994 年的外汇体制改革最为引人注目,是具有分水岭意义的标志性事件。

1953—1980 年,中国的计划经济实行单一汇率制,官方规定的汇率长期稳定。其间只有 1973 年因国际石油危机后汇率波动加剧,人民币汇率参照西方国家货币汇率浮动状况,采用"一篮子货币"加权平均计算方法进行了一次幅度较大的调整。

1981 年后的经济体制转轨时期的双重汇率制度,与当时的经济双轨制相一致。当时,我国的外汇管理很特殊,一方面计划内的官方渠道管理很严,另一方面又为了鼓励出口创汇留下了很大的"空隙",尤其是允许外贸企业留存 80％ 的外汇,留存部分可通过区域性的外汇调剂市场出售外汇。这样就形成了针对计划内的官方汇率与计划外的(调剂)市场汇率的差异。

这一时期国内频繁发生通胀,市场汇率存在浮动空间,外贸企业留存外汇、市场交易,以此规避风险、获得利润。这种双轨制的安排鼓励了外贸企业出口创汇的积极性,但是随着时间推移,积累的问题也日趋严重:

大量外汇分散在企业,官方的外汇储备不足,甚至在 1992 年出现了外汇储备下降。

没有全国统一的外汇市场这一缺陷加剧了汇率混乱,官方汇率、市场汇率差距拉大,区域之间还存在差异,甚至存在场外交易的黑市。

到了 1993 年,形势更为严峻。广义货币供应增长 37.3％,较上年增速上升 6.0 个百分点。通胀态势十分明显,市场对人民币贬值的预期增强。与此同时,出口增长 8％,进口增长 29％,进出口逆差达 122 亿美元。在此背景下,市场汇率已经从 1992 年年中 6 元左右一路跌至 1993 年年初 8 元多的水平,5.8 元左右的官方汇率已经失去了实际意义。

1993 年 2 月,外汇调剂市场被重新限价,这是最后一次试图用行政手段直接干预市场汇率。但是这次干预的结果并不理想。限价措施反而造成了市场对人民币贬值的预期,导致场内交易、场外加价盛行,在个别地区还出现了 10 元以上的成交价格。越限制越乱的形势之下,外汇体制改革已经箭在弦上,不得不发。

1993 年 7 月,政府出台一系列治理整顿财政金融秩序的铁腕措施,并首次以抛售外汇储备的市场化方式干预外汇调剂市场,将市场汇率稳定在 8.7 元左右并放开限价。同时,要求银行严控对有汇不卖或者买汇不用的企业的贷款,甚至收回贷款或调入的外汇。这些准备措施已经预示了改革的方向。

▶1994 年 4 月 4 日上午,中国外汇交易中心在上海外滩中山北一路 15 号正式试运转,身穿黄马甲的交易员在进行首场交易。

1993 年 12 月,国务院正式颁布了《关于进一步改革外汇管理体制的通知》,具体包括:实现人民币官方汇率和外汇调剂价格并轨;建立以市场供求为基础的、单一的、有管理的浮动汇率制;取消外汇留成,实行结售汇制度;建立全国统一的外汇交易市场;等等。

1994 年 1 月 1 日开始,外汇体制改革全面铺开,主要目标是稳定汇率和增加外汇储备。一系列改革措施为:官方汇率与市场汇率并轨,汇率定在 8.7 元;中央银行设定一定的汇率浮动范围,并通过调控市场保持人民币汇率稳定;取消企业外汇留成(外资企业除外),实行银行结售汇制度;建立全国统一规范的外汇市场,实现人民币经常项目有条件可兑换。

这次外汇管理体制的成功超出预期,首先是在稳定汇率的目标上。汇率并轨之初,大部分人都对守住 8.7 元不存信心,连中央政治局讨论汇改议题时也曾提出过"保十争九"的目标。其实,8.7 元的并轨汇率参照了外汇调剂市场的交易价,并非没有依据。事实证明,这一市场定价是有足够支撑的。因此,汇率并轨后只出现短暂的汇率波动,央行以抛售外汇的市场操作很快就将其稳定下来,而且到年底人民币汇率上升到了 8.49 元。

同时,为了实现增加外汇储备的目标,这次改革大胆地采取了强制结汇这样有"倒退"之嫌的制度安排,即要求中资企业经常项目外汇收入必须全额卖给银行。同时,宣布实现人民币经常项目有条件可兑换,集中外汇供给保证中资企业购汇需求。强制结汇的成功显而易见——1994 年我国外汇储备 516 亿美元,比上一年净增了 300 多亿美元。

值得一提的是,1994 年外贸出口大增的直接因素是出口退税政策,而非汇改,对这点,外界有颇多误解。并轨后的汇率 8.7 元延续了 1993 年的市场汇率,并没有主动贬值的操作。实际上,不是这次汇改推动了外贸出口,而是出口退税政策带来的大量外汇收入是汇改成功的重要背景。否则靠 1993 年年底区区200 多亿美元的外汇储备,是无法稳定汇率的。

1994 年外汇体制改革最重要的经验是:均衡汇率不可能提前预知,官方也不会比市场更早、更准确地预知最终汇率,而市场汇率也未必是合理水平。

按照这一经验,2005 年的"7·21"汇改宣布一次性升值 2.1%,放弃紧盯单一货币,做了较大的战术调整。市场为基准、主动改革的整体思路仍然延续了1994 年汇改的轨迹。

经过这两次汇改,中国外汇体制的核心机制已经形成:以市场供求为基础、参考一篮子货币调节、有管理的浮动汇率制度。而在实际操作中,央行用明确人民币波动区间的管理措施,形成了人民币汇率的超稳定机制。

这种汇率超稳定机制的代价也颇为昂贵:货币政策的效率受到了影响,央行维护汇率稳定的市场化操作成本很高,企业的汇率风险集中转嫁到了央行等。对此我们不应苛责,而应当认识到,外汇体制是非常复杂的体系,涉及的各个方面又有着不同的诉求,甚至彼此矛盾,因此不可能一次性调整到位。而1994年外汇体制改革成功地扭转了双轨制带来的混乱局面,提高了外汇储备,从此人民币从弱势货币转强。因此,堪称顺应了时代需求的成功案例,其尊重市场、主动改革的思路至今仍有指导意义。

住房制度改革初步启动

20世纪80年代,改革开放已在中国大地上如火如荼地进行,很多东西正逐渐打破"公"的禁忌,可以被买卖。作为最重要的不动产之一的房屋,在中国大地上,也正如破茧般试图摆脱原有分配制度的束缚,重新和"买""卖"这样的字眼建立密切关系。

虽然大政方针还未出台,松动的迹象却已经在这个年代初显。

1978年改革开放之始,全国城镇居民人均居住面积仅3.6平方米,缺房户达869万户,占城市总户数的47.5%。实践证明,"统一管理,统一分配,以租养房"的公有住房实物分配制度,已经寸步难行。这年9月,中央召开的城市住宅建设会议传达了邓小平的一次重要谈话精神,主要思路是:解决住房问题能不能路子宽一些,譬如允许私人建房或者私建公助,分期付款;在长期规划中,必须把建筑业放在重要位置。①

---

① 张皓若.辉煌的历程:中国改革开放二十年[M].北京:中国商业出版社,1998:209.

1979 年，向居民全价售房的试点开始在少数地方出现。购房需求一直是存在的，但是有卖才有买，当卖的分量不足以满足买的需求时，房地产公司应运而生。

1980 年 1 月 8 日，刚调至深圳担任房地产管理局副局长的骆锦星，凭借 6 个人、4 部旧单车组建深圳经济特区房地产公司，成为深圳当时唯一的房地产公司，这也是中国内地第一家房地产公司。这家公司与香港妙丽集团合作，开发了中国商品房的"处女作"——东湖丽苑。

在这第一家房地产公司成立 85 天后，邓小平在听取"六五"计划指导思想汇报时，发表了一个关于建筑业和住宅问题的 642 个字的简短谈话，提出建筑业是国民经济支柱产业和住房制度改革的构想。

邓小平说："要考虑城市建筑住宅、分配房屋的一系列政策。城镇居民个人可以购买房屋，也可以自己盖。不但新房子可以出售，老房子也可以出售。可以一次付款，也可以分期付款，10 年、15 年付清。住宅出售后，房租恐怕要调整。要联系房价调整房租，使人们考虑到买房合算。"①

就这样，抱着"试试看"的想法，房屋市场逐渐活跃起来。1982 年，一些试点城市开始实行补贴出售住房，即政府、单位、个人各负担房价的 1/3。截至 1985 年年底，全国共有 160 个城市和 300 个县镇实行了补贴售房，共出售住房 1093 万平方米。

允许探索，就会有人不断尝试第一个吃螃蟹。1987 年 12 月 1 日，骆锦星作为深圳经济特区房地产公司总经理，在深圳举行的中国第一场土地拍卖中，代表公司以 525 万元的价格竞得东晓花园的地皮，这就是中国房地产发展历史上有着标志性意义的"中国第一拍"。

---

① 《邓小平关于建筑业和住宅问题的谈话》发表纪实.人民网理论版，http://theory.people.com.cn/GB/11497206.html.

在泥土上一砖一瓦的实践,似乎正和庙堂之上的政策相互促进,激励前行。1988 年 1 月 15 日,国务院召开第一次全国住房制度改革工作会议。时任国务院秘书长陈俊生在会上宣布:从 1988 年开始,住房制度改革要在全国分期分批展开。

随后,有些地方出现了试点改革。1991 年的上海房改方案,借鉴新加坡的经验,以建立住房公积金筹集专项住房资金为突破口,进行房改思路的重大调整。这一方案为从根本上解决住房问题提供了基于强制汇缴聚集为基础的庞大资金后盾。而就在同一年,国务院提出"大力发展经济适用房,优先解决无房户和住房困难户的住房问题"。

1992 年,对于中国来说,也是一个重要年份。经过 10 余年的改革开放,以公有制为主体的多种经济成分共同发展的格局初步形成。这一年,邓小平南方谈话时提出要建立社会主义市场经济体制;10 月份,党的十四大召开,正式提出建立社会主义市场经济体制的目标。

▲1995 年,广州海珠中路枣子巷,有一间连厨房在内只有 8 平方米的简陋房间。这是 8 位环卫工人(4 对夫妻)的宿舍。

显然,充满计划经济色彩的公有住房实物分配制度,是不符合社会主义市场经济理念的,也与改革开放的汹涌大势相悖。这一时期,房改大致经历了试点售房(1979—1985 年)、提租补贴(1986—1990 年)和以售带租(1991—1993年)等改革阶段。直到 1994 年,迎来一个里程碑:全面推进住房市场化改革的方针确立。

1994 年 7 月 18 日,国务院发布《国务院关于深化城镇住房制度改革的决定》(以下简称《决定》),开启了城镇住房制度正式改革之路。该《决定》提出,城镇住房制度改革作为经济体制改革的重要组成部分,目标是要建立与社会主义市场经济体制相适应的新的城镇住房制度,实现住房商品化、社会化。

根据试点经验,该《决定》还提出,建立以中低收入家庭为对象、具有社会保障性质的经济适用住房供应体系和以高收入家庭为对象的商品房供应体系;现在几乎人人都熟悉并重视的、标配在工作招聘里的"公积金"住房信贷体系,也产生自这份《决定》,并在全国正式铺展开来。

值得一提的是,该《决定》第二十一条规定"明确产权":职工以市场价购买的住房,产权归个人所有,可以依法进入市场进行交易,按规定交纳有关税费后,收入归个人所有。这一"赋权",极大地鼓舞了房产市场交易。在打开这一口子的同时,该《决定》在紧随其后的第二十二条中提出,要加强市场管理,规范交易程序,完善税收制度,坚决查处倒卖房产牟取暴利等违法行为。

回首往昔,作为改革开放后中国内地出现的第一个商品房小区——坐落在深圳市罗湖区爱国路 3001 号的东湖丽苑,在 38 年前第一批推出 108 套住房,户型面积 50～60 平方米,均价 2730 港元/平方米(按 1985 年官方汇率合约每平方米 1000 余元人民币),一套房总价约合当时的 5 万～6 万元人民币。而如今,它们作为老旧的二手房,均价已高达每平方米 5 万多元。

柳倪之争

2018 年 4 月份,美国商务部一则 7 年内禁止美国企业向中兴出售任何技术的公告引起舆论对中国缺少核心芯片技术的讨论。连带着,一段 30 年前的"中国芯片往事"也被挖了出来,即当年联想董事长柳传志与总工程师倪光南的倪柳之争,或者说,技工贸与贸工技之争。

1984 年,中科院计算机所的研究员柳传志与 11 位同事拿着中科院给的 20 万元,在科学院南路的一间平房创办了计算机所公司,也即联想公司的前身。由此,柳传志开启了他艰难的创业历程。初创企业的发展难度可想而知,而且以当时柳传志等人的技术水平要想快速拥有拳头产品还不太可能,于是,创业团队把目光放在了刚刚拒绝加拿大企业高薪挽留且已回国的倪光南身上。

回国后的倪光南已经是国内有名的计算机专家,当时国内很多知名企业高薪延请,但都被倪拒绝。柳传志抱着试试看的态度抛出了橄榄枝,没想到倪光南竟然答应了。当时倪光南提出三个条件:"不做官,不接待记者,不赴宴会。"倪光南由此成了联想的第一任总工程师。

有了倪光南的加盟,联想步入快速发展通道。几年之内,倪光南团队研发出 8 种型号的"联想汉卡",更新了 3 个版本,发明了一套功能齐全的"联想式汉字系统"。而且联想屡屡在国内官方的评奖中获得大奖,倪光南主导的联想汉卡和联想微机,先后获得 1988 年和 1992 年的国家科技进步一等奖。那时候的联想成了中国最耀眼的科技公司。

公司事业的顺风顺水离不开柳、倪两人的"兄弟同心,其利断金"。那时候,柳传志与倪光南可谓是最亲密的战友，被视为"中关村的黄金搭档"。柳传志那时甚至将中科院奖励给他的一套四室一厅的住房让给倪光南。据相关人士回忆，柳传志规定公司只准对外宣传倪，不准突出自己，甚至不理性地扬言："谁和倪总有矛盾，谁就是错的！倪总永远是对的！"

但谁曾想到，曾经最真心相对的两个人，"十年难得的知己"（柳传志曾这样称呼倪光南）却在度过 10 年蜜月期之后，出现不可弥补的裂缝。

最初的裂痕来自一些项目的失败。1994 年，倪光南在联想上马的"多口卡"项目亏损了 800 万元。之后，倪光南申请开发程控交换机时，柳传志表达了反对意见，但最终柳还是做了妥协。谁知项目上马后，又亏损了 2000 万元。经历了这些失败，柳传志开始认识到，联想要发展，不能只靠技术，也要靠市场，靠贸易。

技工贸与贸工技之争就此发轫。

当时，对于联想的未来之路，倪光南的设想是，联想应该效仿英特尔，开发芯片等核心技术，走技工贸路线；而经历了几次失败后的柳传志则认为，以当时联想的实力，还无法匹配"中国芯"工程的需求，在技术、资金、管理的缺口之下，联想应该优先发展贸易，也就是要考虑市场，要赚钱。而"有高科技产品，不一定能卖得出去，只有卖出去，才有钱"，这就是贸工技路线。

这场争论以柳传志的胜利结束。1995 年，不断向中科院甚至中央领导举报联想公司主要领导作风甚至经济问题的倪光南，被解除联想总工和董事职务，联想 ASIC 芯片等项目纷纷中止。

有人这样描述这场发生在 1995 年 6 月 30 日的倪光南解职事件——

北京中关村科学院南路 10 号，联想集团总部六层会议室。联想中层以上干部 200 多人正襟危坐，气氛紧张。少数人知道马上要发生什么事，多数人还不知道,但是已经感到气氛不对,不敢随便乱问。

会议室主席台仅摆了一张桌子,两把椅子。大家全坐在台下,柳传志坐在第一排这边,倪光南坐在第一排的那边。联想董事长曾茂朝主持会议。他走上台,仅说了一句"会议开始",就将话筒交给了科学院代表李致洁。李致洁代表科学院宣读《关于联想集团领导班子出现分歧的情况通报》。正是在这次通报中,倪光南被解除在联想担任的职务,从此,董事长战胜总工程师,柳传志在这场斗争中取得最终的胜利。

走上贸工技路线的联想,先后终止了程控交换机、ASIC 中心,联想- Office 等高技术项目或业务,同时又投入 12 亿元巨资兴建大亚湾"亚洲最大的板卡生产基地"。芯片技术、硬件技术、软件技术、通信技术诸如此类的核心技术,不再为联想所重视。

后来,联想靠着贸工技路线在品牌与规模方面虽然位于国内前列,但在芯片等核心创新能力方面却大大落后,这为后来华为的反超埋下了伏笔。

现在的联想虽然仍然是国内最大的计算机企业之一,但已经不复当年的勇猛。回观联想的发展,我们很难说当年贸工技或技工贸哪条路线更好,只能说,在特定条件下,每一条路线都有其理由,不能用今天的眼光去评价过去的事物,因为那不切实际。实际上,柳传志后来也表示,走贸工技路线也是无奈之举,因为这关系公司的生存问题,当时如果采用了倪光南的技工贸路线,是否还会有今天的联想,也不得而知。

不过,我们应该明确的一点是,企业要想长远发展,提高自主创新能力是王道。联想当年走了贸工技路线,经验也好,教训也好,后世企业都要记住倪光南院士的警告:以廉价劳动力为主的发展是一条死路,要想取得持续的发展,只有"自主创新能力"这一条路可以走。

327 国债期货事件

上海证券交易所自 1990 年年底建立以后,以锐意开拓的态度不断创新,很快成为全国股票交易的中心。但是,一些创新项目明显超越了当时市场的承受力,以致风波不断。其中最为震撼人心的,就是发生在 1995 年 2 月的国债期货 327 事件。这一事件的爆发,不仅使国债期货这一创新品种夭折,而且对上海建设国际金融中心产生了沉重一击,直到今天,它对中国证券市场的影响仍未彻底消除。

自改革开放初期的 20 世纪 80 年代初以来,国家为了经济发展,开始向国内居民发行国库券,也就是政府向百姓借债。但是,由于当时城乡居民收入低微,很难有余钱购买国库券,因此发行一直困难,交易也并不活跃。为此,上海证交所在对国外市场进行调研后,决定开设国债期货交易专场,这既可以活跃交易所的交易,也可以推动国债的发行。

1992 年 12 月 28 日,上海证券交易所首次设计并试行推出了 12 个品种的期货合约,327 就是其中的一个品种。最初阶段的交易并不活跃,由于国债在发行时都事先规定了到期利率,期货交易价格只能在这个规定利率一定范围内上下浮动,交易双方可以清楚地预估合约到期后的大致价格,因此难以形成针锋相对的博弈。但是,一年之后,随着财政部规定对已发行国债实行保值贴补,交易市场的情况发生了彻底改变。

20 世纪 80 年代末到 90 年代初,我国出现了一波来势汹汹的通货膨胀,由通货膨胀所引起的物价上升引起整个社会的人心惶惶。为了稳定人心,央行推出了保值储蓄制度,即由央行根据物价上升情况,每月对居民定期储蓄实行保值贴补,以保证民众利益不受损失。随之,财政部也决定,对已发行在外的国库券在其到期兑付时,按照央行的保值贴补率在国库券利息上增加保值贴补。这一措施的实行,使国库券到期利率变得不确定了,随之反映到国债期货交易中,便出现了是否有贴补、贴补多少的不同观点。于是,国债期货交易的博弈逐渐加剧,这种剧烈博弈一度集中在 327 品种上,终于引发了惨烈的 327 事件。

所谓 327,是"92(3)国债 6 月交收"国债期货合约的代号,该券对应 1992 年发行、1995 年 6 月到期兑付的 3 年期国库券,其发行总量是 240 亿元人民币。随着到期日的临近,围绕着这个品种的多空博弈也到了白热化的程度。由于其时通货膨胀已得到了一定的控制,连续几个月的保值贴补都在下降,以上海万国证券为代表的一方认为该券到期时保值贴补可能会取消,因此坚持做空,而以北京中经开为代表的另一方则认为该券仍将有较高的保值贴补率,因此坚持做多。

1995 年 2 月 23 日,财政部发布公告称,327 国债将按 148.50 元兑付,这表明空头判断彻底错误。当日,中经开率领多方借利好大肆买入,将价格推到了

151.98 元。这对于坚持做空的万国证券意味着出现巨额亏损,公司将面临破产。万国证券总裁管金生为了维护自身利益,在收盘前 8 分钟时,做出避免巨额亏损的疯狂举措,在手头并没有足够保证金的前提下,以 50 万口大单把价位从 151.30 元砸到 150 元,又以 730 万口的巨大卖单把价位打到 147.40 元,这一举措导致多方全部爆仓。这次激烈的多空绞杀以万国证券盈利而告终。

▶上海万国证券公司外景。当时公司总经理管金生打出了"万国证券,证券王国"的口号。1995 年 327 国债期货风波后,公司垮台,被上海申银证券公司兼并。

而另一方面,以中经开为代表的多头,则出现了约 40 亿元的巨额亏损。事件已经到了你死我活的程度,而万国在并没有足够持券和保证金的前提下疯狂卖空,其违规行为是一目了然的。当天晚上 10 点,上海证交所召开紧急会议并决定,当天最后 8 分钟的所有交易是异常的、无效的。上交所的这一决定,使万国证券的尾盘操作收获瞬间化为泡影。万国证券亏损 56 亿元人民币已成事实,公司面临破产。

管金生的疯狂举动令全国震惊。在 1995 年 3 月份的全国"两会"上,一批具有经济学家身份的人大代表、政协委员对万国证券和管金生做出了强烈谴责,并要求依法严惩。其时,国际上正好出现了"百年老店"巴林银行因交易员的一笔疯狂买卖而破产的恶性事件,于是,舆论将 327 事件与巴林银行事件联系在一起,万国证券面临灭顶之灾。

万国证券成立于 1988 年,是上海市政府创办的一家股份制证券公司,开业后积极进取,已经成为国内最有实力的证券公司之一。其无论是承销股票数量还是在沪深两家交易所的自营和委托业务上,都在全国同行中名列前茅,管金生也成为国内外证券市场上一位广受尊敬的知名人物,如今却因为在国债期货交易上的失败而毁于一旦,这是一件令人十分痛惜的事。

为了挽救万国证券,避免其破产带来的连锁反应,万国证券召开的董事会开除了公司的创办人管金生,上海市政府则决定将万国证券与上海的另一家证券公司申银证券合并。管金生随后被逮捕,并被重判有期徒刑 18 年。但微妙的是,管金生获刑的罪名并不是 327 事件,而是另外一桩案值并不大的受贿案。

实际上,从管金生获刑的这个过程就可以看出当时法律的为难。在 327 事件爆发时,上海证交所做出的最后 8 分钟交易无效的决定明显地偏向了中经开。万国证券在这一事件中的违规是没有争议的,但是中经开作为一家隶属于财政部的市场化企业,在 327 的交易中坚持这一品种将获得保值贴补,这与其作为财政部下属机构的身份显然有直接关系。因此,在这场围绕着 327 品种而展开的交易中,万国证券选择了中经开作为交易对手,显然是从一开始就把自己摆在不利的位置。

事实上,当天的 327 交易,不仅仅是最后 8 分钟违规,而是从财政部公布保值贴补决定后,就进入了混乱无序的状态,因此,上海证交所需要做的不单单是决定最后 8 分钟无效,而应该是全天交易无效,这样引起的市场震荡就可以小得多。但是在当时的环境中,上海证交所显然不可能做这样的决定。

327 事件背后暴露的问题是多方面的。首先是政府部门下属企业与完全市场化的企业进行博弈,两者在信息的接收方面完全处于不平等地位。我国在转轨市场经济之初出现的政府办企业的潮流,对于市场的健康发展会造成不利影响,这是一个需要警惕的问题,但当时对此并没有高度重视。上海证交所的决定保全了中经开的利益,实际上却是助长了市场不公平交易之风。

交易所需要不断开发新品种,这个方向是正确的,但如果忽视了市场的承受能力,就可能会产生扰乱市场的后果。就当时来说,在推出保值贴补后,国债期货交易产生了巨大的不确定性,而由于期货交易的放大功能,操作失误者爆仓以后将血本无归,当时一些参与国债期货交易的个人因为杠杆拉得太长,无力面对亏损而跳楼等情况都有发生。在没有充分技术准备的情况下开设国债期货交易,显然是不够谨慎的,它带来的不是市场的发展,而是市场的混乱失控。

327 事件发生后,上海证交所发出紧急通知,就国债期货交易的监管问题做出规定,其中包括设立涨跌停板制度、加强最高持仓限额管理等,但这些并不能有效改变国债期货交易的混乱状况,新的 327 事件随时可能爆发。为此,当年 5 月,国务院决定暂停上海证交所的国债期货交易。

此后多年,舆论一直呼吁重启国债期货市场,但管理层对此态度谨慎。2006 年 8 月,中国金融期货交易所建立时,只推出了股票指数期货交易,国债期货交易仍被延宕。一直到 2013 年 9 月,在各方面条件成熟以后,中金所才推出了5年期国债期货合约,国债期货交易在中国证券市场上再度出现。由于建立了完善的风险防控机制,上市几年来基本风平浪静。

王海打假

1995年3月25日,22岁的青岛青年王海来到国内第一家装置自动扶梯的商场——北京隆福商业大厦。在二楼电讯商场,他花170元买下了两副日本索尼耳机。这个简单的举动,成为改变他一生的开始。

这两副耳机的工艺存在明显瑕疵,170元在当时也不是笔小数目,在掏钱之前,王海有过再三的犹豫。促使他买下来的原因,是一年前正式实施的《中华人民共和国消费者权益保护法》(以下简称《消费者权益保护法》),其中第四十九条规定:经营者提供商品或者服务有欺诈行为的,应当按照消费者的要求增加赔偿其受到的损失,增加赔偿的金额为消费者购买商品的价款或者接受服务的费用的一倍。

正在上法律函授课的王海,一个月前在书店偶然看到这第四十九条,让他有了自己的算盘:买下来是真货,不亏;是假货,可以多得一倍的赔偿。

但是在商品质量鉴定上,王海遇到了不小的麻烦。找消协,消协推给工商局,工商局又让他找技术监督局,而技术监督局的答复是:耳机真伪,应送至索尼公司鉴定。王海找到索尼公司鉴定,确认耳机为假冒产品,但对方不愿开具证明。

因为鉴定的开销不菲,王海决定再买10副耳机,用赔偿来弥补之前的损失。但是当他拿着假冒伪劣耳机找到工商局时,却被告知只能调解,而商家表示可以赔最开始购买的两副耳机,剩下的只能退货,理由是"知假买假"。

王海的首次打假行动,辗转曲折,以成本高于收益短暂收场,但这个经历却让他看到了依靠《消费者权益保护法》打假获利的可能。于是,王海开始在北京的商场游走。与此同时,在那个消费者权益保护极为孱弱的市场环境下,他的遭遇开始被媒体广泛聚焦。

1995 年 8 月 4 日,《中国消费者报》发表了一篇题为"刁民?聪明的消费者?"的报道,拉开了大规模讨论的序幕,这场风波则被命名为"王海现象"。

王海是维权英雄,还是钻法律空子的刁民?知假买假,依靠 1+1 赔偿制度索取赔付,是正当所得还是不当得利?《消费者权益保护法》撰写人、法律工作者、媒体和民众都莫衷一是。不过分歧并没有阻止王海的脚步,从 1995 年 9 月到 11 月,王海通过打假,索赔获得 8000 多元。

争议还在继续。1995 年 11 月 24 日,中消协和《中国消费者报》社联合主办的"制止欺诈行为,落实加倍赔偿座谈会"在北京召开,对假冒伪劣的痛恨,让支持王海的声音占据微弱上风,有参会的政府官员直言不讳地呼吁:"千万个王海站出来!"

由于声援的声音过于强大,北京隆福商业大厦在 1995 年 12 月 5 日不得不向王海妥协,对其后购买的 10 副耳机也加倍赔偿,并表态凡顾客购买到假冒商品,全部都按《消费者权益保护法》给予加倍赔偿,并奖励 100 元。王海的首次打假,在阶段性的失败后,迎来了胜利的大转折。

王海购假索赔获利的同时,其"打假英雄"的名声,也得到了官方的认证。这一年的 12 月 17 日,中国保护消费者基金会设立"消费者打假奖",王海是获奖的第一人。这份官方认证除了带有 5000 元的奖金收入以外,还给王海"知假买假"式的打假营生提供了正当性加持。

顶着"中国打假第一人"的响亮头衔,王海步履所及之地,商家人心惶惶,他们时刻警惕着那个戴着标志性墨镜的"刁民"。假冒伪劣横行的市场环境,让王海的"打假生意"越做越大,在意识到单打独斗的局限之后,他专门成立了公司,进行组织化的运作。

作为公民维权的先锋人物,王海1998年一度受到美国前总统克林顿的接见,收获"中国消费者的保护者"的美名;经济学家吴敬琏在赠予他的签名书上,将他称为"市场清道夫"。王海名利双丰收的示范意义,直接导致了一批职业打假人的涌现。像张磊、臧家平、叶光、喻晖、刘殿林、童宗安等,都以王海为模板开启打假营生,一度被坊间视作英雄。

王海不是没栽过跟头。2000年追查津成伪劣电线时,那场"南宁风波"一度让外界以为他精神失常,但总的来说,在与大企业、商家的斗争中,他赢得了足够多的胜利。包括苹果和耐克这样的跨国公司,照样输在了王海的打假利剑之下,被他打过的公司,更是数不胜数。

直到20多年后的今天,王海依旧没有终止1995年3月25日所开启的打假之路。只不过今天的市场环境发生了天翻地覆的改变,对消费者权益的保护程度得到了充分提升,维权成本变低,对打假英雄的需求度已经不如从前。"王海现象"已逐渐成为尘封的历史。

沿着王海的经历回望过去,我们依稀能够看见,在那个市场经济刚刚发育的环境下,在物质匮乏的卖方市场中,安全权、知情权、选择权、公平交易权、获赔权、尊重权、监督权等消费者权利,从纸面到真正落地,这个过程是多么艰辛。

"红高粱"挑战麦当劳

20 世纪 80 年代后期,一批国际知名品牌的洋快餐相继进入中国餐饮市场,除了带来了全新的餐饮体验外,也深深地刺激了中国社会的民族主义神经。围绕洋快餐的争议周期性地爆发,抵制的呼声,营养学、医学界的批评,与肯德基、麦当劳里络绎不绝的时尚青年,形成了鲜明的对比。精明能干的中国商人敏锐地发现了其中蕴藏的商机,以挑战洋快餐为旗帜的中式快餐正在迅速起步。

1994 年,一个刚刚辞去铁饭碗的中年汉子在北京王府井大街的麦当劳快餐店中整整待了一天。他估计该店一天的营业额竟高达 20 万元左右。这哪里是快餐店?简直是提款机。于是,他在一年内跑遍了全国的麦当劳快餐店,一边揣摩和学习,一边酝酿着他的宏大计划。

1995 年 4 月 25 日,"红高粱"中式快餐店在郑州登场亮相。主打食品是河南常见的烩面,并不算出彩。但真正吸引人的是其借鉴了麦当劳的店面风格,明亮店堂、快餐桌椅、收银机收款在当时的郑州显得非常前卫。于是,不足 100 平方米的弹丸小店日营业额从 2000 元起步,迅速冲破了万元大关。很快郑州又出现了 7 家"红高粱"分店,家家火爆。短短 8 个月,白手起家的店主从 44 万元启动资金滚动到 500 多万元,即使在那个神奇的年代也称得上是奇迹。

奇迹的创造者叫乔赢,就是那位当年追踪麦当劳的中年汉子。乔赢 1961 年出生于广州,当过兵,读过军事院校,又在南京大学获哲学和经济学双学位。他仿佛命中注定要成为一名创业型商人,先后放弃了军校讲师、郑州杜康大酒店副总经理的铁饭碗,又从如日中天的河南亚细亚集团辞职。这样不安分的人当然不会止步于眼前的成功,郑州只是"红高粱"的试验场,真正的战场锁定在前方。

1996 年 2 月 15 日,"红高粱"王府井分店开业,距离麦当劳仅一步之遥。引得新闻媒体纷纷报道"'红高粱'挑战麦当劳""大碗面叫板汉堡包""河南小子挑战巨无霸",这样挑衅意味浓厚的宣传无疑是为了借力民族主义的大众心理。

这次乔赢又赌对了,名振京城的"红高粱"从早到晚都是爆棚满座,要求加盟的来信雪片一样飞来,投资者蜂拥而至……从偷师到挑战,仅仅花了一年时间。

之后的一年多时间里,"红高粱"先后被国内 800 余家媒体报道,国外 70 多家媒体相继转载,美国三大有线电视网轮番"爆炒"。乔赢被舆论冠以"中国连锁快餐的领头羊"的名号。

就在一切看似顺风顺水之时,企业的经营形势却急转直下:全国各店不久就仅剩天津一家,20 多家加盟店大半夭折。问题出在哪里?单纯的表面模仿只能停留在"山寨快餐"的水平,却没有学会快餐业的核心配套技能。连锁加盟缺乏管理配套,中央厨房等设施配套尽付阙如,主打产品又乏善可陈且难以真正快餐化;靠挑战、叫板点燃的热度迅速消退后,市场竞争的残酷本色暴露无遗。这时,乔赢面临着艰难的选择。

一位技术专家建议乔赢一年之内收缩战线、远离媒体,全面提升企业的各项品质,真正建成快餐连锁经营的体系后再行扩张,这是稳扎稳打的合理方案。而另有"高人"指点他学习当时中原商界流行起来的快速集资。乔赢拒绝了前者,再次选择豪赌,最终走向悲剧。

"红高粱"的集资方案是当时著名的河南三星实业公司集资方案的缩小版。集资期限一年,集资 2000 元(三星是 1 万元)可以领到一张会员卡,凭卡每月可领取"工资"50 元,还可以免费享用烩面两碗。月息 25％,年息 30％,如此的高息无疑显得荒唐,却挡不住梦想暴富的人群。一开始,这一方案仅在公司内部员工中执行,消息传开后,社会各界纷纷解囊,甚至托熟人"入会"。源源不断的社会资金为乔赢提供了强大的后盾。他又找回当初风光无限的感觉,气势磅礴地宣称:3 年内,"红高粱"要在全世界开 2 万家连锁店!哪里有麦当劳,哪里就有"红高粱"!

"红高粱"重回快速扩张的轨道,10 家新门店又开张了。可是,浮夸的扩张带来的只能是灾难。首先就是投资的巨大浪费,投资 300 万元的门店,内行估值仅 80 万元。这不是个案,而是"红高粱"扩张时的通病。同时,经营不善的根本问题没有解决,市场没人为乔赢埋单。直营店负债累累,加盟店纷纷解约。走向崩盘,已是毫无悬念。

1998 年 5 月,名噪一时的河南三星非法集资案告破,"红高粱"公司也因集资户的挤兑终止集资。苦苦支撑到年底,"红高粱"终于全线崩溃,公司负债达 3000 多万元。

2000 年 10 月,83 名集资人联名上书郑州公安机关"讨说法",乔赢被捕。

2002 年 6 月,乔赢因非法吸收公众存款获罪 4 年。他的失败十分可惜,高度的市场敏锐度、以小博大的营销宣传技巧,都是优秀企业家的珍贵素质,只可惜急功近利、功亏一篑。

有趣的是,这场挑战中,麦当劳始终没有发声,美国快餐界和媒体的反应也是正面为主。1996 年 10 月,美国连锁业协会主席和餐饮业协会主席飞抵北京会见乔赢,也是一时佳话。全球布局的美国快餐业早已熟悉了新兴市场的民族主义情绪,并没有把"河南小子"视为对手。实际上,洋快餐在中国市场遭遇这样的挑战并非一例。甚至在"红高粱"之前,就有"荣华鸡"挑战肯德基在前。只不过上海血统的企业历来低调,没有"红高粱"那样善于造势、强硬扩张的戏剧性罢了。

时至今日,抵制洋快餐的口号还会时不时出现,但那只是单纯的民族主义情绪爆发,和餐饮产业没有多大关系。中国餐饮业当然没有沦陷,而是百花齐放,风光无限。不同的饮食文化、餐饮业态在庞大的中国餐饮市场中各有安顿。肯德基、麦当劳岁月静好,新一代中式快餐"马兰拉面""永和豆浆"茁壮成长。各大菜系分庭抗礼,西餐日料雄踞一方。而草根属性的沙县小吃、黄焖鸡米饭、麻辣烫在国内群狼搏虎,走出国门更是墙外花香。市场的原则很简单,巧妙借势的营销或许可以勃兴于一时,但是企业品质不足的硬伤终究无法让企业走得更远。

乔赢没有赢,中国餐饮没有输。

中国钢铁产量跃居世界第一

邮票收藏爱好者可能见过一些印有炼钢炉的邮票,其中一套是 1997 年发行的《1996 年中国钢产量突破一亿吨》。这是一个标志性的事件,它意味着在 1996 年,我国钢铁产量跃居世界第一位。

当年,时任冶金部部长的刘淇在宣布这一消息时还透露,我国钢铁企业的钢材产销率当时保持在 99% 左右,高于全国工业产品平均水平,钢材自给率已达到 88%。那时,我国年产钢超过百万吨的钢铁企业已有 24 家。

从 1996 年回溯 40 年,主管我国钢铁工业的冶金部刚刚诞生。1956 年 5 月 12 日,全国人民代表大会常务委员会第十次会议通过撤销重工业部,分别成立冶金工业部、化学工业部和建筑材料工业部的决议,由冶金工业部主管钢铁工业和有色金属工业,王鹤寿任第一任冶金工业部部长。

提到炼钢,很多人都会不自觉地想到"赶英超美"这个口号。就在冶金部成立的第二年,毛泽东在回应赫鲁晓夫的"苏联要 15 年赶超美国"的讲话时,提出要让中国钢铁产量在 15 年内赶超英国。随后,毛泽东又说:"我们要好好干 50 年,把工业建起来,要有美国那样多的钢铁。"① 两个目标合到一起,便成了"赶英超美"。

在口号提出的 15 年后,英国钢产量 2665 万吨,中国产量 2522 万吨,差距已经很小。而到了 1978 年,中国的钢产量已经超过英国 1000 万吨。不过,"量"的飞跃是一方面,"质"的涅槃在量已足够时,就显得十分突出。1978 年 12 月 23 日,党的十一届三中全会公报发表,就在同一天,宝钢建设打下第一根桩。

这并非巧合。有媒体曾报道,参加过动工典礼组织工作的宝钢老同志披露:"基建的准备工作早已完成。领导们都在北京开会,36 天中央工作会议,紧接着是三中全会。16 日来了消息,22 日全会闭幕,就把动工典礼定在了 23 日上午,谷牧副总理乘飞机赶来。"

而早在 1977 年 5 月,将任冶金部部长的唐克去西山拜访了邓小平,谈起打算在沿海引进设备,利用国外矿石资源建一个钢厂。靠近市场沿海建厂,是世界先进模式,这个想法很前卫,不过,邓小平当即表示:"要搞就搞个大的。花点钱,买些现代化的设备回来。"②

1984 年,邓小平视察宝钢时为其题词,他先写了"掌握新技术,要善于创",然后停下,对"创"字画了一个圈,以示删去,再接着写下去,于是现在人们看到的全句是:"掌握新技术,要善于学习,更要善于创新。"从中我们可以明显读懂要义:创新,是要建立在善于学习的基础上的;宝钢,就是一个善于学习、勇于学习的典范。

---

① 顾龙生.毛泽东经济年谱[M].北京:中共中央党校出版社,1993:399.
② 全国政协文史和学习委员会.宝钢建设纪实[M].北京:中国文史出版社,2007:14.

　　1978 年是改革开放元年,很多事情从这里起步,钢铁企业经营管理体制的改革逐渐拉开了帷幕。承包制也在钢铁工业领域被运用,企业有了一定的经营自主权,职工的积极性也大幅提高。1981 年,中国和澳大利亚科伯斯公司通过签订补偿贸易合同的方式,首次利用外资和先进技术对鞍钢落后的生态技术进行改造。到了 1987 年,国家计委更是一口气批准了鞍钢、武钢、梅山、本钢、莱钢 5 个企业利用外资的项目建议书。

　　改革 10 年之后,1988 年,国家开始实施宏观经济调控压缩政策,钢材市场出现了巨大波动。全国 20 多个省、自治区、直辖市中的 9 个出现整个钢铁行业亏损局面,56 个地方骨干企业累计欠账 60 多亿元。这让当时普遍规模比较小、销售收入少的钢铁企业陷入困境。

　　困境逼着企业想办法,很快,"模拟市场核算,实行成本否认"的邯钢经验诞生了。经验成熟后,1993 年,开始大面积向全国工业企业推广。也就是在这一年,马钢作为我国第一家在中国香港成功上市的钢铁企业,向全球发行股票。

　　值得一提的是,马钢还是第一家在港上市的中国国有大中型企业,因此引发轰动,被人们称为"中国钢铁第一股"。马钢的成功上市,也得益于社会主义市场经济体制目标的提出,以及现代企业制度的逐步建立。从 1994 年开始,钢铁行业的舞钢、本钢、太钢、重钢、天津钢管厂、大冶特钢、八一钢铁等 12 家企业,被列入国家百家现代企业制度试点。此外,还有 57 家钢铁企业被列入地方改革试点。

　　1996 年,是中国钢铁产量登上"世界第一"宝座元年。不过,这一年对于中国钢铁工业来说,同样是问题显现,需要反思、革新的一年。当年的鞍钢,代表落后工艺的平炉钢占钢产量的 57.8%,约占全国平炉钢产量的 40%,连铸比仅为 32.9%,呈现出消耗大、污染重、成本高、劳动生产率低下的特点。本钢等老牌钢铁企业也都有类似毛病。

于是,20 世纪末,中国钢铁行业又迎来更新换代。1949 年,中国的钢铁产量只有 15.8 万吨,不到当时世界钢铁年总产量的 0.1％。不到 50 年时间,从"占比不足 0.1％"到"世界第一",中国钢铁产业实现了一个又一个飞跃。纵观中国钢铁产业的发展史,其实就是一部"穷则思变"的改革史,核心字眼即是"变",唯变可以新,唯新可以兴。

亚细亚商厦沉没

7 年的高速扩张之后,1996 年彻骨的寒冬,终于成了连锁百货亚细亚迈不过的坎。这一年 11 月,天津亚细亚商厦倒闭,商品被哄抢一空,随后引发了多米诺骨牌式的连锁反应。这艘传奇的"商界航母",以每 4 个月倒闭一家门店的速度走向沉没。

▲亚细亚五彩购物广场第四次拍卖现场。

但对它的缔造者王遂舟来说，大厦将倾之刻，他依然不会忘记当年的盛景。

时间退回到 1988 年，30 岁的空军转业干部王遂舟，拿着郑州房地产业风云人物晋野给的 40 万元经费，开始了他的冒险之旅。经过 198 天的筹备，次年 5 月 6 日，营业面积 1.2 万平方米的亚细亚商场开业。

郑州亚细亚的开业场面，可以用轰动来形容。相对于老牌的传统国营百货店而言，这个早期的股份制商业企业，一出生就表现出非凡的气质：率先设立商场迎宾小姐，将流水瀑布引入商场，安排仪仗队在广场升旗……在亚细亚创下多个第一时，取自英文 Asia 谐音的名字，也传递出一股新派的现代气息。

除了这些表面功夫之外，王遂舟对百货的商业理念进行了改造。在国营商店售货员缺少服务意识的时候，他用"顾客是上帝"的理念招揽消费者，并且推出了"无理由退换"机制。同时在营销上大做文章，不惜用郑州所有商场一年广告费的总额，通过当地报纸重金宣传，还把广告做到了央视上，让人们记住了那句"中原之行哪里去——郑州亚细亚"的口号。

市场很快给这位商业改革闯将带来不菲的回报。1990 年亚细亚年销售收入达到 1.86 亿元，迈入大型商场 50 强，此后每年都以 30％的速度递增。

搅局者亚细亚的到来，动摇了郑州大型百货的既有版图，很快，华联商厦、郑州百货、商业大厦、商城大厦、紫荆山百货五巨头联合，矛头直指亚细亚，长达数年的中原商战就此拉开序幕。而央视围绕它拍摄的纪录片《商战》，则将王遂舟和亚细亚推向全国，上到国家高层领导人，下到各地商场的百货经理，络绎不绝地前来参观，向王遂舟取经。

与本地百货巨头的鏖战，并没有让王遂舟收起锋芒。鉴于亚细亚的巨大成功，他在 1992 年成立了郑州亚细亚集团股份有限公司，试图在省内其他城市和省外的重点省会城市复制郑州经验，打造亚细亚连锁航母。很快，省内的南阳、安阳、濮阳等,省外的北上广和天津等地,10多家分店拔地而起,这种连锁商业的战略,也成了他在中原商战中的最强武器。

然而,这种疾风骤雨式的扩张,建立在缺少商业论证的前提之下,其风险被亚细亚的辉煌开局,以及王遂舟众星拱月般的待遇掩盖了。由于摊子铺得太大,对人流量、消费水平和利润率缺少科学评估,脱胎于郑州亚细亚的分店,刚开业就陷入亏损状态。

但在王遂舟看来,分店的亏损不是连锁战略的失败,而是战术的失败。为了扭亏为盈,他打价格战,搞促销,然而都无济于事,过长的战线很快让亏损成了无底洞。1993年,资本总额不到4000万元的亚细亚,各地的投资却高达20亿元,负债像雪球一样越滚越大。

1996年,亚细亚广州、上海、北京和成都店相继营业,但这些有购买力的城市,也没能让亚细亚摆脱亏损惨状。这一年的6月14日,王遂舟不得不在董事会上做了检讨,但坚信光明总在困难之后的他没想到的是,经营不善的隐患和债务风险,就要迎来总爆发。

于是故事回到了开头,天津亚细亚骤然停业。各地的供货商闻风而动,开始讨要欠款;而那些还在筹备的分店,因为贷不到钱也陷入停工状态。1997年,开业只有一年的成都、广州和上海店相继倒闭;1998年5月,郑州亚细亚五彩广场关门,北京分店停业……

亚细亚的扩张之路,终于走到了尽头。对于王遂舟来说,他的服务理念和营销手法,在今天看都不过时,这种超前的商业意识,让他成为零售百货改革的传奇英雄。但连锁百货帝国的商业美梦,在冒进扩张开始的那一刻,就埋下了风险的种子。再者,商业改革英雄未必是好的管理者,当王遂舟面对繁杂的日常管理事务时,管理的强势,决策的冒进,以及连审计都没有、全靠王遂舟说了算的财务体制,迟早会让英雄付出血一般的市场代价。

2000 年 7 月,亚细亚五彩广场宣告破产,商场重新招商。在新楼掩映下的二七广场,曾经的地标早已失去了存在感,但它沧桑的躯体依旧记录着中原的商战沉浮。

中国互联网行业的萌芽

当现在的创业者们争相试图让自己的头像出现在中关村创业大街那块被誉为"中国的纳斯达克屏"的 10 米高大屏幕上之时,20 余年前的 1996 年春天,一个名叫"瀛海威"的公司在中关村竖起了一块硕大的广告牌,上面写着"中国人离信息高速公路有多远——向北 1500 米"。这块广告牌成为当年国内最受关注的商业事件之一,同时也令瀛海威和它的创始人张树新成为大众的焦点。

尽管在 1994 年,中国已然向海外发出了第一封电子邮件,但作为中国第一个立足大众信息服务、面向普通家庭开放的网络,瀛海威时空称得上是很多普通网民的启蒙者。这一被当下生活在网络时代的年轻人所遗忘的名字,却是那一代"中国网民"开眼看世界的窗口。从 1995 年起的很长一段时间内,"瀛海威=网络=Internet"是很多人对互联网的理解,哪怕直到今天,依然有人怀念着这样一家公司——如果你现在打开搜索引擎,一个名为"坐地日行八万里,纵横时空瀛海威"的致敬网站依然能被进入,而其中一个显著的网友回复是:"我要回到 1994 年了,你们有什么需要我带给过去的吗?"

▲2000 年杭州网络峰会群英荟萃,参加者有新浪 CEO 王志东、搜狐 CEO 张朝阳、网易董事长丁磊、8848 董事长王峻涛和阿里巴巴总裁马云,主持人则是金庸。

商业史中的无数案例证明,行业内的第一个进入者未必会是最后的胜利者,但是它却不得不担当启蒙者的角色。这就是瀛海威的使命,"瀛海威人从事的是影响未来一百年的事业";但这样的使命,在时光流逝、世事变迁中回看,却多少显得有些悲怆。

瀛海威的创始人张树新,是一个充满理想主义情怀的风车骑士。她试图创造出一个完美的模板:她以上帝视角,设计了一个虚拟互联网世界。而"瀛海威时空",就是这一世界的入口。人们可以在这里使用"论坛""邮局""咖啡屋""游戏城"等多种服务。

1997 年,当瀛海威开始做一个名叫"新闻夜总汇"的项目的时候,张朝阳的搜狐和丁磊的网易，都还渺无踪迹。她甚至还希望瀛海威发展电子购物，那时马云还没开始做阿里巴巴。

尽管张树新被誉为拥有创世纪般的视角，但她依然输给了资本的市场规律。在采访中，张树新四次提到瀛海威的失败是因为"它太早了"。

1998年6月，张树新还没能亲手完成她为中国互联网设计的Demo（样本），就离开了自己一手缔造的瀛海威，并任由时间的洪流将她缔造的那个互联网世界的雏形冲毁，而后来的互联网企业家更像是受了上帝怜悯进入挪亚方舟的那批人，终于踩着这位"垫脚石"女士的肩膀创造了现在的中国互联网世界。

在瀛海威由盛转衰的1997年，新的世界开始属于张朝阳、丁磊，以及后来的马云、马化腾、李彦宏、刘强东、雷军们。

这一年，马云受外经贸部邀请北上北京，住在潘家园的集体宿舍里，他的13个小伙伴们"每天早上听到闹钟铃响，死的念头都有了"；在广州生活了三年的张小龙因开发一款电邮而声名大起，但因为完全免费，一毛钱都没赚到，他仍然靠抽闷烟来熬夜；而马化腾还在深圳某通讯公司上班，他在一次偶然的机会中接触到了以色列人研发的即时通讯应用ICQ，因为没有中文版的ICQ，于是他便产生了做一款中文版ICQ的念头；而刘强东刚刚从中国人民大学毕业，那一年他进入了一家搞传销的公司，在不久之后他选择辞职，转而盯上了当时红火异常的中关村电子市场……

在瀛海威的"全能式虚拟宇宙"幻象破灭之后，1997年之后的中国互联网世界，有两个成长的方向：其一就是以新浪、网易和搜狐为代表的、炙手可热的"门户"一族；其二就是电子商务一族。这些人的努力在当时显得非常另类和可笑，不过，他们将在六七年后成为另一股主流。

在这群人中，马云从北京回到家乡杭州，在城郊湖畔花园的家里创办了一家名叫阿里巴巴的电子商务网站,并宣称这家公司要成为世界上最大的电子商务公司,要活 80 年。而当过多年个体书商的李国庆和他的海归妻子俞渝联手创办了从事网络图书销售的当当网,夫妻俩的职务是"联合总裁"。在上海,1973 年出生的陈天桥向人借了 50 万元,创办上海盛大网络发展有限公司。那一年他不会想到,不久之后他将代理韩国大型网络游戏《传奇》,这个游戏让盛大成为当时中国最赚钱的游戏公司。而当 2004 年盛大网络在纳斯达克上市之后,他一度以 90 亿元人民币的身价成为中国的新首富。

1997 年,香港回归祖国,而如果我们追溯互联网巨头们的 1997 年,会发现那一年也是他们人生的新起点。正如美国战略家加里·哈梅尔先知一样的预言:"当下正是改写游戏规则的千载良机。"他们纷纷在那一年前后,"不谋而合"地做出类似的决策,最终这一决策引导他们走到今天。

巨人大厦烂尾

1997 年,在资金告急一年之后,原本规划中的中国第一高楼巨人大厦,还是没能摆脱停工的命运。正是这一次停工,成为 35 岁明星企业家史玉柱撤离珠海的开始。不过等到他东山再起时,烂尾的巨人大厦反而成了他传奇人生的另类佐证。

史玉柱与珠海的故事,还要说回到 1992 年。这一年,随着首届科技奖励大会的召开,整个珠海弥漫着创新的气氛,科技发展欣欣向荣。于是,被政策环境吸引的史玉柱,把巨人公司的总部从深圳搬到了珠海。此时的巨人公司,已经有 100 多名员工,年销售额上亿元。

在搬到珠海前,史玉柱的巨人公司,并没有多长的历史。1989 年从深圳大学研究生院毕业之后,史玉柱拿着东拼西凑的 4000 元钱,花了 9 个月研制出一款 M-6401 桌面排版印刷软件。在那个计算机还是奢侈品的年代,他借此赚到了人生的第一桶金,成为 IT 浪潮的先行者。

▲巨人大厦烂尾楼

靠桌面排版印刷软件发家的史玉柱,相继推出 M-6402 和 M-6403,全部大获成功。这进一步增强了他的野心,自 M-6402 开始,他参照美国科技界如日中天的 IBM 蓝色巨人,给自己的产品也取了"巨人"的名字,并在1991年成立了巨人公司。

总部搬迁珠海,成为史玉柱的产业驶上快车道的开始。1993 年,巨人公司仅仅中文手写电脑和软件的销售额,就达到了 3.6 亿元,成为中国第二大民营高科技企业。所以如获至宝的珠海,也给予巨人公司税收等各项优惠。

但史玉柱不满足于此，他不止要做系统软件、卖电脑，凭着自己的商业嗅觉，他将巨人的版图延伸到了保健品行业，甚至涉足服装和化妆品。在 IT 产业之外，巨人集团依靠狂轰滥炸的广告营销打造出脑黄金这样的爆款产品。

1994 年，处于事业巅峰的史玉柱决定盖一幢巨人大厦用来办公。大厦原本规划 38 层，不过对史玉柱关照有加的珠海市政府希望让巨人大厦成为珠海乃至全国的地标性建筑，于是楼层的规划不断提高。加上连续几位中央领导人前来视察所产生的推动作用，巨人大厦规划楼层最终被提高到 70 层，目标是"中国第一高楼"。而为了支持"中国第一高楼"的建设，珠海市政府以近乎白菜价的价格，给史玉柱批了 4 万多平方米的地块。

原本 2 亿元的造价，瞬间被提升到 12 亿元，而此时史玉柱手上只有 1 亿元左右的流动资金，巨人大厦的资金缺口马上出现了。于是史玉柱采用香港地产经验，开始卖"楼花"，但没多久中央调控政策就开始收紧，预售这条路再也走不通了。

因为规划楼层大大提高，巨人大厦不得不耗费巨大的资金来建设地基。不过危机并没有在一开始就显示出它的摧毁力。1995 年，凭借着保健品和 IT 产业的巨大利润，史玉柱被《福布斯》列为内地富豪榜第 8 位，但不料这也成为巨人集团盛极而衰的开始。

除了调控收紧外，国家很快开始对保健品行业进行整顿，已经取代巨人汉卡成为第一大收入源的保健品，开始面临市场受挫的局面。为了保证巨人大厦正常建设，史玉柱不得不用保健品公司的资金来填补巨人大厦的窟窿，但这种自救于事无补，反而加快了巨人集团保健品业务的萎缩。等到 1996 年，巨人大厦的资金链开始出现空前紧张。

本来按巨人集团的营收能力，涉险过关并非没有可能，无奈史玉柱一直没有与银行建立良好的关系，从开建时就拒绝用银行贷款，等到资金链紧张时，银行也不愿意借钱;而债权人开始收房子时,巨人大厦才刚刚完成了地下建设,深感受骗的他们,纷纷要求退钱。巨人集团一下子陷入债务危机之中。

1997年,巨人大厦资金链断裂。原本规划70层的"中国第一高楼",只完成了地面三层的建设。巨人大厦停工后,珠海市政府一度有过救济,比如要求银行贷款,但随着鼓动史玉柱建高楼的珠海市市长梁广大的闪电退休,巨人大厦烂尾的命运就此注定。

在巨人大厦停工后,这位当年被誉为中国十大改革风云人物之一的史玉柱,开始短暂地淡出公众视线。不过他的野心并没有就此磨灭,靠着朋友资助的50万元,他再度涉足保健品行业,通过复制脑黄金的营销方式,推出新品脑白金,开始扫荡小城镇和农村市场,期望借此迅速东山再起。

烂尾的巨人大厦,成为史玉柱"一生的痛",它也是那个年代企业家狂飙突进、在市场化的浪潮中急切证明自己的写照。

2001年,史玉柱拿出2亿元来偿还巨人大厦的欠债,再往后,陆续有重建巨人大厦的传言曝光,不过也只是昙花一现而已。2004年,这个在保健品、房地产和IT产业上都有踪迹的传奇企业家,再度开始自己的跨界之旅——进军网络游戏行业,并且打造出《征途》这样的现象级网游。当然这已是后话。

秦池崩盘

1995年11月8日,北京梅地亚中心,现场的目光全落在原本寂寂无名的姬长孔身上。这位山东秦池酒厂的厂长,以6666万元夺下了第二届央视标王,由此开启了一段白酒企业高速扩张的神话。

姬长孔原本是退伍军人,在他 1993 年接手前,秦池酒厂只是个无名小辈:成立 3 年,每年产量在 1 万吨左右,销售额不到 2000 万元。在盛产白酒的山东,这样的产销量实在微不足道。

为了打开销量,姬长孔决定不再局限于竞争激烈的本地市场,他出征的第一战,选在了白酒消费重地,也是当年经济的领头羊地区东三省。为了提升知名度,姬长孔用铺天盖地的广告轰炸,甚至动用飞艇向下撒传单。靠着简单粗暴的营销手段,姬长孔带着他的秦池酒,在东北、华北和西北地区,杀出了一条血路。

在姬长孔艰难拓荒的同时,同省的白酒企业孔府宴酒,完成了惊人的一跃——1994 年 11 月 8 日央视首届标王竞拍,孔府宴酒豪掷 3079 万元,打败了被众人看好的孔府家酒和太阳神,一举夺标。

在那个只有央视等为数不多的频道可看的年代,标王的曝光度加持,对白酒企业的知名度和销量带来了飞跃性的提升。1995 年,标王孔府宴酒实现收入 9.18 亿元,完成利税 3.8 亿元。一年以前,它还只是个年产值几百万元的小企业。

眼看孔府宴酒销量疯狂上涨,姬长孔决定参与到豪赌中来。这次北上,成了他和秦池酒的转折点。

第二届标王争夺现场,处处散发着金钱的疯狂,参与竞标的企业都想借央视之力,把自家企业推向全国。此时的姬长孔才发现,带来的 3000 万元激不起任何浪花。考虑到同是山东酒企的孔府宴酒成功在先,姬长孔最终还是决定冒险一搏,用 6666 万元拿下了标王。

对姬长孔来说,梅地亚中心的镁光灯,还只是个辉煌的开局而已。随后的秦池酒,完美地复制了孔府宴酒的上升路线。1996 年,在央视黄金时段频繁露脸的秦池酒,全年收入达到 9.5 亿元,相对于前一年涨了 5 倍。

媒体造势下的销量神话,让秦池酒厂对标王有了无法摆脱的依赖。姬长孔很清楚,如果无法卫冕标王,秦池酒很可能步孔府宴酒的后尘:随着标王易主,在曝光度下降后销量暴跌。

1996 年的第三届标王之争,价码进一步水涨船高,竞拍标的一度突破 2 亿元。不过势在必得的姬长孔,并没有拱手相让,他直接喊出 3.212118 亿元,以碾压性的优势拿下了第三届央视标王。这个投注金额比报价第二的山东齐民思酒厂,足足高出 1 亿元。

让人意外的是,3.212118 亿不是一个深思熟虑的结果,只因它是姬长孔的电话号码。如此一掷千金,引来的不只有惊奇,人们开始怀疑它能否消化天量的广告费,也怀疑秦池的生产线是不是撑得起标王对应的白酒产能。这个被央视捧起来的白酒明星,不得不接受媒体更全面的检视。

1997 年 1 月,蝉联标王的喜悦没过多久,姬长孔就遇到了麻烦。《经济参考

▲秦池以 3.2 亿元人民币夺得 CCTV 黄金时间段广告标王。

报》的记者在经过摸底调查后发现,秦池酒厂产能有限,秦池酒是用四川的白酒勾兑的。这则爆炸性的调查报道被刊登出来,秦池由此到了盛极而衰的转折点。

秦池酒的成功,建立在强大的曝光力度上,它站在了媒体能量聚集的顶峰。不过成也媒体,败也媒体,媒体能放大企业的优点,也能够让问题全方位快速扩散,直到家喻户晓。姬长孔显然没有意识到这一点,在勾兑丑闻发酵时,他甚至没有拿出任何积极的公关手段来应对。

一方面,姬长孔还在为标王的钱发愁;而另一方面,媒体的揭露性报道已经对销量形成了剧烈冲击。整整一年下来,顶着标王头衔的秦池酒,销量比前一年还低,只有 6.5 亿元,与预想中的 15 亿元相距甚远。病来如山倒的秦池,就这样开始了它的穷途末路。

秦池酒从巅峰跌落神坛,只有两年时间。它通过标王起势,而铺天盖地的宣传之所以能有立竿见影的效果,只是因为彼时的国人信息接收渠道有限。快速堆积起来的知名度未必对应着口碑和品质的认可,而且神话般的快速增长,还将秦池酒厂管理决策中的一些问题掩盖了起来。像用电话号码天价投标,就是管理混乱、决策草率的反应。

所以真正压垮秦池的,并不是那 3 亿多的标王成本。事实上当年秦池支付的广告费只有 4000 多万元而已。问题的核心在于,通过媒体集中曝光的高速扩张路线风险极大。一方面,单纯的营销宣传无法取代产品品质的精进;另一方面,越高调越容易成为被攻击的靶子。所谓"墙倒众人推",任何负面丑闻被放大之后,都会成为企业倒塌的加速器。

然而并不是所有的局中人,都能看透这个道理。对走捷径式企业成功学的迷恋,让标王形成魔咒。第一届的标王孔府宴酒,第二、三届的秦池,第四届的广州爱多 VCD,包括后面的熊猫手机,都没能逃掉"其兴也勃,其亡也忽"的命运。

当然,对秦池酒来说,还有一层逃不掉的命运:1996 年、1997 年正是中国白酒产销的巅峰,随后便开启了漫长的萎靡。等到产销量重新回升,已是 10 多年后的 2010 年。秦池赶上了最好的年代,但白酒行业阶段性的落日余晖,并没有给它留下多少转型的时间。

05

　　加入 WTO,是我国的重大战略决策,是改革开放进程中具有历史意义的重要转折点;它同时标志着,我国对外开放进入一个新的阶段。

房地产暴利时代来临

1997 年 2 月 8 日，恒大地产集团有限公司成立。随后，恒大地产确立了"小面积、低价格"的发展模式。据悉，这是当时恒大基于对目标市场及市场规模的分析、对目标市场内一般消费者负担能力的评估，以及对可供使用的财务资源的估计而制定的。

恒大的嗅觉是灵敏的，在那个时代，要随时保持感觉的敏锐，才能跟得上改革开放的步伐。1997 年，恒大地产只在广州开发了 1 个项目；5 年后，恒大地产开始同时开发 10 多个项目，员工人数由 1997 年的不足 20 人，急速扩张到 2004 年的 2000 多人。

恒大的飞跃，是因为搭上了一艘开足马力的巨轮，这艘巨轮的名字叫"1998"。这一年的 7 月 3 日，《国务院关于进一步深化城镇住房制度改革加快住房建设的通知》(以下简称《通知》)文件正式出台，标志着房地产全面市场化的开始,从而开启了一个新的时代。有人称呼这个时代为"房地产业暴利时代"。

这份文件提出,深化城镇住房制度改革的指导思想是:稳步推进住房商品化、社会化,逐步建立适应社会主义市场经济体制和我国国情的城镇住房新制度;加快住房建设,促使住宅业成为新的经济增长点,不断满足城镇居民日益增长的住房需求。

这份文件的要求,可以用"刻不容缓"来形容。《通知》要求,当年下半年便开始停止住房实物分配,逐步实行住房分配货币化;全面推行和不断完善住房公积金制度。当年,中国建设银行发出了中国的第一份个人住房抵押贷款。贷款买房,正是从那时起正式开始的。

这一年,是万科进入房地产业的第 10 个年头,万达集团刚好创立 10 周年,碧桂园、保利地产、绿地集团 6 岁,SOHO 只有 3 岁,而恒大只过了一个生日。然而,1998 年对于它们来说,都是一个新的起点,一个可以"飞跃扣篮"的踏板。若干年后,它们都已成为叱咤风云的地产巨擘。

历史之所以选择了 1998 年,并不是偶然。有着改革开放 20 年的经济基础的积累,开启房地产市场的条件业已成熟。

早在 10 年前,1988 年 4 月 12 日,《中华人民共和国宪法修正案》就打破了关于土地使用权的禁令:土地使用权可以依照法律的规定转让。这短短的一句话,却标志着我国土地使用制度的根本性变革,土地使用权的商品属性正式被宪法确认,这是后来发生一切的前提。

就在 1988 年,中国第一个经过土地拍卖、按揭贷款的真正意义上的商品房小区——东晓花园在深圳竣工,当时售价为每平方米 1600 元。

除了中国经济自身有着改革开放"春风化雨"的功能外,外因同样成为这一重大政策诞生的有力助攻。1997 年,亚洲金融风暴爆发;1998 年,这场危机全面恶化,泰国、马来西亚、菲律宾、印尼、韩国、新加坡等国的金融市场纷纷遭受重击,全球经济形势也急剧变化。

市场经济还远远不够成熟的中国,受到的影响自然也不小。除了在香港与金融巨鳄索罗斯的"拼钱"鏖战外,1998 年中国 GDP 全年增长率跌至 7.8%,大幅度低于 1997 年的 9.2%、1996 年的 9.9%;而从 1992 年到 1995 年,中国 GDP 的增速曾连续保持在 10% 以上。

正是在这种"内忧外患"的背景下,也正是在中国经济极度渴求新鲜血液的背景下,1998 年才呈现出一种"箭在弦上"之势。当年 2 月 28 日,朱镕基主持召开国务院房改领导小组第三次会议。两个月后的 4 月 28 日,央行以"特急件"的方式将《个人住房担保贷款管理试行办法》发往各商业银行,正式宣布全面执行。该办法规定,贷款期限最长可达 20 年,贷款额度最高可达房价的 70%。5 月 9 日,中国人民银行出台《个人住房贷款管理办法》,倡导贷款买房。

然后到了 7 月,改变时代的《国务院关于进一步深化城镇住房制度改革加快住房建设的通知》正式下发。自此,中国房地产市场突飞猛进,没有"辜负"这份通知里的"深化""加快"二词,其爆发出的洪荒之力,简直超乎想象。

《通知》发出后 10 年里,中国房地产投资以每年百分之十几至二十几的速度飞奔;中国城镇住宅建设面积的扩张,可以用"两年一亿"来概括:1997 年刚刚跨过 4 亿平方米大关,1999 年便越过 5 亿平方米的门槛,2001 年又一举突破 6 亿平方米。

2018 年 1 月 18 日,国家统计局发布 2017 年全国房地产开发投资和销售情况统计数据。数据显示:2017 年全国房地产开发投资 109799 亿元,比上年名义增长 7.0%;2017 年商品房销售面积 169408 万平方米,比上年增长 7.7%。

回顾这 20 年,暴利时代的房地产业究竟有多暴利?中国指数研究院副院长陈晟曾在接受媒体采访时表示:"在房地产行业高速发展的前几年,房企的平均利润率超过 30%,有的甚至更高。"

从 1998 年到 2008 年的 10 年,被称作房地产的"黄金十年",2008 年之后,不少人指出,其实中国房地产已经进入"白银时代"。但这并不妨碍房地产市场依旧对大额资本极具吸引力,地王频出、房价高企、一房难求、各种限购政策出台等,都从侧面反映出房地产市场的火热与暴利。

另一个更加直接的数据是,近 20 年的中国富豪榜,来自房企的富豪几乎每年都能占据 Top10 的半壁江山,且有多人登顶。2018 年 5 月 8 日,2018 新财富 500 富人榜发布,在前 100 名中,依靠房地产业发家的大佬占比 1/5。

前文讲到的恒大,其创始人许家印在 1997 年还不足 30 岁,只有不足 20 名员工;在 20 年后发布的《36 计·胡润百富榜 2017》上,他以 2900 亿元成为中国首富。而在此之前,另一位地产大佬王健林三次坐上中国首富宝座,成为这个房地产暴利时代的一个脚注。

柯达收购中国胶卷

1998 年 3 月,胶卷感光行业的百年老店伊士曼柯达公司,在国际市场接连受挫之后,借着中国国企改制的浪潮,终于实现了绝地反击:出资 3.75 亿美元,收购中国汕头公元、厦门福达和无锡阿尔梅 3 家感光材料厂,同时与上海感光、天津感光和辽源胶片建立合作关系。

彼时的中国胶卷行业,一共有 7 家企业,柯达此举基本上是全行业收购。

虽然在那个"国退民进"的年代,国企改制浪潮浩浩汤汤,但是由外资统领中国胶卷的整个产业,还是前所未有的尝试。对于迫切渴望民族工业振兴的国人来说,在情绪上一时很难接受。

然而对于巨资进场的柯达来说,留给它的时间不多了——在日本市场上,柯达与另一个胶卷巨头日本富士的市场争夺战,以惨败收场;欧美市场上,柯达也没能逃掉德国爱克发的围追堵截,负债百亿美元。即便艰难地打进了国门初开的中国市场,柯达也只能屈居更懂中国人的东亚邻居日本富士之下。四面楚歌的柯达,迫切需要开拓新的市场。

对于柯达来说,中国市场可谓一座未经开垦的富矿。20 世纪 90 年代,中国人年均彩色胶卷消费量远远低于美国、日本等国家。不过在当时的产品竞争格局下,柯达本身就处于下风,所以它必须通过产业整合来渗透,取得相对于竞争对手的排他性优势。

在柯达四处拓荒的同时,中国的胶卷企业同样深陷泥潭之中。像厦门福达和汕头公元在 20 世纪 80 年代从柯达和富士引入了生产线,但它们和改制潮之前的多数民族企业一样,缺少市场竞争意识,管理低效、经营不善,一身国企病,背上沉重的经济包袱。这样的企业生产的产品对于进入中国市场的洋品牌来说毫无竞争优势可言。唯一表现好些的只有乐凯,这也成为它拒绝柯达收购的重要原因。

不过除了观念的障碍,柯达的收购在技术上也存在不小的难点。那时候政策层面对外资的限制相当严格。所以,收购行动从 1994 年就开始动议,但谈判一直持续了 4 年,到 1998 年才最终敲定。在这个过程中,时任国务院总理朱镕基扮演了关键角色。如果没有他力排众议,很难想象原本只是适用于中资企业的《公司法》,会特事特办地运用到外资企业上。

柯达提供资本和管理经验,中国胶卷行业提供资产,经过一系列辗转腾挪,全行业收购最终完成。而承诺投资 10 亿美元、将中国胶卷感光材料生产提升到先进水平的柯达,收获了 3 年的政策保护期回报:在 3 年之内,外资不得进入中国的感光材料生产领域。

随着本土化生产成为可能,柯达的产品在免除关税之后,得以以更低廉的价格优势,同被外资限制挡在门外的日本富士竞争,于是,竞争劣势迅速扭转,中国业务以每年 10％的速度上升,迅速成为中国胶卷市场的行业老大。到 2003 年,一直抵制并购的乐凯,也不得不接受柯达 1 亿美元换 20％股份的投资条件。

这场铤而走险的全行业收购,在民族情绪高涨、对外开放意识薄弱的年代,绝对是相当超前的举动,重装上阵的胶卷行业,的确甩掉了大包袱;柯达在中国市场上的巨资投入,还解决了下岗潮的难题,为国企改制提供了另外一种可能。

但对于柯达而言,中国市场这场漂亮的翻身仗,也成了它最后的辉煌。迈过千禧年的门槛之后,新的数码时代全面来临,在更便宜、轻便、好看的数码相机面前,传统的胶卷行业,显得古老而又笨拙。在新技术的冲击之下,柯达并没有多少抗衡之力,哪怕外资的政策保护期一直延续下去,被数码科技浪潮所淹没也是逃不掉的命运。

柯达并非没有另一种可能。1976 年,这家百年老店就已经研制出了全球首部数码相机,但考虑到对胶卷产业的巨大冲击,这项技术在柯达内部被边缘化。正是这种管理僵化、思维守旧的积弊,导致柯达在收购中国胶卷前的市场竞争中节节败退。

所以收购中国胶卷行业,一方面成为柯达的强心针;另一方面,基于排他性竞争优势所轻易获得的利润,让它失去了对即将到来的技术浪潮的商业警觉,也失去了技术创新、产业转型的动力。"98 协议"大获成功,反而成了柯达盛极而衰的伏笔。

2012 年 1 月 19 日,在无数次的转型失败之后,柯达提交了破产保护申请。这个巅峰期拥有 14.5 万全球员工的百年老店,在数码时代之后接踵而至的智能手机时代,消失得无影无踪。那场对中国胶卷的全行业收购,则成为值得回味的时代标志性事件。

厦门远华走私大案

　　1999 年,中国民众忘不了一件惊天大案——厦门远华走私大案。该案涉案资金高达 530 亿元人民币,偷逃税款 300 亿元人民币,堪称中国 1949 年以来查处的最大一起经济犯罪案件。2000 年 11 月 8 日,远华走私案在厦门、福州、泉州、漳州、莆田 5 市的中级人民法院一审公开宣判,14 人被判死刑。

　　1999 年 4 月,中华人民共和国海关总署纪检组和监察局接到一封长达 74 页的检举信,信中检举揭发了厦门远华走私犯罪集团利用包括行贿在内的各种手段走私数百亿元商品,而且其中还涉及公安部原副部长李纪周等一众官员的腐败问题。

　　这封检举信引起了中央高度重视,中央下定决心来一次大清查。1999 年 4 月 20 日,中央做出批示,决定以海关为主,中央纪委组织协调彻底查清此案。4 个月后,1999 年 8 月 18 日,办案人员正式进驻厦门,拉开了厦门特大走私案查处工作的庞大序幕。

不过,厦门远华国际创始人、董事长赖昌星果然手眼通天,在办案人员来到厦门当月,便携全家外逃至加拿大。

2000 年年初,中央派出了史无前例的"四二〇专案调查组",横跨纪检、监察、海关、公安、检察、法院、金融、税务等部门,办案人员最多时达到 1100 多人。在专案组的全面摸排调查下,很快,厦门特大走私案及相关的职务犯罪的案情被基本查清。在这期间,共有 600 多名涉案人员被审查,事后有近 300 人被追究了刑事责任。

案件的罪魁赖昌星,既可以说是一个传奇,也可以说是一个混世魔王。1958 年 9 月,赖昌星出生在福建晋江的一个农村,早年在当地以收破烂为生。20 世纪 70 年代,赖昌星偷渡到香港从商。20 世纪 80 年代,乘着改革开放的东风,赖昌星又以港商身份回晋江发展,出任晋江市外商协会负责人及泉州同乡会负责人。

1991 年 2 月,赖昌星将户口迁到了香港,洗刷了偷渡的"黑历史",摇身一变成为名正言顺的香港居民。同年 6 月,赖昌星在香港注册成立"远华国际有限公司"。1994 年年初,他将公司业务扩展到了厦门,成立"厦门远华集团有限公司",逐渐开始了大规模的走私活动。

在从事走私活动的 5 年间,赖昌星长袖善舞,行贿对象上至省部级大员,下至基层小职员。此外,还不放过从关键官员的家属、亲戚等外围人员入手的机会,围猎高官,进而俘获权力,为己谋利。媒体曾披露,涉案的国家工作人员主要分布在厦门市委、市政府、公安机关、海关、银行等部门。

在一众涉案官员中,有省部级干部 3 人,厅级干部 8 人,至于处级以下干部,几乎难以统计。其中,在该案中,因受贿罪、玩忽职守罪被判处死刑,缓期两年执行的公安部原副部长李纪周,还有一个身份是全国打击走私领导小组原副组长。而且,李纪周不仅与远华走私大案有牵连,与广东湛江走私案、深圳海关走私案也都有牵涉。职务犯罪荼毒之严重,令人震惊。

从1978年改革开放以来,伴随着经济生活的逐渐开放,贪污腐败的问题就凸显出来。厦门远华走私案,正是其中一个集中反应。一个"小官大贪"的例子是,厦门海关东渡办事处船管科原科长吴宇波,一人索取、收受贿赂就高达874.7万元,这在当时绝对算得上是一笔巨款。

远华走私案随着远华集团经营者和涉案官员一一伏法而逐渐平息;但是,赖昌星的外逃,始终是最大的遗憾。

2011年7月23日早晨,潜逃了12年的赖昌星,在加拿大警察押送下遭返中国。2012年2月,赖昌星涉嫌走私、行贿犯罪一案,由厦门市人民检察院提起公诉;5月18日上午,赖昌星一审被判处无期徒刑,剥夺政治权利终身,并处没收个人全部财产。

至此,漫长的远华集团特大走私案算是画上了一个句号。但句号之外,留给世人的,却是有如当头棒喝一般的叹号。该案涉案资金之多、波及范围之广、恶劣影响之大,触目惊心,这提醒致力于中国改革开放伟业的人们,要时时警惕,既以此为耻,也以此为鉴。

三大电信巨头崛起

今天早已习惯了电话沟通的人们，一提起电信运营商，脑海中首先浮现的便是移动、联通与电信。但如今三足鼎立的电信格局，也不是瞬间形成的，而是有着较为漫长的历史流变。三大电信运营商的格局之变，也是在不断重组中走向稳定。而最晚到2000年，才形成了现在三足鼎立的雏形。

中国最早的移动通信管理机构，要追溯到1986年，当时的邮电部电信总局下设了移动通信处，管理移动通信运营。8年之后的1994年，才有了另一家与之竞争的电信公司——吉通公司，但这并未对中国电信构成多大威胁。而在同年7月，电子工业部联合铁道部、电力部以及广电部成立了中国联通，就此打破中国电信的垄断地位。

改变只是刚刚开始，中国的市场化改革继续体现在电信业的流变上。1999年，国务院批准中国电信改革方案：中国电信分拆成中国电信、中国移动和中国卫星通信公司 3 家公司。

▲中国电信集团公司、中国网络通信集团公司在京正式成立。

2000 年是一个关键年份。这一年 4 月,在国家电信体制改革方案的部署下,中国移动通信集团成立;5 月,中国电信集团成立,它当时是中国最大的基础网络运营商;同样是在这一年,中国联通在香港、纽约分别上市,共筹资 56.5 亿美元,进入全球首次股票公开发行史上的前十名。

三大电信集团在这一年的大手笔,为后来的三足鼎立奠定了基础,尽管随着当年中国铁通的成立,中国电信行业仍然是电信、移动、联通、网通、吉通、铁通、卫通七雄争霸的格局,但未来的局势已经逐渐明朗。

2000 年,不管是中国移动或中国电信集团的成立,还是联通的上市,对三家企业都有着至关重要的作用。

中国移动在当年 4 月份成立后,资产规模超过 4000 亿元,成为中国最大规模的企业之一。公司成立之后,在当年便表现出了明显的市场效应:打破依据行政区域层层设立管理机构的惯例,运营机制市场化;移动电话客户总数以平均每月 230 万的速度增长,截至 2000 年年底达到 6579 万户,客户增长规模化;其全面开放的"神州行"智能网预付业务,让其随后与"全球通"一道成为家喻户晓的两大品牌,业务发展多样化。此外,中国移动在企业管理、企业合作与工程建设上都取得突破性进展。

中国电信集团的成立,也让它迎来了迅速发展。改组后的电信,主要经营固定电话、移动通信、卫星通信、互联网接入等业务,成为特大型国有通信企业,并且连续多年进入世界 500 强企业。

而中国联通上市之后,即成为三大运营商中第一个进入国际资本市场的电信巨头,为电信国企探索市场化经营机制树立了一个标杆。就其本身的发展来看,上市之后的联通,也初步完成了现代企业制度的改造,为其此后走向海外打下了基本的框架基础,对探索电信改革路径产生了重要影响。随后,在 2002年,联通又在上海证券交易所挂牌上市。在 2002 年 12 月和 2003 年 12 月,联通又先后两次完成 9 个省区市移动业务和资产的注资,实现了核心业务的整体上市。

也是在 2002 年,原有的电信集团被南北拆分,北方九省一市划归中国网通,成立新的中国电信集团公司,至此,电信行业也有了"南电信""北网通"的局面,中国电信集团二次挂牌成立。

此后,从 2002 年到 2008 年,中国电信业格局反复变化发展,始终伴随着竞争底色,可谓是"在竞争中发展,在发展中竞争",未有大变。而一直到了 2008年,电信重组方案出炉:中国电信收购中国联通 CDMA 网,中国联通和中国网通合并,中国卫通的基础用户电信业务并入中国电信,铁通并入中国移动。自此,中国的电信行业的"三国时代"彻底形成。

　　回顾中国电信运营商的历次分分合合,都是在市场化改革之路上的一次次尝试,至少从表面看,其打破垄断的意图也是十分明显的。但以国民的用户感知来看,电信行业的市场化改革仍然道阻且长——资费与网速的问题,这些年一直是普遍的用户痛点,在国务院的屡次催促之下,漫游费用取消,三大电信运营商开始让利于民,但这还远远不够。

　　屡经流变的电信运营商,在移动互联网时代也迎来更大的敌人。面对移动智能设备与移动互联网的挑战,运营商传统的电话、短信业务受到极大冲击,加上新兴互联网企业的崛起,4G、5G 时代,运营商的生存空间愈加逼仄。纷纷表态布局移动互联网的三大运营商,如何在移动互联网时代找到生存之道,仍是一个巨大考验。

中国加入世贸组织

1992 年 1 月,刚出任对外贸易经济合作部国际司司长、还不到 50 岁的龙永图恐怕想不到,在接下来的 10 年里,他将一直奔波在中国"复关"和"入世"的第一线,从黑发熬成白发。并且,他的名字将和"中国入世"一起被载入史册,并家喻户晓。人们谈起"中国入世"想起龙永图,就和谈起篮球想起姚明一样自然。

龙永图的这段人生,堪称"十年磨一剑",也可以说是中国"入世"谈判历经磨难、艰苦卓绝的一个直接反应。但实际上,中国"入世"的历程和艰辛,是在任何一个人身上都无法完整、深刻体会的。

这要从 1947 年说起。当年 10 月 30 日,关贸总协定(GATT)在日内瓦签署,并于 1948 年 1 月 1 日开始实施。关贸总协定是一个政府间缔结的有关关税和贸易规则的多边协定,它的宗旨是通过实质性削减关税和其他贸易壁垒,消除国际贸易中的歧视待遇,促进国际贸易自由化。

这份"临时适用"的文件,后来由于美国没有批准《国际贸易组织宪章》,"适用"了近 50 年。需要点出的是,中国当时正是创始缔约国之一。中华人民共和国成立后,败退到台湾的国民党政府于 1950 年宣布退出 GATT,于是在几十年后,出现了所谓的"复关"问题。

1986 年,已经改革开放了 8 年的中国,向 GATT 递交了"复关"申请,从此开启了长达 15 年的、双边谈判和多边谈判交叉进行的"复关"和"入世"的漫漫长征路。

GATT 于 1987 年开始,对中国经济贸易的体制进行审议。一般来说,这个过程对于一些实行资本主义制度的西方国家很简单,花不了很长时间。但对于当时连"社会主义市场经济"都没有提出、刚刚改革开放不足 10 年的中国来说,各方意见分歧种种,也就意味着困难重重。

龙永图曾接受采访称,当时谈判最大的困难,就是要证明中国确实是在进行经济体制改革,确实有能力执行那一套多边规则。但是,当时中国的经济体制还被概括为"市场调节和计划调节相结合的商品经济体制"。这种理论分歧,让谈判双方根本无法在一个频道上对话,甚至会出现越解释越复杂的尴尬。

直到 1992 年,邓小平南方谈话提出了在社会主义的条件下也可以搞市场经济的理论。1992 年 10 月,十四大正式提出了中国经济体制改革的目标是建立社会主义市场经济体制;10 月,在日内瓦的第 12 次中国工作组会议上,中国代表团团长对全场宣布,中国也是搞市场经济的,不过它是在社会主义条件下的市场经济。

至此,谈判打开了新局面。确认了中国要搞市场经济后,从 1993 年开始,谈判进入了第二阶段,也就是开放市场的谈判。谈判的焦点是,中国虽然是愿意开放市场的,但是作为一个发展中国家,又要根据实际国情来决定开放的具体事宜。围绕着开放市场的范围、速度和条件,中国代表团和美国、欧盟交缠了多年。

1994 年,正当中国的"复关"大计还在努力过程中,关贸总协定这个组织被取消。当年 4 月 15 日,在摩洛哥的马拉喀什市举行的关贸总协定乌拉圭回合部长会议决定,成立更具全球性的世界贸易组织(WTO),以取代"临时"运行了47 年的关贸总协定。

1995 年,WTO 正式取代临时适用的 GATT,成为一个永久性的正式国际贸易组织,协调的范围从货物贸易扩展到服务贸易和与贸易有关的知识产权等领域。中国的谈判,也开始从"复关"进入"入世"。

1999 年 11 月 15 日,从"复关"申请开始,历经 13 年的交锋博弈之后,中美终于达成协议。美国这个拥有 6000 多根(后来精简到 4000 多个商品)"线头"的线团终于被一一解开后,中国的谈判形势如同拨云见日,打开了新局面。这标志着中国"入世"谈判第二阶段的基本结束。

两年后,2001 年 11 月 10 日,在卡塔尔多哈举行的 WTO 第四届部长级会议通过了中国加入世界贸易组织法律文件,中国终于在法律意义上成为世界贸易组织新成员,消息传入国内,举国沸腾。2001 年 12 月 11 日,我国正式加入WTO,成为其第 143 个成员。

加入 WTO,对于寻求开放的中国来说,如同终于张开了双翼,在贸易全球化和经济全球化的天空中飞翔。数据显示,2001 年我国进出口总额只有5100 亿美元;2017 年,这一数字已经达到了 4.1 万亿美元,约为"入世"前的8 倍。

进口方面,中国货物贸易进口额由 2001 年的 0.24 万亿美元升至 2017 年的1.84 万亿美元,增长了 6.7 倍。出口方面,中国货物贸易出口额由 2001 年的

▲2001 年 11 月 10 日晚 6 时 38 分(卡塔尔首都多哈当地时间),世界贸易组织(WTO)第四届部长级会议审议通过了中国加入世界贸易组织的申请。中国将从 12 月 11 日起正式成为世贸组织成员。外经贸部部长石广生在会议横幅上签字留念。

0.27 万亿美元增加到 2017 的 2.27 万亿美元,增长了 7.4 倍。从 GDP 贡献率看,2001 年,中国实际 GDP 对全球增长贡献率仅为 0.53%,2017 年这一数字飙升至 34% 左右,中国经济占世界经济的比重提高到了 15.3% 左右。

2018 年 6 月 28 日,国务院新闻办公室发表《中国与世界贸易组织》白皮书,商务部副部长兼国际贸易谈判副代表王受文表示,2002 年以来,中国对世界经济增长的平均贡献率接近 30%,成为拉动世界经济复苏和增长的重要引擎。可以说,中国的"入世"打开了全球多赢的局面。

而对于中国人民来说,某种意义上,"入世"也意味着生活更加美好和丰富多彩起来,也为很多人的人生提供了多种可能。加入 WTO,是我国的重大战略决策,是改革开放进程中具有历史意义的重要转折点,它同时标志着我国对外开放进入一个新的阶段。

李书福的造车梦

2001 年 11 月 9 日,国家经贸委发布公告,吉利成为中国首家汽车民营企业。

"我从小就有一个梦,自己能造出汽车。这个车中国人能买得起,可以奔跑在世界各地。"李书福曾在多个场合说起过自己这个儿时的梦想,而在 2001 年,他的梦想成真了。

1963 年,李书福出生在浙江台州路桥区一个普通的农村家庭,家里排行老三。1982 年,李书福从父亲那里得到 120 元,买了台"海鸥"照相机,骑着一辆自行车到处给人拍照,生意还挺不错。接着,他开了一家照相馆,在拍照赚钱的同时,还从冲洗照片的废弃液中提取高纯度银。就这样,短短几年时间,李书福成了百万富翁。

后来,并不满足于小打小闹的李书福,看上了冰箱这门生意。一开始,李书福只是生产制造冰箱零部件,但当他看到冰箱行业广阔的市场前景时,便决定生产电冰箱。但是在当时,由于民营经济还没有获得国家的正式承认,像冰箱这种国家统一配售的商品,其生产不可能获得有关部门批准。

李书福最后还是决定冒险一试。1986 年,李书福和自家兄弟创办了浙江台州北极花冰箱厂。当时,正巧遇上全国市场对家电的"抢购狂潮",李书福的冰箱厂生产冰箱才两年多,销售额就达到 4000 多万元,并与青岛红星厂合作,为红星厂生产冰箱、冰柜。

不过,冒险终归要付出代价,1989 年 6 月,国家规定电冰箱要实行定点生产,李书福的北极花只是一家私营工厂,显然不能再生产了。于是,在把工厂资产上交给乡政府后,李书福去深圳上了大学。

或许,这也是命运的安排,虽然中国从此少了一个冰箱巨头,但在不远的未来,却崛起了一家令人尊敬的民营汽车巨头。

上大学期间,李书福偶然间发现了一种叫作铝镁曲板的建材,当时在国内还没有企业生产,全靠进口,因此利润很高。于是李书福返回台州重新创业,并凭借着价格优势迅速打开市场。这是李书福创业路上的又一次成功,直到现在,这家名为"浙江吉利装潢材料有限公司"的企业仍然是吉利集团业务的一部分,每年有上亿元的利润。

虽然李书福很早就有汽车梦,但真正开始接触汽车产业是在 20 世纪 90 年代之后,而且李书福也不是一上来就想着要造汽车。靠着建材市场积累的财富,李书福先进军了摩托车市场。

1994 年,李书福生产出市场上第一辆踏板式摩托车,其外形与日本、中国台湾的摩托车差不多,但后者的价格至少要 1.7 万元,而李书福的摩托车只卖8800 元,如此大的价格差使得吉利很快占据了大陆踏板式摩托车市场,逐渐还出口到美国等 32 个国家和地区。1999 年,吉利摩托车产销 43 万辆,实现产值15 亿元,那时的吉利集团,也因此赢得了"踏板摩托车王国"的美誉。

在生产摩托车期间,李书福没有忘记自己的汽车梦,一直在鼓捣着如何造辆汽车出来。1989 年,李书福买了一辆轿车。没用几年,李书福就把它给拆了,一番研究之后,他得出一个惊人的结论:"造车有什么了不起的,不就是四个轮子,两张沙发,一个方向盘,一个发动机,再加上一张铁皮吗?"

1994 年,李书福买了人生的第一辆奔驰车,不过他也给拆了。之后他又跑到一汽,买回红旗的底盘、发动机和变速箱等。由于奔驰和红旗这两个品牌的车的关键尺寸比较接近,所以折腾了一段时间,李书福便组装出了"吉利一号"。当时,李书福开着"吉利一号"在台州临海市区转了一圈,并在报纸上投了广告,居然还真有人前来咨询价格。

不过,这辆拼接起来的"吉利一号"在性能上很难过关,没开多久就出现了问题。而且,"奔驰加红旗"的制作成本太高,没有大量资金、技术支持的李书福根本玩不了。于是,李书福索性改走小型车路线,造"老百姓买得起的汽车"。当时,夏利正好推出一款新车,李书福买了几辆回来后,又开始研究起来。

技术并不是摆在李书福面前的唯一门槛。当年,一家民营企业想要造车,那是根本不可能的事。首先是资质问题,这简直就是一道天堑。那时国家刚刚出台新的汽车产业政策和目录,确定了国内汽车业的格局,吉利显然不在其中。其次是资金问题,当年桑塔纳的一条生产线,国家就投入了十几个亿,而李书福只有 1 个亿的资金。还有就是人才问题,后来在被人问及吉利第一款车的设计师是谁时,李书福的回答很简单:"钣金工。"所以在外人眼里,一心想造车的李书福简直成了"疯子"。

没有资质,也就意味着当地政府不会给李书福批造车用的场地。不过,李书福先是以扩大摩托车产能为由,向临海市政府批了 800 亩用地。后来一次偶然的机会,李书福打听到四川德阳某监狱下属汽车厂有生产汽车的许可证,便千里迢迢找上门去,通过注资 2400 万元拿下该厂 70% 的股份,合资成立了"四川吉利波音汽车制造有限公司"。

就这样,1997 年 3 月,吉利控股集团在临海开始筹建汽车制造厂,首期工程于 1997 年完工。1998 年 8 月 8 日,一个非常"吉利"的时刻,第一辆二厢轿车吉利豪情下线,这辆车前面看像奔驰,车型模仿的是夏利,发动机用的是丰田 8A 发动机,变速箱则是由菲亚特生产的。

但是，吉利豪情的下线却并没有给李书福带来胜利的感觉，反而让他很绝望。下线仪式前，他发出去 700 多张请柬，但没有一个官员和名流愿意来捧场，原因很简单，因为吉利是"黑户口"，没有人敢正面支持他。

1999 年，当时主管工业的国务院副总理曾培炎到吉利视察。为了拿到生产资格，李书福表示："请允许民营企业大胆尝试，我们不要国家一分钱，不向银行贷一分钱，一切代价民营企业自负，不要国家承担风险。如果失败，也请国家给我们一次失败的机会吧！"曾副总理表示："我不反对你们造车。"就这一句话，让李书福放下了那颗悬了多年的心。

接着就来到了本文开头提到的这个重大日子：2001 年 11 月 9 日，国家经贸委发布《车辆生产企业及产品（第六批）》，吉利 JL6360 出现在产品目录上，这就意味着正式明确吉利是国家汽车定点生产基地，吉利终于拿到期待已久的"准生证"。

而在不到 10 年后的 2010 年，吉利控股集团完成了对沃尔沃轿车公司的全部股权收购。这是中国汽车行业最大的一次海外并购，也是吉利作为民营汽车企业的一次漂亮逆袭。

伊利 MBO 变局

2002 年对于中国乳业而言,是一个非常重要的年份。

这一年,中国的两大乳业巨头伊利、蒙牛的掌门人郑俊怀和牛根生,都做了一个惊心动魄的决定,进行了一场 all in(押上全部筹码)的人生赌博。

2004 年 12 月 17 日,内蒙古自治区检察院对伊利公司个别高管人员的经济问题正式立案调查,"因涉嫌挪用公款",董事长郑俊怀、副董事长杨桂琴、董事郭顺喜、财务负责人兼董事会秘书张显著以及证券事务代表李永平均被刑事拘留。

事后经查明,原来是伊利股份进行 MBO 惹的祸。

MBO(Management Buy-Outs),即管理层收购,是指公司的管理者利用借贷所融资本或股权交易购买本公司的股份,从而改变公司所有权、控制权和资产结构,使企业的经营者变成所有者。

1950 年 9 月出生的郑俊怀有中国"乳业教父"之称。为解决 MBO 问题，早在 1999 年，以郑俊怀等为首的伊利管理层就开始酝酿管理层持股。不过，根据云南财经大学金融学院副教授边小东的研究，始于 2002 年的"国债事件"是伊利 MBO 的实际开始时间。

在 2002 年 10 月 18 日一次董事会上，郑俊怀提出了利用闲散资金进行国债投资的想法。11 月开始，伊利分 5 次向子公司牧泉元兴公司打入资金，用于在金通证券进行国债投资，共计 2.8 亿元。

2003 年 3 月，伊利股份公告称，呼和浩特市财政局拟将所持 2802.87 万国有股（占总股本的 14.3％）转让给金信信托投资公司，转让价格为每股 10 元。4 个月后，金信信托正式成为伊利股份的第一大股东，代价一共是 2.8 亿元——与伊利在金通证券进行国债投资的资金总额相同，而金通证券正是金信信托的控股子公司。

当时，在呼和浩特有这么一个传言：雀巢曾经找过呼和浩特财政局购买伊利股份，开价高达每股 20 元，但是呼和浩特财政局没有卖，反而后来以每股 10 元的价格卖给了金信信托。

对于伊利投资国债，当时的独立董事俞伯伟感觉可能与 MBO 需要资金有关，并怀疑国债投资是伊利股份资金体外循环的通道。

2004 年 6 月 15 日，俞伯伟、王斌、郭晓川三位独立董事将签了名的《关于独立董事声明的说明》递给伊利股份董事会，提出聘请审计机构查账。第二天，伊利股份召开的临时董事会通过了"公司监事会关于提请股东大会免去俞伯伟独立董事的议案"。

被罢免的俞伯伟于是向证监会举报。据称，证监会对伊利进行内部调查的报告最终有 2700 多页。证监会的调查结束后，司法便开始介入。

2005 年的最后一天,包头市中级人民法院以"挪用公款罪"分别判处郑俊怀有期徒刑 6 年,杨桂琴、张显著有期徒刑 3 年,李永平有期徒刑 2 年,郭顺喜有期徒刑 1 年缓刑 2 年;5 名被告人挪用公款所购买股票的非法所得部分依法予以追缴。

现在复盘,郑俊怀等人是以国债投资委托理财的名义,变相挪用公款,然后再通过国债回购,变相融资进行 MBO。

落马之前,郑俊怀在乳业界的口碑不错。当时有文章这么评价他:"郑俊怀本人并不贪,他在 2002 年说过,他并不想成为千万富翁、亿万富翁,只是想退休后仍能保持与企业的血脉联系。郑俊怀一家至今仍住在普通公寓房里,'他一分钱也没往家里多拿过',其爱人在接受记者采访时如是说。"

那么,究竟又是什么令郑俊怀乱了方寸呢? 有观点说,是伊利同城的小兄弟蒙牛。

1999 年 1 月,原伊利股份的副总裁牛根生创立了蒙牛乳业。在经历了国内上市的失败后,2002 年 9 月,蒙牛与摩根士丹利、鼎晖、英联三家国际资本走到了一起。

2004 年 6 月,蒙牛乳业在香港证券交易所上市前,招股书里披露了一条摩根士丹利等投资者与牛根生等蒙牛管理层签署的对赌协议:

在 2004—2006 年三年内,如果蒙牛乳业的每股盈利年复合增长率超过 50%,三家机构投资者就会将最多 7830 万股(相当于蒙牛乳业已发行股本的 7.8%)转让给蒙牛高管团队;反之,如果年复合增长率未达到 50%,蒙牛管理层就要将最多 7830 万股股权转让给机构投资者,或者向其支付对应的现金。

按照协议要求,蒙牛乳业 2004 年的净利润是以 3 亿元为界限,而蒙牛公布的 2004 年业绩为 3.19 亿元。这意味着,蒙牛在 2006 年的税后利润要达到 5.5

亿元以上,如果税后利润率保持4.5%,则2006年销售额需要在120亿元以上。当时蒙牛的年销售额只有40亿,要实现3年后销售额达到120亿以上的目标,最有效的办法就是进行市场整合,收购其他强大的竞争对手。

有研究者估算过,那个时候用差不多6亿元人民币就可以吞并伊利这个年销售额接近100亿元、年纯利近3亿元的乳业巨头。方法是,蒙牛只需要受让呼和浩特市地方政府持有的2800万股国有股,就可以轻松取得对伊利的控制权。因此,郑俊怀要自保,使蒙牛的可能收购变成泡影,通过MBO是一个非常有效的办法。

不过,牛根生等人最后也没有收购伊利,而是借赞助航天员杨利伟上天、超级女声等机遇进行市场营销,提升品牌的影响力。摩根士丹利等三家投资机构最终输了6260万股(市价约合4亿港元),但由于蒙牛业绩快速增长,导致上市后股价上升,三家基金的可转换债券行权得到的股票价值也高达20亿港元,各方都成了赢家。

郑俊怀等人则因挪用公款借道信托完成MBO事发而锒铛入狱。2005年4月7日,伊利股份宣布,内蒙古呼和浩特市国资委下属的国有独资公司——呼和浩特投资有限责任公司,以每股5.352元的价格接手第一大股东金信信托所持有的伊利全部14.33%股权。由此表明,这一次的伊利股份MBO最终还是以国资委收回金信信托所持股权而寿终正寝。

客观而言,郑俊怀及其周围的一众管理层对推动伊利早期的快速发展功不可没,而作为一种股权激励的有效手段,企业进行MBO也并不为过,关键是其中的程序一定做到公开、公正、公平,否则,就有瓜田李下之嫌,尤其是在国有企业间进行MBO,处理得不好,很容易造成国有资产的流失。

直到今天,当年伊利股份MBO后遗症的影响仍然存在。出狱后的郑俊怀多年来一直在上诉追讨,要求拿回他认为是"属于自己的那笔财富",但是一次又一次地败诉了。

2018 年 3 月,网上出现了"伊利集团董事长潘刚失联"的谣言。4 月 5 日,《新京报》刊发了对伊利执行总裁张剑秋的采访,称谣言案与伊利集团一位前高管"脱不了干系"。尽管在采访中张剑秋没有直接点名,但熟悉伊利历史的人,还是一下子就将此事与郑俊怀联系了起来。

说起来,历史就是这么巧。当年伊利五高管被刑拘。2004 年 12 月 22 日,《21 世纪经济报道》上有这么一段报道:"一位自称伊利股份现任总裁潘刚的朋友的人说,他依稀记得潘刚告诉过他,在金信信托的委托权益中,潘刚占 18%。但是,出于谨慎,潘刚最终没有签署这份委托协议,郑俊怀无奈,只好替潘刚签了字——这也许可以解释,为什么在现今被抓的人员名单中没有潘刚。"

潘刚,2002 年 7 月开始成为伊利集团总裁,2005 年 6 月起担任伊利集团董事长,个人自 2013 年起出现在伊利股份前十大股东中,截至 2018 年 3 月 31 日持有伊利 3.91% 的股份。

06

改革开放早期,长三角、珠三角一带的民营企业,正是靠着廉价劳动力的优势,发展外向型经济,让中国成为世界工厂。这种经济增长模式,因为城乡之间的收入落差,维系了 20 多年。但随着民工权利意识的觉醒,加上其数量的增长赶不上民营企业发展速度,劳动力市场上的供求关系和博弈能力发生了变化……

温州炒房团来了

有人说,温州人是"蝗虫",所到之处,房价飞涨,"温州炒房团"更是令当地的老百姓怨声载道,望房兴叹。

现在已是浙商研究会副会长的资深媒体人胡宏伟,2004 年在其所著的《温州炒房团》①一书中,梳理了"温州炒房团"称谓的微妙变化:先从"看房团",到成为"购房团",再演变成"炒房团"。

参照胡宏伟在书中的描述,关于出现在 2003 年前后的"温州炒房团",其前世今生基本可以划分为四个阶段:

第一阶段,2000 年前后,温州购房者的身影开始在一些媒体上若隐若现,但并未引起人们特别的注意。不过,在此前几年出现过一波温州人在上海的"购

① 胡宏伟.温州炒房团[M].杭州:浙江人民出版社,2004.

房潮"。1994年2月,上海对外来常住人口首次实行蓝印户口政策,规定在上海投资、购房的外省市来沪人员,可登记加盖蓝色印章以示户籍关系的户口凭证。户口的诱惑,使温州人蜂拥而入。

媒体曾报道了这样一则趣事:1996年,一个在温州本地读高一的女孩,当时和大多数同学一样,家在温州,高二时同学家纷纷在上海置业,到高三毕业后1999年聚会时,已有近半同学迁居上海。

第二个阶段,2001年8月18日,由温州晚报社组织的第一个媒体购房团抵达上海,至此温州购房团"作为一个特定的概念频频亮相,并在他们开赴一座座城市的脚步声中不断激起越来越炫目的浪花"。据称,当时上海房产协会甚至还收到上级部门指示:"一定要把温州看房团服务好。"这一次,150多个温州人在上海砸下了5000万元;两个月后,另一个温州购房团抢滩上海,成交额增至8000万元。

第三个阶段,2003年下半年,"非典"阴影日渐消散,一些地方楼市开始进入价格上涨的疯狂期,大小媒体也同时进入了"言必称温州购房团"的阶段,神秘买家满天飞,骇人内幕连响炮,报道再报道、转抄再转抄,几近沸点。

媒体报道,2003年11月23日,温州购房团包了3架飞机到深圳看房,开售当天包揽了深圳新龙岗商业中心二期的上百套商铺。之后温州购房军团又在12月12日至14日为期3天的深圳房展(温州)推介会上,扔下1.3亿元,成为深圳400多套住宅或商铺的业主,一股"深圳地产温州风暴"在南方各大媒体上刮起。

第四个阶段,2004年4月初,市场上惊爆温州市政府叫停炒房团的信息,事件发展陡然白热化,一般事实类的报道迅速让位于观点鲜明、针锋相对的唇枪舌剑。

2004 年 4 月 8 日,新华社刊发题为"反思'温州购房团'现象"的文章,称"温州人在房地产市场一不偷二不抢三不骗,没有采取任何不健康、不道德的手段投资房地产,我们应该以理性和宽容的态度看待他们。温州人捕捉商机的本领值得人们学习"。同日,地产大佬任志强在《南方周末》上发文,也力挺温州购房团,认为"政府应为温州购房团发'英雄'奖章"。

反对的声音,除了当时网络的一片骂声之外,令人印象最深刻的就是,此前不久同样发在《南方周末》(2004 年 3 月 18 日)上署名为"中国社会科学院金融研究所尹中立博士"的文章。在这篇题为"不能再对'炒房行为'听之任之"的文中,尹博士指出:"房地产炒作对经济的刺激作用是透支性的,效果是短暂的、虚幻的,最终还是要受制于老百姓的真实需求。从这个意义上说,房地产炒作对经济发展的刺激作用与毒品对人体机能的刺激作用具有相当的一致性。"

几年内,温州炒房团的足迹遍布北京、上海、广东、浙江、四川等全国 15 个省区市,东起辽宁大连,西至新疆伊犁,南到海南海口,北达内蒙古,从全国的省会与中心城市、二级城市乃至一些县级市的售楼处,几乎都可以看到温州人的身影。温州炒房团甚至还走出国门,到了美国、迪拜等地购房。所到之处,当地房价都一路狂飙,一时间,温州炒房团广为人知,以至于当地人都惊呼"狼来了!"

2003 年前后的温州炒房团究竟有多少人,又撬动了多少资金? 2003 年 9 月 22 日,上海的《东方早报》在头版头条刊登了一篇题为"温州千亿民资全国炒楼"的报道。经过三天的实地考察后,记者陈周锡第一次勾勒出了江湖传说已久的温州炒房团的全貌:"温州人不仅在本地炒房,而且还把目光瞄向全国各大城市……经多方求证、讨论,各方比较认同的数据是:10 万温州人在全国各地炒楼,动用民间资金约 1000 亿元。"

在温州 10 万炒房大军里,一掷千金的除了大小老板、企业家外,还有不少赋闲在家的太太们。有人统计过,在大批温州购房者中,女性比例大致占到 65%。"太太购房团"有个特点:看得细,问得清,舍得花大把的时间,俨然进商场购物。2004 年"三八节"前一天,《温州都市报》牵头成立了一个太太投资俱乐部,首批会员 180 人。数日后,45 名太太投资俱乐部会员,在上海拿下了 30 余套房子。

在《温州炒房团》一书中,胡宏伟得出了一个结论:温州人炒房是真的,温州人炒房发了财是真的,温州人炒房被推波助澜地夸大、被别有用心地操纵、被各循所需地异形化也是真的。

"房子是用来炒的",时隔 15 年之后再回首,你不得不暗暗赞叹温州人灵敏的市场嗅觉,并打心底里佩服温州人的远见。

为什么又是温州?

首先,可以说这是温州人的本能,是温州人致富冲动的本能反应。温州人有一个外号叫"东方犹太人",以比喻温州人像犹太人一样聪明,有着极为敏锐的商业嗅觉,很会做生意赚钱,哪里有商机,哪里就有温州人的身影。地球上有鸟儿飞不到的地方,但没有温州人到不了的地方,有人的地方就有温州人。差不多在世界的每一个角落,都有人说着难懂的温州话。

其次,当然是因为温州人有钱。2003 年,温州有个体工商户 20 多万户,民营企业 13 万多家,民营经济创造了 2300 多亿元的工业生产总值。外出经商的温州人约达 200 万人,相当于 4 个温州人中就有 1 个在外经商当老板。据不完全统计,截至 2003 年年底,温州地区居民个人存款量已高达 1650 多亿元,几乎占到全国个人存款总量的一成。

再次,就是手中有钱的温州人在本地找不到好项目,只好到外地投资——

炒房就是其中一种。一些先前从劳动密集型产业中完成资本原始积累的温州商人，由于文化层次不高，对其他金融、高科技等行业的适应能力很有限。相对来说，炒房投资不需要太高的科技含量，只需要胆识，一旦有人在楼市投资中赚了钱，依照温州人特有的亲情、血缘关系，很快就会有一批又一批的"追随者"跟进。一个聚集了强大资金的"温州炒房团"，就这样在短时间内出现了。

民企扎堆重型化发展

一般来说，工业产业结构由轻纺工业占优势向能源、冶金等重化工业占优势的方向发展，这种趋势就称之为"重化工业化"，也叫"重型化"。2003 年，中国民营企业出现了一场如火如荼的"重型化运动"，其代表有复星集团、沙钢集团、东方希望和鄂尔多斯集团等。

其实，这场运动发轫于新世纪初，到了 2002 年下半年开始逐渐进入高潮，钢铁、有色金属、机械、化工等这些"夕阳"产业更是迎来了一轮发展的春天，成为当时中国经济增长强有力的推动力量。与此同时，大量民营资本也在一旁对着原来基本被国家垄断的电力等能源行业虎视眈眈，伺机而动。

2001 年，复星集团开始从轻型化向重型化发展。当年 7 月，复星开始大炼钢铁，出资 3.5 亿元收购唐山建龙实业 30％的股份。2003 年，又与老牌民营钢铁企业南钢集团联合组建南京钢铁联合有限公司（南钢联），复星系实际控股 60％，并同时控股上市公司南钢股份，这一年，南钢股份实现净利润 4.89 亿元。同在 2003 年，南钢联与唐山建龙等还一起投资了宁波建龙钢铁厂。到 2003 年，复星在钢铁行业的投资超过 30 亿元，钢铁产业已经成为复星集团的重要产业发展方向。

在全国工商联公布的 2003 年度中国民营企业调研排序结果中，主营生物医药、房地产和钢铁的复星集团以 269.7 亿元的年营收仅次于声名赫赫的联想控股，跃居第二位。复星集团董事长郭广昌曾公开表示，2003 年复星的钢铁板块贡献了十七八亿元的纯利，而当时复星钢铁的年产能才六七百万吨。郭广昌说："三年前开始投钢铁的时候，我们连说都不敢跟人家说，因为跟任何人讲到投资钢铁大家都会反对。"

在 2003 年的民营企业排序榜单上，紧随复星集团之后的是江苏沙钢集团。这家位于张家港的企业主营业务只有钢铁一项，但在当年的营收却达到了 204 亿元，而此前一年（2002 年）沙钢集团则以 145.6 亿元的年营收仅次于联想控股，排在第二位，排名比复星集团还高几位。

在包头，头顶首富桂冠的四川人、"饲料大王"刘永行进入电解铝行业。2002 年 10 月，他的东方希望集团投资 100 亿元，建设百万吨级别的铝电一体化项目——包头希铝项目。刘永行投资百亿的铝电计划一经公布，就引发轰动，被媒体认为是"民营经济重型化的开始"。

对于在包头的投资，刘永行自有其通盘的考虑：自建发电厂，一边可以为东方希望最重要的饲料添加剂赖氨酸的生产提供廉价的电力和蒸汽，一边可以为电解铝厂提供低价的电力，如此一来，东方希望集团就可以在主业饲料上获得更强的竞争力，同时将电解铝变成集团第二主业。

在投资包头希铝项目的同时，刘永行还在山东聊城投资 7.5 亿元，进行铝锭及铝业深加工；在河南三门峡投资 45 亿元，建立年产 105 万吨的氧化铝工程；在北京召集 13 家民营企业，建议合组投资公司，扬帆出海，到国外投资氧化铝厂和矿产……

在首富效应的引领之下，当时也的确有一批实力强劲的民企走上了重型化的道路。

在内蒙古，在羊绒行业已经做到世界第一的鄂尔多斯集团虽然早在 2001 年就开始考虑进入硅铁行业，但是直到 2003 年 2 月 18 日，集团总裁王林祥才在公司六届三次职工代表大会上正式宣布：要在鄂托克旗的棋盘井工业园区新上马一个硅电联产项目，建一座 4×330 兆瓦的自备电厂和年产 70 万吨硅合金的硅铁厂，总投资大约 40 亿元。

"鄂尔多斯就是要找一个进入门槛稍微高一些，不是国内所有企业都能一哄而上去做的项目。"说起进入重工业的原因，王林祥这么讲。因为他发现，硅铁是钢铁生产不可替代的脱氧剂，而且在过去 12 年的市场价格总是在每吨 400 美元到 1000 美元之间摇摆，算得上是暴利。加上棋盘井自身具有丰富的煤炭资源，王林祥更是下定决心要自建电厂，形成了一条"煤—电—硅铁"产业链：电厂发出来的电，既可以用来冶炼硅铁，又可以出售给其他用电量大的公司，并在生产硅铁的过程中衍生出硅锰、金属镁、工业硅等下游产品。

2003 年是我国的"民营企业重型化元年"。当年，大小不一的民营企业踊跃地参与到我国新一轮的重型化运动当中，原因其实是多种多样的。

首先，这是民企的内在发展要求。许多民营企业，即使是在某一行业处于领军地位的企业，即使是在原来的领域继续将主业规模做大，也还是面临着边际利润下滑的尴尬局面，因此迫切需要寻找高利润的主导产业，实现产业转型。

其次，被高利润所吸引。由于经济体制的原因，我国的重化行业几乎都被国有及国有控股企业所垄断，如中石油、中石化、中海油"三桶油"垄断了国内的原油和成品油市场，中铝和五矿垄断了铝矿和氧化铝的生产，宝钢、首钢、鞍钢、武钢则占有了国内绝大部分的钢铁市场。垄断必然产生高额利润。

再次,有制度保证。为了促进市场经济的发展及国有企业改革,国家鼓励民营企业进入过去一直由国企垄断的行业去参与竞争,为此,国家逐步放开了重化行业,降低了进入门槛,破除了部分壁垒。

最后,有政策鼓励。2002 年,十六大提出要走"新型工业化道路"的口号,要走出一条科技含量高、经济效益好、资源消耗低、环境污染少、人力资源优势得到充分发挥的工业化道路,这对民营企业来讲是难得的发展机遇。

遗憾的是,这一轮进行得风风火火的民企重型化运动,在 2004 年遭到了重挫,众多民企正准备甩开膀子大干一场的热情被无情浇灭。2004 年春天,由中央政府掀起的一轮主要针对钢铁、水泥、电解铝等产业的宏观调控,直接将一大拨向重型化挺进的企业家以及他们的重型化产业梦想推到了进退维谷的境地。

由于项目多属于"先上车后买票",面对 2004 年这一场突如其来的"宏观调控风暴",无论是刘永行还是王林祥,都一度陷入了被动局面。据媒体后来报道,当年项目受阻,王林祥的脾气变得非常暴躁。而刘永行因为在银行没有还贷压力,同时在环保方面做得比较好,最后才涉险过关。

但江苏铁本钢铁的董事长戴国芳就没有这么幸运了。2004 年 4 月,位于常州的江苏铁本公司因违规建设钢铁项目被国务院查处,戴国芳被刑事拘留。差不多是在同一时间,刚开工不足一年的宁波建龙钢铁项目也因项目审批、土地手续、环保审批、银行贷款、外方资金、进口设备免税等方面的违规行为被责令停工。

因南钢联和唐山建龙合持有宁波建龙 35% 的股份,这两个股东的背后又都有复星的影子,因此,复星系旗下上市公司复星实业(即复星医药)、南钢股份、豫园股份等在宁波建龙事件中首当其冲,遭到波及后,股价应声而跌。

幸亏,郭广昌果断采取了两条应对措施:聘请著名国际会计师事务所安永对复星集团（包括非上市部分）进行全面的财务审计，将有关报告提供给利益关系人；调整战略，提出适度的多元化，但要坚决贯彻经营的专业化。同时请权威的国务院发展研究中心对集团做竞争力评估，才帮助复星化解了这场危机。最终，宁波建龙没有成为"铁本第二"，而复星也经受住了国家宏观调控的考验。

现在回看发生在 2003 年前后的这一轮轰轰烈烈的民企重型化运动，一个教训很重要，即民企在上马重型化项目时要清醒地认识到当地国企已经"先入为主"的现实，不能硬碰。毕竟重工业强调规模经济，又是资源消耗大户，在产业准入上的排他性很强，所谓"一山难容二虎"。

联想并购 IBM 的 PC 业务

2004 年,国内知名 PC(个人计算机)销售厂商联想集团突然宣布一项令人瞩目的交易:联想将以总价 12.5 亿美元代价收购国际著名 IT 品牌 IBM 的全球台式机业务和笔记本业务。其中,6.5 亿美元以现金方式支付,6 亿美元以股票转让方式交易。

不过,当时很多人都没有注意到一个细节,在这桩交易中,联想还需承担 5 亿美元的净负债。也就是说,联想收购 IBM 的 PC 业务总共需要支付约 17.5 亿美元,而不是 12.5 亿美元。

这桩交易在国内引起广泛关注是难免的,不说这么大规模的跨国并购在当时还十分少见,以联想当时的规模和体量(虽然彼时联想已经是国内 PC 行业的领头羊),收购 IBM 仍不免被人视作蛇吞象,甚至被赋予某种民族主义的象征意味。一开始,很多人根本没搞明白联想收购的只是 IBM 的其中一项业务,而这项 PC 业务在当时仅占 IBM 公司总收入 890 亿美元的 11％，只是一听说联想竟然要收购 IBM，就觉得不可思议。

实际上，对于 IBM 来讲，此举更多是在甩包袱，几年前 IBM 就在国际上寻找买主，联想并不是它一开始就锁定的买家，其洽谈对象包括了日本东芝等厂商。IBM 想卖掉 PC 业务也是无奈之举。虽说出售前 IBM 在全球 PC 市场中的排名位列第三，仅次于戴尔和惠普，但作为个人 PC 的开创者之一，这项业务不仅越来越无利可图，而且逐渐成为公司的负担。

这缘于 IBM 过早地放弃了自主研发 PC 业务的关键技术，选择英特尔、微软等外部供应商来为自己提供微处理器、操作系统等，这样的话，只是在帮助这些公司做大，自己却沦为了组装商。所以，在 PC 业务竞争越来越激烈、利润越来越低的情况下，这部分业务拖累了 IBM 的业绩表现，寻求出售也就成了很正常的选择。

事后证明，IBM 放弃 PC 业务，转向服务器与企业技术服务是完全正确的选择。如今在企业服务器等领域，IBM 的地位自是难以撼动。

对于联想而言，这桩并购是如虎添翼还是一块烫手山芋，却值得细说。如上所述，联想当时在国内 PC 领域已经逆袭各大巨头，成为行业新晋老大。到这时候，如何进一步扩大业务，迈向更高远的目标，也就摆在联想的面前。从战略角度，许多公司这时候往往会启动多元化战略，强势进入相关行业甚至陌生领域，还有些公司则会走上将主业做强做大，从本土迈向全球化之路。换言之，业务多元化，市场全球化，是许多公司做到一定程度所面临的普遍问题。

联想在这方面已经率先进行了多元化尝试，结果被市场打得鼻青脸肿。早在 2000 年左右，联想就启动了多元化发展策略，接连进入手机、互联网与 IT 服务等市场，结果纷纷铩羽而归。比如联想手机，在一阵喧嚣后，已被智能手机远远甩在身后。又如互联网,在国内第一波互联网热潮袭来时,联想推出了FM365门户网站,但是这不仅并没有带来预期的效果,反倒被互联网的寒冬打倒。

至于IT技术服务,也就是IBM后来全力以赴并且成绩斐然的领域,原本可以是联想作为"攒机王"的升级换代之路,联想也有意借此摆脱"PC厂商"的路径依赖。在2001—2002年期间,联想先后收购了汉普咨询、智软公司、中望商业等IT咨询与软件开发公司,但一连串的收购并没有给联想带来大飞跃,2002财年,IT服务的收入仅占联想集团的1%。因此,联想做出了战略收缩的决定,再度将PC业务作为联想的重中之重。在这一思维主导下,联想通过收购IBM的PC业务实现市场进阶,也就是顺理成章的事情。

看起来,事情也是如此。以2003年双方的销售业绩合并,联想的PC年销售额一下子从约30亿美元上升至120亿美元,在个人PC制造商的销售排名中,从全球第八位一举跃居第三位。不过,这么说其实不无自我解嘲的意味。因为IBM的PC业务原本就占世界第三的名次,双方合并后,并没有产生更亮眼的规模效应——至于联想的PC业务占据世界第一的地位,已经是几年后的事情了。

所以,从好的一方面来讲,联想并购IBM的PC业务,除了给某些人虚无的民族主义虚荣感,对联想而言就是提升了PC市场的集中度,增强了自身竞争水平,而且借此进入了国际化市场(联想为此还把总部搬到了美国);但从不利的方面说,这桩并购其实加重了联想PC业务的路径依赖,从此之后,联想再也无法回到以IT技术与服务为主的"技工贸"模式,这也是后来联想PC业务面临颓势,新的业务增长点乏力的原因所在。

早在联想创办后不久,联想在经历"技工贸"与"贸工技"何者为重的争论后，最终选择了以销售为主的业务发展模式。这么做，确实有其现实的一面，比如先进的技术多数为国外大公司所垄断，国内公司想要追赶超越十分艰难，再者在研发上投入大量资金是一件非常冒险的事情，一旦方向选错，血本无归不说，还可能让整个公司面临巨大危机（诺基亚、摩托罗拉均为典型案例）。现实中并不存在只要有投入就会有产出的说法。

但是，联想的弊端就在于，在以销售为王的模式走通了，尝到了甜头后，形成了过度的路径依赖，而没有意识到"科技才是第一生产力"这句话对企业的深刻含义，所以处处受制于人。

那么多年后复盘这桩并购交易，很难说联想做错了什么，实际上这算得上联想一系列收购中难得的成功之作，只是它所产生的消极后果，却也是联想所无法逃脱的命运。

民工荒

改革开放之后很长一段时间，随着户籍制度破冰，中国中西部的农村劳动力在地区发展水平差距巨大的刺激之下，大量流入东部沿海省份。这种持续多年的颇具中国特色的人口流动现象，被媒体称作"民工潮"，与它伴生的现象便是一年一度的"春运"。

然而 2004 年 2 月，《经济参考报》发表了一篇题为"泉州私企出现'工荒'"的报道。很快民营经济发达的长三角和珠三角一带的中小企业主发现，工荒不只泉州独有，很多春节候鸟式返乡的农民工，并没有在节后回到工厂，招不到工人成了普遍的难题。在福建晋江，企业开工率只有 80％～85％，陶瓷行业甚至跌到 50％以下,大红的招工广告贴得到处都是。为了招来工人,那些企业主甚至奔赴民工老家拜年,用涨工资来游说员工返厂,但应者寥寥。

有着 9 亿农民的中国,突然从民工潮转入民工荒。像外来务工人员聚集的广东省,民工缺口达到了 100 万左右。数据显示,2005 年春运期间的务工流,总体减少了近 7.56％。事实上并不是民工减少了,截至 2003 年 11 月底,全国外出务工农民达到 9800 万人,2004 年民工总量依旧处于上涨状态。这意味着民工荒更多的是结构性供需失衡的结果,它直接表现为空间层面的不匹配,所以工人短缺的地方主要集中在沿海城市。

2004 年 9 月,针对密集出现的民工荒,当时的劳动和社会保障部发布《关于民工短缺的调查报告》。该报告中提到一个残酷的事实,珠三角地区 12 年来月工资只提高了 68 元,与物价涨幅严重不匹配。广东省总工会地方调查也显示,月收入 1200 元以下的民工占 78.7％。

▲2004 年 10 月 18 日,在郑州市二道街劳务市场,一位女子在观看悬挂的招工信息。

工资低成为民工荒的直接导火索。除此之外,恶劣的工作环境,漫长的工作时长,福利保障不完善,也是民工逃离的重要因素,以至于《人民日报》在题为"'民工荒'的积极意义"的评论中拷问企业:有没有拖欠薪水?是否坚持了 8 小时工作制?给职工上保险了吗?政策层面也很快响应,11 月初《劳动保障监察条例》由时任国务院总理温家宝签署发布,并于 12 月 1 日开始施行,着力保障劳工权益。

但企业主也有自己的难处。民工荒最严重的,通常是制鞋、服装加工、玩具制造等劳动密集型产业,这些行业劳动力成本比重很大,缺少技术含量,利润微薄,挣钱只能靠压低工人价格。对他们来说,唯一的优势就是劳动力价格,在激烈的市场竞争下,涨工资的结果可能是活不下去。

改革开放早期,长三角、珠三角一带的民营企业,正是靠着廉价劳动力的优势,发展外向型经济,让中国成为世界工厂。这种经济增长模式,因为城乡之间的收入落差,维系了 20 多年。但随着民工权利意识的觉醒,加上民工数量的增长赶不上民营企业发展速度,劳动力市场上的供求关系和博弈能力发生了变化,他们再也忍受不了日夜加班却只能拿 800 元工资的局面。

对于民工来说,他们回流的另一个背景是,农业政策正在发生变化。虽然农业税的取消要等到两年后的 2006 年,但 2004 年国务院就已经开始实行减征或免征农业税的惠农政策,民工在外出打工之外,有了新的选择余地。惠农政策的效果立竿见影,温州、义乌、泉州各地用工紧缺这一年,中国粮食增产4.5%,农民收入增加 11.4%,第一次超过城市居民的收入增长幅度。

在民工回流的同时,国家层面也在极力弥补东西部的发展差距。2000 年 1 月,国务院成立西部地区开发领导小组,西部大开发的战略很快拉开序幕。2000—2008 年间,西部地区的 GDP 年均增长率达到 11.7%,成为全国增速最快的地区。

对西部经济的战略扶持,让民工可以就近择业,不必再来回奔波。以人口净流出大省之一四川为例,随着民工大量回流,2003 年全省 1389.8 万劳动力转移人口中,省内转移的达到 52.3%。

经过 2004 年的民工荒,务工人员的处境开始被正视,惠农政策力度日益加码,社保制度逐渐完善。此外,持续多年的人口红利开始衰退,劳动力价格优势下降导致制造业订单外流,数量庞大的劳动密集型企业不得不谋求转型,靠压低民工工资挣钱的逻辑,逐渐行不通了。

随着交通基础设施的完善,加上户籍制度进一步放开,2004 年之后民工潮丝毫没有减弱,同样,民工荒也没有走进历史,直到今天,它都是媒体报道的高频词汇,并时不时在各地上演。

股权分置改革

中国股票市场建立以后，市场行情一直是"牛短熊长"，虽然也有投资致富的人，但总的来说，是高比例的散户投资者遭遇了财产损失。为了解决这个问题，不少专家学者积极建言献策，希望让中国股票市场能够有所改观。

中国股市上的大量上市公司，都是由国有企业改制而来的，改制之前是清一色的国有资本，改制之后，原来的国有资本成为上市公司的控股大股东，社会上购买了这个企业股票的投资者则成为社会股东。按照股份制的原理，这两种股票是平等的，但是国有股由于数量巨大，对市场行情走势有压力，因此难以像个人股一样上市流通。在此之前，国家也曾试图通过减持国有股的途径推进国企改革，但刚有所运作，就引起市场的轩然大波，政府只能马上叫停。

比如，1998年下半年到1999年上半年，为了解决推进国有企业改革发展的资金需求和完善社会保障机制，国有股减持的探索性尝试开始进行，但由于实施方案与市场预期存在差距,试点很快被停止。2001年6月6日,国务院颁布《减持国有股筹集社会保障资金管理暂行办法》,并且选择了两家公司进行试点,同样由于市场效果不理想,于当年10月22日宣布暂停。

这样一来,中国的绝大多数上市公司就形成了事实上股权分置的二元结构。国有股大股东控制着公司的一切,却不能享有上市交易的权利;而社会上的小股东可以在市场上自由买卖股票,却对公司毫无发言权。这种情况造成的一个后果便是,公司大股东无视其他股东的利益,将上市公司当作提款机,任意挪用上市公司募股资金,也缺乏对社会股东做利润分配的主动性和积极性,往往用不了几年就把一个上市公司拖垮。

当时有一句话在股票市场上颇为流行:"一年好,两年差,三年亏损退市场。"这就是许多国企转制后的上市公司的命运写照,同时也造成了股市长期处于熊市之中。据统计,从2001年6月到2005年6月,在这长达4年的时间里,股指从2245点一路下跌到最低的998点,市值蒸发上万亿元。很显然,这种情况长期存在,既是对投资者利益的严重侵犯,也不利于国有企业的改制。而要解决这一问题,就必须解决股权分置的问题。

早在2004年1月,国务院就发布了《国务院关于推进资本市场改革开放和稳定发展的若干意见》(以下简称《意见》),提出了要让投资者分享改革开放成果的目标。这是政府文件第一次提出这样的目标,让投资者深受鼓舞。

《意见》明确指出应"积极稳妥解决股权分置问题",提出"在解决这一问题时要尊重市场规律,有利于市场的稳定和发展,切实保护投资者特别是公众投资者的合法权益"的总体要求。

2005年4月29日,经国务院批准,中国证监会发布《关于上市公司股权分置改革试点有关问题的通知》,启动了股权分置改革的试点工作。经过两批试点,改革取得了一定经验,具备了积极稳妥推进的基础和条件。经国务院批准,2005 年 8 月 23 日,中国证监会、国资委、财政部、中国人民银行、商务部联合发布《关于上市公司股权分置改革的指导意见》。9 月 4 日,中国证监会发布《上市公司股权分置改革管理办法》。至此,中国股票市场的股权分置改革全面铺开。

这次股改基本上是在听取市场各方意见后归纳出的方案,并尽可能地照顾到了中小投资者的利益。总体的思路是,由上市公司国有的控股大股东向流通股股东以无偿划转的形式移送部分股份,以这种支付对价的形式弥补个人投资者受到的损失,上市公司必须在完成这一改革后才能获得配股、增发新股等再融资申请的审批。至于国有大股东应该向流通股股东支付多少对价,管理层并不作具体规定,而是由公司董事会提出初步方案,交由股东大会充分讨论,而在讨论这一对价议题时,国有大股东不参与表决。

这样的安排,让中小投资者有了充分发表意见并行使权利的机会,因此,很多公司在召开股东大会时,都吸引了大量个人股东参加,有很多还是自费专程从异地到公司所在城市参会,在股东大会上也能够充分发表意见并与大股东展开激烈的讨论。

通过一年的努力,当时 90% 以上的上市公司都顺利完成了股改。从理论上说,这些完成了股改的公司,其股权结构已经实现一元化,成为全流通公司,而在股改之后新上市的公司,一律不再分设流通股与非流通股,全部成为流通股。当然,对于控股大股东的股权流通仍有一定的限制,但这种限制不再是剥夺其上市流通权,而是将这种流通权锁定 24 个月。这样既解决了国有股上市流通的问题,又避免了它们的集中上市对大盘行情的过度冲击。

这一次股改,是中国股票市场历史上一次重要的改革,也是一次成功的改革。这次改革之所以能够成功,一个很重要的原因就是坚持了市场化原则,并且充分尊重社会上的个人投资者。从20世纪90年代开始,中国股市被赋予了帮助国有企业解困的"政治任务",大量资质较差、困难重重的国有企业实现了上市,但它们上市的目的只是想圈钱,上市以后又希望通过抛售国有股来进一步圈钱,造成了市场难以承受的重压。在股改中,不仅制度的设计给了社会股东充分的权利行使空间,而且政府其他部门也给予了必要的配合,以保证股改能够顺利推进。2005年6月,为了让投资者更多地分享到股改的红利,财政部、国家税务总局出台文件,规定个人投资者取得的股息红利所得,暂按50%计入个人应纳税所得额,对股改中发生的印花税、企业所得税和个人所得税均暂免征收。

正是由于多方面的悉心爱护,股改得以顺利推进,投资者开始改变了对股改的疑惑,积极入市,而密集出现的股改题材则为市场创造了最好的炒作题材。股指在一度跌破千点后随之反转,一轮大牛市终于启动,并贯穿了2006年全年。而且股指连创新高,吸引了全国各地大量投资者进场。

遗憾的是,当市场开始产生赚钱效应、大多数投资者真正开始赚钱的时候,政府因为担心市场过热,又开始采取各种压制措施,要把股指压制在政府所认为的所谓合理水平。2007年5月30日0时,新华社忽然公布了财政部一项公告,决定从即日起调整股票交易印花税税率,从原来的0.1%调整为0.3%。这一消息的出现,对正在亢奋中的投资者无异于当头一棒,连续5个交易日大盘持续大幅下跌,跌幅超过20%,史称"半夜鸡叫"。

这一场政府用提高股票交易印花税的"突然袭击"来打压牛市行情的做法,使得由股权分置改革带来的良好的市场氛围基本被断送。在这之后,虽然政府由于意识到这一"半夜鸡叫"用力过猛,又向市场吹出暖风,推动市场多头再度凝聚,并在当年10月将股指推高到迄今为止没有突破的6124点新高度,但市场毕竟已经元气大伤,特别是随着中石油等央企大盘股的上市,股票市场承受了前所未有的压力,很快再度回到了漫漫熊市之中。

在这同时,原来准备通过股改让国有股取得流通地位,即国有股减持,以此来推动国企改革的设想,也因市场的变化而失去了实施的可能条件。由于股改之后 IPO 在政府的推动下出现了持久的高潮,导致市场对国有股上市产生了强烈的抵制,管理层为了让市场行情不致太低迷,不得不通过权力来压制控股股东持股的上市权。以后的市场,基本上回到了股改之前的状态。

中国股票市场的核心问题,在于对市场采取了功利主义的态度,大量发行新股,导致市场无法承受,而每一次市场出现剧烈动荡的时候,管理层只能通过挤压控股股东持股上市流通权的措施来向市场释放善意。但是,毕竟控股股东已经在股改中通过部分利益牺牲换取了与社会公众完全公平的流通权,因此管理层对它们的约束手段也是很有限的。直到今天,控股股东持股减持对市场产生的压力已经成为市场焦点,由于其数量通过多年积累已经十分庞大,只要这个问题继续存在,市场就很难出现投资者期盼的牛市行情。

建设银行上市

2005 年对中国国有商业银行来说,有一件大事发生。这一年的 10 月 27 日,中国建行在香港成功上市,成为国有银行中首家改股上市的大型银行。建行在港上市,也一举创造了当时全球最大规模 IPO 纪录,为我国银行业改革开启了新征程。

到今天,建行的迅猛发展,印证了当年上市是正确的选择。以上市 10 周年时建行公布的数据来看,当年上半年,建行的资产规模达到 18.2 万亿元,是上市前的近 5 倍。相当于 10 年时间,再造 4 个建行;累计实现利润 1.5 万亿元,净利润年均复合增长率达 16.6%,每年的净利润是上市前的近 5 倍。

"哪里有建设,哪里就有建设银行"这句话,已经成为建设银行影响力的写照。不过,回顾 13 年前的建行上市之路,应了一句老话,"望山跑死马",建行上市的过程在曲折中前进,虽结局喜人,过程却充满各种波折。

从 20 世纪七八十年代开始,四大国有商业银行就被纳入我国金融改革的重点。因为,"中国金融业的基本特点就是银行主导型",所以,国有银行能否改革成功,关系我国金融改革的前途,也与国内经济能否健康发展休戚相关。

2002 年,中国金融高层会议正式批准国有商业银行的上市计划,这给了一直想登陆资本市场的建行千载难逢的机会。一年之后,建行领先其他三大银行向国务院递交了第一份整体上市计划;随后,年底汇金注资建行,公司治理结构、不良资产处理也都得到改善,建行上市已然水到渠成。

但在谋求上市之初,建行一直饱受海外舆论质疑。美国的《投资中国》说,"在中国投资遇到的最大问题是,公司治理结构太差!"标普公布的当年中国内地 12 家银行的评级结果,包括建行在内,没有一家获得 A 级评级。即便到了建行上市的前 10 天,兰德公司仍然声称:"中国的银行是我们所知道的世界上最糟糕的银行。"

客观来说,诸般质疑,都不是空穴来风。登陆国际资本市场,意味着建行的运营方式要全面接受市场监督,而此前中国国有商业银行的计划色彩比较浓厚,其能否建立完全现代化的银行治理结构,也要经得起实践的检验。

建行上市,首先要过的一关就是不良资产处置。当时有人分析,2002 年以来,包括建行、工行和中行在内的几大公司都在进行上市竞赛,而谁的不良资产率先降下来,谁就最有可能先冲过终点线。从结果来看,毫无疑问是建行在那场考试中得了第一名。

为了降低不良资产率,建行高层采取了将任务分解到各个分行的做法,让个人绩效与不良贷款下降情况挂钩,这取得了明显效果。2002 年年底,建行的不良资产率就下降了 3.99%。2003 年年底,在接受了国家 225 亿美元的汇金注入后,建行的不良贷款率下降到 9.12%,提前两年完成中国银监会提出的目标。最终,上市前夕,建行不良资产率降到了 3.91% 左右,彻底解决了上市之前的不良资产率居高不下的问题。

同时,通过改善治理结构提高工作效率,也是当时建行必须在上市前完成的工作。首先,建行减少支行,裁撤网点,基于效率对地方支行网点进行重新组合,这减少了管理冗余,提升了建行的工作效率。其次是严格人事与激励措施,制定严格的工作流程,改变人浮于事的不良作风。另外在企业文化上,建行采纳了麦肯锡提供的"业绩文化"方案,将以往的"家园文化"融入其中,这让"追求效益的观念渗透到每一个员工的思想深处"。

建行内部改革过程中,最关键也是最深层次的是公司治理结构改革。2003年 4 月,建行成立股份制改革领导小组,下设股权改革日常运行机构——重组改制办,对全行的股份制改革工作进行统筹、调和安排。体制机制上的改变,打破了地方分行与地方政府的深度关联,助建行回归商业银行的本色。

万事俱备,只欠东风。在经历了从分拆上市到整体上市方案的波折与降低不良资产、内部治理结构改革之后,建行终于迎来它的敲钟时刻。2005 年 10 月27 日,建设银行在香港成功上市,打响了国有商业银行上市的"第一枪"。这次被称为"背水一战,不容有失"的"闯关",终于开启了中国国有商业银行改革的新征程。

建行上市之后几天,资本市场反应良好,海外舆论场上的质疑声也渐渐平息下来,这初步说明,建行上市得到了普遍认可。但对于国有商业银行的改革来说,建行上市只是迈出了第一步,当时就有舆论担心:上市之后的建行是否会与一些国有企业一样,只是到资本市场"圈一圈钱"而徒有其表,或者上市之后,意味着建行的财务状况、运营方式、治理水平要接受更大范围的监督,而建行又是否能做到这些。

建行经受住了考验,资料显示,上市一周年之际,建行资本充盈率达到了13.15%,不良贷款率3.51%,低于上市前的3.91%,年化平均资产回报率为0.95%,在国内甚至国际均取得领先地位。① 而其稳定的运营与良好的金融服务,让其在资本市场取得了良好信誉。2007年9月25日,建行成功在上海证券交易所挂牌交易,回归A股,继续其在资本市场的辉煌。

建行的上市,为其他三大国有商业银行登陆资本市场开了个头。建行登陆港股一年之后,中国银行于2006年6月1日在香港联合交易所上市,又在7月5日A股于上海证券交易所挂牌上市;工商银行于2006年10月27日同时在上海证券交易所A股与香港H股同步上市,成为第一家在内地与香港同步上市的内地企业;中国农业银行于2010年7月15日和16日分别正式在上海和香港两地上市。至此,中国四大国有商业银行全部实现上市,中国金融业改革从此迈上新台阶。

毫无疑问,建行作为四大国有商业银行中第一家上市的企业,对我国银行股权改革有探索之功。四大国有商业银行先后上市,意味着中国国有商业银行正式走向国际市场,在公司治理、风险控制、市场化等方面接受全世界的检验。

---

① 新篇章、折起点——建行上市一周年回顾.中国城市经济,2006(11):70.

"苏丹红一号"事件

在中国食品安全体系完善的道路上，除了 2008 年三聚氰胺奶粉风波，2005 年的"苏丹红一号"事件，也是值得书写的一笔。

"苏丹红一号"事件的曝光，要追溯到国外。2004 年，意大利发现从英国进口的调味品中含有三级致癌物"苏丹红一号"，英国食品标准署很快开展调查。与此同时，欧盟颁布《有关辣椒及辣椒产品紧急措施的决定》，要求禁止进口含苏丹红添加剂的辣椒产品。

2005 年 2 月，英国经过全面的排查发现，亨氏、联合利华等 30 家企业的 419 种食品，可能都含有"苏丹红一号"，于是下令召回食品，这在欧盟引起轩然大波。虽然三级致癌意味着只会对动物有致癌作用，对人体毒性十分微弱，但担忧还是快速蔓延，前后 500 多种食品被下架。

这股食品安全的旋风很快刮到了中国。2 月 23 日，中国国家质量监督检验检疫总局发布《关于加强对含有苏丹红（一号）食品检验监管的紧急通知》，重申"苏丹红一号"禁令，并要求各直属检验检疫局对食品开展"苏丹红一号"项目检测，严禁含有"苏丹红一号"的食品进出口和流通。

检测很快发现了问题。3 月 4 日，北京有关部门从亨氏辣椒酱中检测出"苏丹红一号"；随后湖南长沙坛坛香调料食品有限公司生产的"坛坛乡辣椒萝卜"，也被查出含有"苏丹红一号"。

最具轰动效应的是肯德基。这家以标准化管理、食品安全放心著称的洋快餐品牌，在自查中也发现烤翅和烤鸡腿堡中含有"苏丹红一号"添加剂，并在 3

月 16 日主动发表公开声明,要求所有餐厅停止售卖两种产品。然而话音未落,北京质监部门发现,香辣鸡腿堡、辣鸡翅、劲爆鸡米花等其他几款产品同样未能幸免。

3 月 17 日,宁波人黎强来到宁波肯德基华侨店,索要赔偿,开始了与肯德基所属的百胜集团的拉锯战。这场纠纷不了了之,不过舆论风口的百胜集团,不得不向民意低头,月底宣布投资至少 200 万元成立一个现代化的食品安全检测研究中心,保证食品安全。

在肯德基忙着公关救火的同时,全国范围的大排查也在紧张进行。3 月底,《食品中苏丹红染料的检测方法——高效液相色谱法》发布,提供了国家检测标准。

▲2005 年 3 月 17 日,武汉市工商局向外界展示近期查扣的 900 公斤涉嫌含有"苏丹红一号"的食品。

几天后的 4 月 5 日,国家质检总局宣布了一个让舆论哗然的数据:全国 11 个省区市 30 家企业的 88 个样品,都含有"苏丹红一号"。"苏丹红一号"被大面积曝光,不啻一颗重磅炸弹,因为中国并不是没有相关禁令,事实上在 1995 年确定"苏丹红一号"致癌后的第二年,《食品添加剂使用卫生标准》就明确禁止用它作为添加剂用于食品生产。

卫生部的《苏丹红危险性评估报告》试图通过低毒性的论证,来降低社会的恐慌。不过对食品监管严重失责感到不满的民众,并没有减轻担忧和怒火。随着含"苏丹红一号"添加剂食品的接连曝光,媒体也连续发问:为什么有禁令但不执行,让"苏丹红一号"隐藏了 10 年?

舆论疯狂发酵之时,这起惊动全国的食品安全大案真相很快被查明,"苏丹红一号"流通的源头指向广州田洋食品有限公司。公安部门调查发现,这家公司一直使用"苏丹红一号"含量高达 98％的工业色素"油溶黄"生产辣椒红一号食品添加剂,两名主要涉案人员被刑拘。

2006 年 12 月,广东省高院对"苏丹红一号"主要涉案人员进行终审判决,两名被告分别获刑 10 年和 15 年,此案暂时告一段落。值得一提的是,这一年媒体调查发现,河北石家庄等地有养殖户用含苏丹红的饲料喂鸭,售卖"红心鸭蛋",再度引发关注。当然与一年前那场全国性的风波相比,严重性要大大降低。

改革开放以来,"苏丹红一号"事件让公众和媒体开始真正意识到,市场经济建立起来的过程中,食品安全相关法律缺失导致的监督体系的不完善,职能部门九龙治水的无效监管,让食品安全呈现出多么混乱的一面。经过此次全国性风波,国家质检总局开始严厉打击使用非食品原料生产食品添加剂的违法行为,同时在食品行业推行更严格的市场准入制度。

不过随着食品安全成为全民关注的焦点议题,监管的收紧,并没有终结问题食品,"苏丹红一号"事件反而成为一个分水岭。此后很长一段时间内,中国进入问题食品的密集曝光期,最典型也最恶性的便是 2008 年的毒奶粉风波,它们成为互害型社会的一个缩影。

农业税废除

农业税的问题非常复杂,"农业税"这一概念根据时代与场合的不同,含义也发生着变化。最狭义的是指单一税种,也经常用来指代涉农的多项直接税,有时用以指代农民直接负担的各类税费。其所涉及的每种税费又有不同的设立时间、征收范围和财政口径,理清其中的脉络,就能对改革开放后农民负担问题有一个大致的了解。

最狭义的农业税是指依照 1958 年 6 月 3 日《中华人民共和国农业税条例》正式开征的农业税。按条例规定,全国平均税率规定为常年产量的 15.5%,这一税率长期稳定。

1978 年十一届三中全会后,改革开放首先在农村开始展开,农业产量和农民收入快速上升,各项税费的立法立规也随之而来。

1983 年 11 月 12 日,国务院决定对农业特产收入单独征收农业税。1994

年改为农业特产税,牧区省份则开征牧业税。其后又陆续增加了耕地占用税和契税,其与农业税、农业特产税合称为"农业四税"。此外,屠宰税也属于农业税收的一种。

除了这些农业税收正项外,农民还要负担基层政府收取的各种行政事业性收费,即所谓的"三提五统"。

除上述法律法规规定的税费之外,各地乡基层政府还要征收集资摊派。有专家指出,农民负担最重时,有些地区的农民须负担的税种竟达一二百种。因此,在很多情况下"农业税"就成了指代农民负担的统称,尽管农业税和农业四税都只是农民负担的一部分。

20世纪80年代中后期,农民负担问题逐步突出,矛盾的主要焦点不是相对固定的法定税收,而是行政事业性收费的膨胀。出现这种情况绝非偶然,与乡镇行政机构的财政状况息息相关。

1985年,农村完成了撤社建乡,乡镇政府的"六套班子"和代表上级政府部门的"七所八站"应运而生。撤社建乡之初,建制乡数量达到8.3万之巨,几经撤并至1988年减少到4.5万左右,财政供养人员1280万人(不含编外)。而这块基层政府财政支出的增量,很大一部分转移到了农民负担上,"四十个农民养一个公务员"的说法就是当时流行起来的。这次机构设置,主要考虑了行政体系上下对应的科层结构完整,却没有意识到由此产生的庞大行政支出将会造成的严重后果。

撤社建乡时的基层财政安排是,"三提五统"由乡镇政府直接向农民征收(原来由生产队集体征收缴纳),作为乡镇政府行政支出的重要来源。这等于把机构膨胀的财政压力转嫁给了农民,由此造成的农民负担增加的后果可想而知。在一些农业县,70%~80%的财政收入来自农业税费,"三提五统"超过法定税是必然的。

基层政府向农民征收正税之外的附加费,用以负担行政支出是中国历代最为常见的财政办法。明、清两代的耗羡、平余均属此类,"三提五统"就是它们的现代版。其负面影响也是历史的重演:利孔一开难以收拾,浮收滥取的现象不仅无法杜绝,而且愈演愈烈。由此产生的农民负担加重问题出现后,中央政府着手整治,首先是以"治乱"为目标开展整顿。

从 1990 年到 1999 年,中央试图解决国家税收之外对农民的各种收费、罚款和摊派问题。1990 年国务院下发《国务院关于切实减轻农民负担的通知》,此后又陆续下发了一系列类似文件,试图减轻农民负担。然而,加重农民负担的现象并未因此消除,甚至在分税制改革后进一步恶化,农民负担问题进入改革开放以来最严重的阶段。

1994 年实施分税制改革,各级政府出现了财权与事责分离,基层的县乡政府的事责重而财权轻。农村的教育、基建等支出主要是由县乡一级政府负担,但是优质的税源如工业税、商业类税收都归上级政府征收,农业税费是基层政府直接掌握的为数不多的财政收入来源。而雪上加霜的是,各级政府自上而下"甩包袱"把财政压力向下转移,上级政府的财政返还经常不到位,即所谓"十返九不足"。压力传递到基层,县乡两级政府的财政状况恶化到极点,甚至连工作人员的工资都发生了普遍欠发。

在此情况下,没有财政配套,只靠禁止性文件的三令五申的"治乱",怎么能挡得住财政饥渴的基层政府? 1994—2000 年间,农民税费总额由 958 亿元上升到 1359 亿元,增长了 41.9%;农民人均税费负担由 112.0 元增长到 168.4 元,增长了 50.4%。而同一时期,农民收入增长缓慢甚至下滑。其中,1997 年以后还出现了连续 4 年下降的局面。2000 年,国家统计局的官方数据显示,农村居民人均可支配收入仅 2253 元,而城镇居民已经达到 6280 元,差距是巨大的。这种收入少、收入下降、税费负担加重的巨大反差,税负之痛苦是可以想见的。

这时"三提五统"已经远远不能满足基层政府的行政经费需求,各种巧立名目的摊派、收费、罚款激增,最终形成了农民负担的畸形结构。当时农村流行的说法是"头税(农业税)轻,二税(提留)重,三税(统筹、集资)四税('三乱')无底洞",正反映了当时的实际情况。其中"三乱"是指乱收费、乱罚款、乱摊派,情况极为混乱。抗税事件在各地时有爆发,这又导致了农业税的征收成本增加问题。

国税总局原副局长许善达在回顾农业税问题时,指出"全国征 600 亿(农业税),成本有多少已经算不出来。比如,北京在废除农业税前,能收约 8000 万元农业税,征收直接成本就有 6000 万元,早就没有什么征收的价值了"。[①] 税费征收难导致税费征收成本上升,增加的成本又被转嫁到农民身上,导致税费征收更难,形成了恶性循环。农业税费问题绝非"治乱"就可以解决,必须从源头开始深度解决。

1998 年 10 月,国务院成立农村税费改革工作小组,为农民减负的工作方向由"治乱"转向税费改革,明确的目标是"减轻、规范、稳定"。

2000 年 3 月,湖北省基层乡村干部李昌平致信朱镕基总理,反映当地面临的突出问题,指出"农民真苦,农村真穷,农业真危险",引起了高层关注与社会舆论的强烈反响,成为农村问题的标志性事件。几乎同时,中共中央、国务院正式下发了《关于进行农村税费改革试点工作的通知》,并在安徽全省进行了改革试点,正式启动了农村税费改革。这一改革,使农民除了缴纳 7% 的农业税和

---

① 徐瑷.“好的税制要照顾穷人,也要留住富人”——专访国家税务总局原副局长许善达[J].南风窗,2011(13).

1.4％的农业税附加之外,不再承担其他任何收费。2002 年,扩大了试点范围。2003 年,全国所有省区市全面推开农村税费改革试点,而中央财政用于农村税费改革的转移支付达到 305 亿元。

从 2004 年开始,中央明确提出了取消农业税的目标。当年 3 月,温家宝总理在政府工作报告中宣布中央将于 5 年内取消农业税的决定。由此,农村税费改革由"减轻、规范、稳定"的目标转向逐步降低直至最终取消农业税。

2005 年,牧业税被全面取消,这一举措加快了降低农业税税率的步伐。同时鼓励有条件的省区市自主进行免征农业税的试点。该年农业税在政府税收收入中的占比降至 0.05％。正式取消农业税,已是水到渠成。

2005 年 12 月 29 日,十届全国人大常委会第十九次会议决定,从 2006 年 1 月 1 日起正式废止《中华人民共和国农业税条例》,"三提五统"以及其他杂费一并取消。这标志着在我国延续了 2600 年的农业税从此退出历史舞台。

从财政角度讲,2006 年农业税废除的象征意义大于实质,0.05％的比例实在太微不足道了。整个改革开放时代,并没有"以农养工"的财政安排,也没有出于工业化发展的需要主动牺牲农业的做法。在改革开放之初的 1979 年,农业税在政府财政收入中也仅占 5.5％。即使在农民负担问题最突出的 2000 年,农民税费负担总额 1359 亿元,而政府财政收入已经突破 1.3 万亿,农业税费占比也不过 10％略多。

可见,出现历时 10 余年、波及几亿农民的税负痛苦,几乎全部源于"以农养政"的基层政府财政结构问题。乡镇政府的机构膨胀、分税制导致基层财政缺口扩大,都是由于制度设计出现了缺陷,此后产生的农民负担过重问题也是因此所致。人口流失、土地抛荒、吏治败坏、社会矛盾激化等,无不与农民负担过重有关。更可悲的是,虽然中国农民付出了沉重的代价,却没有任何一方真正

▲2006 年 2 月 22 日，国家邮政局发行的《全面取消农业税》纪念邮票。

受益。中央政府的财政收入没有因此增加，基层政府的财政困难也无法靠微薄的农民收入来支撑，刚刚出现复苏希望的中国农村迅速走向凋敝。

最应该吸取教训的是，行政集权、财政集权不等于纠偏能力强、效率高，反而更容易导致过度汲取民力的副作用，付出的社会代价是无法计算的。古语云

"与其有聚敛之臣,宁有盗臣""计臣但务积粟,不知人心不固,虽有粟,将谁与守"。因此,取消农业税的真正意义要从政府财政、社会治理的角度去理解和解读。

上海社保案爆发

2006 年,随着时任中央政治局委员、上海市委书记陈良宇的落马,轰动一时的上海社保案进入了公众的视线。直接涉案自陈良宇以下政府官员、国企高管及明星企业家共 28 人,涉案人员的身份与层级引人注目;案件涉及资金达 30 多亿元,更重要的是这笔巨额资金来自社会各界高度关注的社保基金。在 30 名涉案人员中,原福禧投资公司董事长张荣坤跻身于政府高官、国企高管中,尤为引人注目。此人确实是上海社保案中最关键的人物。

张荣坤,1973 年出生于苏州,家境清贫。1992 年高中毕业后,开始了职业生涯。就是这样一个起点不高的年轻人,短短 15 年间迅速成长为掌控数十亿资金、上百亿资产的民营企业家,可谓传奇。而这个商场传奇的关键词就是:人脉。

出道很早的张荣坤给人的印象是善于经营人脉,思路非常灵活。当时上海政商人士经常在苏州东山宾馆聚集,张荣坤通过与东山宾馆的合作打进了这个圈子。其中的关键人物是韩国璋。韩国璋其时虽不居显官,但在由机电系统整合而成的上海电气(集团)总公司担任办公室主任等职,上海人脉甚熟。而陈良宇等上海多位党政高层,均出身于上海机电系统。

1998 年,韩国璋介绍张荣坤结识了秦裕——时任上海市委副书记、副市长陈良宇的秘书。张荣坤通过秦裕的关系在秦的母校华东师范大学就读在职研究生,这可能是社保案案发后关于秦、张二人是师生关系的传言的原型。

1999 年,张荣坤转战南京,没有太大收获。随即进军上海,把"东山宾馆"模式复制到了上海的西郊宾馆——上海政界高层频繁出没的地点。通过秦裕的介绍,他结交了又一个"贵人"——时任上海市委书记主要秘书的王维工。随着人脉质量的提高,张荣坤开始在上海大展拳脚。

2000 年年底,张荣坤在韩国璋的密友、华安证券总经理韩方河建议下,与华安证券、海欣公司联手坐庄海欣股份;沪上几家大型国企以委托理财方式借贷资金给张荣坤。如此天衣无缝的内幕交易却敌不过 2001 年下半年开始的大熊市,股市操作惨败。但是,张荣坤基本及时地把各家拆借来的资金还本付息,而且维护了参与各方的个人利益,由此树立了"忠诚可靠"的形象。几位参与者对他的信心与支持不仅未动摇,反而升级构成了张荣坤向官商过渡的重要转折,过往的人际逢迎由此转变为真实的利益联盟。

2001 年 12 月,原国家计委颁布的《关于促进和引导民间投资的若干意见》中开放和鼓励民间投资。张荣坤和他的朋友敏感地捕捉到了其中信息,着手进入交通基建领域。

2002 年 1 月,王维工邀请了时任上海市市长陈良宇与张荣坤一起用餐。张荣坤请陈良宇在收购上海路桥一事中予以关照,陈当即表示支持。同年 2 月,张荣坤成立福禧投资,注册资本 5 亿元(后增资至 10 亿元)。

2002 年 3 月 26 日,在上海市政府一号贵宾厅,市政府秘书长姜斯宪主持了上海路桥发展公司股权转让协议的签字仪式,陈良宇出席,相关委办局领导也悉数到场,场面极为盛大。

在签字的股权转让协议中,确认上海城市投资建设开发总公司将所持有的

99.35％路桥公司的股权,以人民币 32.07 亿元转让给福禧投资。后者支付现金 10.15 亿元,承担原上海城投对上海路桥 21.92 亿元的长期借款担保责任,并负责借款本息偿还。福禧投资实际上用杠杆收购方式,将沪杭高速上海段 30 年经营权纳入囊中。

用于收购路桥公司的 10 亿元资金中,除了银行融资部分外,另一来源正是上海社保资金。这是社保案中第一笔社保资金的违规拆借,安排此事的是时任上海劳动与社会保障局局长的祝均一,也是韩国璋介绍给张荣坤结交的。

祝均一绝非泛泛之辈,他在 20 世纪 80 年代就是上海的新闻人物。当年在他的率领下,由生产组改制而成的"上海卢湾区春雷电讯厂"大获成功,成为上海经济体制改革的先锋。

20 世纪 90 年代中后期的社会保障体制改革,再一次让祝均一站到了风口浪尖上。上海几乎所有的社会保障、再就业安置、退休人员安排等举措都是在祝的支持下完成的。

当时对社保资金的管理有两种思路。第一种认为"救命钱"只能在银行专项账户存款或购买国债,这是国务院制定的政策思路。第二种观点认为社保资金有巨大缺口,应该通过可监控的方式进行投资增值,持有这一观点的多为各省级社保基金的管理机构,而祝均一是其中的强硬代表。

从 2002 年收购路桥公司开始至社保案案发,在祝均一安排下,社保局和张荣坤共签署了 8 份协议。其中 7 份资金运营协议共涉及 30 亿元的委托运营本金及收益,由张荣坤控制的沸点投资为受托方,福禧投资则为此提供不可撤销的连带担保。另一份委托贷款协议则涉及 4.5 亿元的委托贷款本金及收益,借入方同样为沸点投资,并由福禧投资用公司有关房地产项目的土地等资产提供抵押担保。无论哪种协议,沸点投资获取资金后,再以小股东身份向福禧投资无偿增资。8 份协议总金额 34.5 亿元,社保方的收益率均为年利率 6.8％。这就是上海社保案的核心内容。

6.8％的年利率比国债、专项账户收益要高出一倍到两倍。对张荣坤而言,6.8％的年利率低于委托贷款利率,甚至略低于银行五年期贷款利率,他当然乐意接受这样的低成本资金。因此,在 2002 年收购路桥公司项目中确立了合作模式后,双方就这样各取所需地稳定合作了数年,直至案发。

张荣坤获得了低于市场水平的融资支持,在交通基建、金融、房产等领域迅速扩张。除了沪杭高速上海段的经营权外,他还参与了嘉金高速公路的建设项目,这条路通向上海 F1 方程式赛车场,张荣坤实际控制了项目公司 70％的股份。

直至事发前,福禧公司总资产由 2002 年的 40.2 亿元增至 2006 年 6 月底的 136.22 亿元,净资产也由 12.47 亿增至 53.13 亿元。公司迅速成长后,张荣坤的慈善事业也越做越大,累计各类捐款达 5000 万元,"官商"身份凸显。

当然,张荣坤对祝均一、王维工、秦裕、二韩等"贵人"的"回馈"也是丰厚的。案发后统计,数年间张荣坤对其他涉案官员、国企高管的行贿数额达 3000 万元。

看似一切顺风顺水,张荣坤的"公路大王"生涯完美无缺,然而末日降临了。

据说社保案的爆发是由一位普通市民引起的。2004 年,上海一位企业会计出身的退休老人发现医保卡的"个人账户"出现问题,向医保局等机构反复询问,直到 2005 年也未获得正式答复,由此引起了最高层的注意——但这一说法颇为可疑,上海社保案涉及的违规运营 34.5 亿元资金,在几百亿社保基金中占比很低。加之福禧履约正常,投资的高速公路项目也无亏损之虞,理论上不应影响社保的正常支付。

不管起因如何,上海社保案确实是在最高层直接关注下引爆的。2006 年 6 月,中纪委组成先期调查组,开进上海。7 月 5 日,中纪委成立专案组进驻上海,开始对内部代号为"705"的上海社保资金违规运营问题进行调查。

7 月 17 日,上海市社保基金违规操作被曝光。时任上海劳动和社会保障局局长祝均一、社保基金监管处处长陆祺伟被查处。第二天,上海福禧投资的董事长张荣坤被警方带走。

9 月 24 日早上 8 时,陈良宇乘中央派遣的专机到北京出席中央政治局全体会议。当日,中共中央政治局决定对陈良宇严重违纪问题立案检查,并将其扣留在北京。

从启动到收网仅两个月,但后续的侦查审判则令人意外地历时两年之久,案件情况也是头绪多端。虽然以"上海社保案"为统称,但涉案的 30 名官员、商人后来在定罪量刑时多涉其他案件。比如,职位最高的陈良宇被控两项罪名之一的受贿罪所涉房产等财物均与社保案无关。郁知非获刑 4 年的职务侵占罪则与社保案全无关系。

案件关键人物张荣坤获五项罪名,获刑 19 年。被冻结的 13 亿资金全部没收,加上其他罚没财产共计 16 亿元。所幸的是,上海市政府在案发后收回社保外借资金非常顺利,2008 年 2 月 1 日时任上海市市长、代书记的韩正宣布社保涉及的挪用资金已经悉数收回。这也不算出人意料,福禧投资的总资产达上百亿,即使张荣坤名下公司匆忙处置资产大多低价出售,仍然收回了 50 亿元资金,偿还社保资金的本息总计 38 亿元还是有余的。

纵观整个"上海社保案",除了对涉案官员的权钱交易、权色交易等贪腐问题已经有了普遍的社会共识外,最值得关注的是社保基金的管理与投资问题。社保基金从设立之初,就面临了高通胀环境下的贬值风险。加之中国老龄化问题日益凸显,缴者少、用者多,僧多粥少的问题难以回避。以上海为例,2007 年市政府向社保补贴 50 亿元,而到 2009 年市级财政安排对社会保险基金等补贴为 121.4 亿元。一方面是庞大的社保资金无法与通胀抗衡的低收益,另一方面又有巨大的财政补贴压力,很难想象这种运营可以持续。

而在管理上,社保资金的管理漏洞极多,这是全国普遍的现象。在上海社保案发后,各地掀起了社保资金的"审计风暴",发现大量社保资金被挪用和违规投资,其中有相当部分已经造成无法挽回的损失。因此,加强社保基金的管理、配套保值增值运营,是后来社保基金体制完善与改革的方向。

《物权法》通过

2007年3月16日,第十届全国人民代表大会第五次会议高票通过《物权法》。这部法律的出台过程曲折艰难,以1993年开始起草历时14年,8次提交审议,成为新中国成立以来审议次数最多的一部法律。

物权,是指权利人依法对特定的物享有直接支配和排他的权利,包括所有权、用益物权和担保物权三大类。从定义就可想见物权涉及的领域之多、范围之广。改革开放前,视"私"如洪水猛兽,物权立法无从谈起。"一身以外别无长物"的普遍贫穷,也无"物"可"权"。

改革开放后,随着社会经济的恢复与发展,法制建设逐步走上了轨道。

从"八二宪法"第十三条"公民的合法的私有财产不受侵犯"开始,与物权相关的私法禁区开始破冰。

1986年《民法通则》的颁布,打开了私法领域立法的大门。《民法通则》中虽然没有完整明确地提出物权概念,但是财产所有权侵权责任的提出和划分,都已经深度涉及与物权相关的法律领域。

1988 年的私营经济入宪,生产资料私有制正式合法化进一步加强了人民对物权法的立法需求。

伴随着经济高速发展,中国社会正在经历高速变化,法制建设显得相对滞后。1985 年,中国全国城乡居民人民币储蓄存款年底余额仅 1622.6 亿元,1993 年该数据已经达到了 29662.3 亿元。仅此一项,就可以看到改革开放初期,中国社会财富的增加速度是多么惊人。中国人的财产结构也在发生变化,股票、房产、企业股权等逐步进入寻常百姓家。既然有"物"可"权",启动相关立法势所必然。

可是,物权法的立法过程却极为缓慢。同为民法系统的知识产权法、合同法相继出台,物权法却没有动静。"养在深闺"的物权法也被蒙上了神秘的面纱,"私有产权法""社会主义变质"等猜疑纷纷出现。

2005 年 7 月 1 日,《物权法草案》终于面世,立刻引发了巨大的争议。仅仅一个月时间,全国人大常委会法工委共收到群众意见 1 万多条,形成了我国立法史上前所未有的舆论漩涡。

公开争论的高潮发生在这年秋天,互联网上出现了北京大学法学院教授巩献田的公开信,矛头直指正在审议修改过程中的《物权法草案》。指责草案对国有财产和个人财产实行平等保护的规定"违背了宪法和社会主义基本原则"。巩献田教授早年留学南斯拉夫,上一次在公众舆论中的亮相是组织 185 名学者以维护宪法的名义"保卫国有资产"。他并未参加物权法的起草工作,经原国务院经济研究中心副总干事、原鞍山钢铁公司总经理马宾的建议,才研究了《物权法草案》。

在公开信中,巩献田给《物权法草案》贴上了"四大罪状",也就是他总结的

"四个背离"：背离了苏俄民法典的社会主义传统，背离中国革命根据地和新中国成立后的人民民主法制的优良传统，背离 1986 年《民法通则》的社会主义原则，背离马克思主义的社会主义立法原则和传统。这份公开信发表在网络上，著名的"左派"网站"乌有之乡"成了支持巩献田立场的主要阵地。

面对这样定调极高的违宪质疑，法律界学者的反应很激烈。中国政法大学原校长、中国民商法权威江平教授的回应最具代表性，他指出巩献田等人"对《物权法草案》的争议上纲上线，已经超出了物权法的范畴，他们实际上是觉得改革开放出了问题"。此外，对巩献田"法盲""法律问题政治化""公法私法不分的常识性错误"等尖锐的批评声四起，这些反呛也同样被大型网络社区天涯、凯迪等发表和转载，也是支持者云集。新兴的网络平台如此大范围地集中讨论一个立法问题，前所未有。

2006 年春天的十届全国人大四次会议上，《物权法草案》没有被提请审议。媒体高调报道此事，有的称"一封公开信叫停了物权法"，有的称"巩献田教授单枪匹马阻击物权法草案"。对这些夸张的描述，无论是巩献田本人，还是物权法主要起草者之一的王利明都予以了否认。

这一年里法律界、学术界至少公开发表了数十篇相关学术论文来讨论《物权法草案》的"违宪"争议，网络平台上的争论也在继续。

争论参与者主要有四种立场：巩献田首倡的"违宪说"；延续 2002 年宪法讨论，要求修改宪法的"修宪说"；以王利明等物权法主要起草人为代表的"合宪说"以及部分学者提出并被全国人大法工委最后采纳的"折中说"。耐人寻味的是，"违宪说"的学者虽然积极活跃于网络、两次上书中央，却没有发表阐明主张的学术论文。

争论归争论，物权法的立法进程是无法打断的，甚至无法延搁太久。因为大量的基建和房产开发涉及农村征地、城市拆迁等方面的矛盾，公权和私产的冲突渐渐加剧。加之私企在国民经济中的比重与贡献越来越大，私营企业主对资产"原罪"的担忧也越发深重。在这种形势下，急需法律对物权进行明确的规范。

2007年全国人大十届五次会议把折中修改后的《物权法草案》列入了议程。会议召开的前夕发生了3000人联署行动，意图对物权法的立法发起最后的阻击。这次行动中，反对者的地位和影响力远远超过2005年的"违宪"争议风波。但是，各地的强拆强征事件早已引得民怨沸腾，此时的社会舆论焦点落在了重庆的"史上最牛钉子户"身上。相形之下，"三千人联署"没有造成更大的社会影响。3月16日，《物权法》在这次会议上高票通过。《物权法》生效后半年内，各地法院依法审结了一批相关案件，其中不少是"老大难"案件，包括拖了三年多的"最牛钉子户案"，被称为"物权法第一案"的长沙私房改造遗留案件。显然，《物权法》在处理规范财产关系时，比《民法通则》更为适用。

立法成功后，对物权和《物权法》的讨论并未停止。"公共利益"的界定、公法私法的关系、平等保护原则的合理性等，仍然是法律界、学术界的热门议题，只是杀气腾腾的"违宪"指责已成云烟。

现在我们来回顾2005年的争议，稍加留意就会发现这是一场牛头不对马嘴的荒唐之争。批评巩献田"法盲""超出立法范围的政治化"恐怕未得其实，巩献田教授奉为圭臬的苏联民法典本来就没有私法、公法的界限，也没有法律与政治的区隔。所谓争论，一开始就没有对榫的可能。

再者，反对者们是在20世纪90年代国企改革的大背景下，看到了大量下岗职工生活困难、腐败问题丛生等社会问题，从而将不满情绪以反对的方式进行宣泄。大量反对者对物权法、物权的法律概念既陌生，也没有兴趣。"保护不法财产""瓜分国有资产"和物权法的立法问题没有什么关系,巩献田教授对此应该也是心知肚明的,所以他只能笼统地攻击"草案违宪",真正涉及具体立法技术的"干货"不多。明眼人都看得出,保护私产已经入宪,平等原则又早在《民法通则》中就明确了,物权法不过是延续其精神。

不过,"有法可依"可以是单纯的法律问题,而"有法必依"确实涉及政治——良法未必带来美治。《物权法》面世伊始,很多民营企业家的主要兴趣不在法律文本上,而是关注执行的力度。经过十几年的实践检验,《物权法》在保护公民合法财产方面确实起到了一定作用,拆迁、征地中的乱象得到了一定程度的整顿。但是,距离产权意识的普遍自觉、"有法必依"的依法治国还是任重而道远。

房奴时代到来

这些年,似乎很少有什么话题像房价一样,能如此撩拨公众的神经。经过几轮房价暴涨,有房阶级与无房阶级之间的经济鸿沟愈加明显,买或者不买房的决定,成了重塑一个人的经济身份的大分野。

而说到房地产的狂热,很多人会不约而同地将目光投向 2007 年。房价的第一轮暴涨,就是从那一年开始的,政府、开发商、投资客、炒房团、购房者轮番登场抢占大众关注头条,一个全民为房狂欢的年代开始了。也是在这一年 8月,"房奴"一词正式成为教育部公布的 171 个汉语新词之一。

事实上,房价的躁动,从 2005 年就已经出现了迹象。为了防止房价过快上涨,2005 年 3 月,《国务院办公厅关于切实稳定住房价格的通知》发布,即俗称的"国八条",共提出了八条意见稳定房价。紧跟着七部委联合出台稳定房价的新政,先后数十条关于严控房地产市场的政策横空出世,显示了中央政府对于房地产行业宏观调控的决心和力度。

2006 年,建设部等多部门也出台了调控措施,其中影响最大的莫过于90/70政策。即自当年 6 月 1 日起,凡新审批、新开工的商品住房建设,套型建筑面积 90 平方米以下住房(含经济适用住房)面积所占比重,必须达到开发建设总面积的七成以上。

政府的这些调控举措,遭到部分学者质疑。有一种声音认为,宏观调控控制信贷和土地两个闸门,会导致房地产供给变少,进一步助长房价上涨。这个观点很快得到了印证。

时间进入 2007 年。回想起来,那真是一个无比燥热的年份。这一年,受股改等因素影响,股市开始节节攀升,一路涨到了现在仍然遥不可及的 6000 多点。大量个人投资者和上市公司在几乎没有经历什么风险的情况下,积聚了大量财富。

而"5·30"股灾之后,很多人感受到了股市的风险,从中抽身,在没有其他投资渠道而当时房价还比较平稳的前提下进入楼市,投资性需求大量增加,促使房价飞涨。与此同时,上市公司携大牛市带来的巨大收益,给土地市场带来了增量资金。他们频频出手,高价拿好地,土地拍卖市场火爆异常,地王频出,价格不断刷新。而地价飞速上扬又刺激了房价,形成上涨循环。另外,房价节节攀升,又让之前受到政策压抑的刚性需求产生了追涨心理。政策原因导致的供给减少,也加剧了房价的上涨压力。几大推手的合力之下,房价有如风助火势,越涨越高。2007 年 11 月,全国 70 个大中城市房屋销售价格涨幅首次突破两位数,达 10.5%,涨幅比 10 月高出 1 个百分点,再创两年来新高。

2007 年《福布斯》中国富豪榜,可以看成房地产行业持续高烧的一个缩影,在排名前十位的富豪中,有六位来自地产行业,当时的媒体报道称"《福布斯》富豪榜成了房地产富豪榜"。一向稳健的"地产教父"王石,形容这一年自己的心情是"心惊肉跳"——2007 年,万科以 523 亿元的销售额将同行远远地抛在了后面。在 2006 年,这个数字还是 212 亿,从突破 200 亿到突破 500 亿,万科只用了一年时间。

▲2007 年 2 月 3 日,郑州中环广场上,过往的行人在某网站发起的"购房砍价联盟"活动的"不做房奴"的条幅上签名。

房价急速上涨迫使更严厉的打压政策陆续出台。当年 9 月 27 日,央行、银监会共同发布通知,将第二套房首付提至四成,再加上央行先后数次上调存贷款利率等调控措施,投资比率甚高的广州、深圳的房地产市场首先受到冲击,汹涌的购房者似乎在一瞬间消失,取而代之的是清冷的售楼大厅和沿街兜售广告的中介人员。

作为房地产市场"晴雨表"的中介公司开始崩盘。当年年底,中天置业老板卷走客户 2600 万元,创辉在上海的 200 多家门店一夜间关闭,中大恒基陆陆续续关店百余家……高高在上的房价,出现了冰层破裂的声音。

当然,这只是预演。时间进入 2008 年,随着全球金融危机爆发,我国很多出口贸易型的企业倒闭,大量工人失业下岗,一些开发商的资金链也岌岌可危,经济增长的信心严重受挫。这一系列打击首先冲击的就是房价,杭州、上海、深圳等地同列下跌急先锋,市场上出现五折房价,深圳还出现了房子白送人都送不出去的案例,因为除掉首付,剩下的银行贷款仍然高于市场房价。

至于楼盘因为降价遭遇业主砸盘的现象,更是在全国各地此起彼伏。与不久前的火爆相比,房地产市场降温后的一地鸡毛,让人感觉恍如隔世。

吴英案

吴英,一个普通的名字,一个普通的女孩。这个 1981 年出生的年轻姑娘,到 2006 年暴得大名时只有 26 岁。2006 年下半年,吴英以 1 亿元注册资金在浙江东阳先后创办了本色集团的 8 家公司,涉及酒店、商贸、建材、婚庆、广告、物流、网络等。外界一度传闻其资产高达 38 亿元,并由此位列 2006 年胡润百富榜第 68 位、女富豪榜第 6 位。

但是,就在人们刚刚开始为吴英这样一位年轻女孩的迅速暴富啧啧称奇的时候,事情却发生了让人目瞪口呆的变化。

2007 年 2 月 7 日,吴英在首都机场被东阳警方抓获,并因为涉嫌非法吸收公众存款罪被刑事拘留。2 月 11 日,东阳市政府宣布,吴英因涉嫌非法吸收公众存款,已被县公安局拘捕,吴英旗下的本色集团也被立案调查。原来,吴英的本色集团是以非法集资的方式,迅速聚敛了大量资金,按当时我国对金融市场的管理法规来说，这直接形成了对我国金融市场管理法规的挑战。

但是，从吴英被抓捕的第一天起，舆论就对她出现了一边倒的同情和支持。非法吸收公众存款罪，这在我国是一项很重的罪名，只要达到一定数额，就可判处死刑这一最高刑罚。在吴英之前，浙江已经有一位外号"小姑娘"的农村女性杜益敏因这一罪名而被判了死刑并伏法。但事实证明，这种严厉的刑罚并没有挡住民间自发的资金往来。

我国的金融体系建立于计划经济时代，民间金融因为不在计划之内而被严厉遏制，金融法律的框架也是为保护国有银行的利益而设计的。但是，随着民间经济的日益活跃，其对金融的需求越来越大、越来越迫切，而国有银行很少会顾及民间经济的这种需求，这就迫使一些民营企业只能自己到市场上去寻找"口粮"。

与此同时，各大银行实行的统一利率使老百姓对储蓄丧失了兴趣，特别是在通货膨胀不断高企的情况下，过低的利率也在驱使百姓将钱转投民间出现的集资活动。这使得我国的金融市场在改革开放后一度出现了合法的受法律保护的金融渠道和处于地下状态的不受法律保护的灰色市场两个领域，而民间自发的集资活动干扰了国有银行的储蓄集资，因此一直受到国家的严厉打击。

在这样的背景下，高调亮相的吴英和本色集团无疑站到了枪口之下。2008年11月，金华市人民检察院送达对吴英的起诉书：2005年5月至2007年2月，吴英以高息为诱饵，从林卫平、徐玉兰等人处非法集资，所得款项用于偿还本金、支付高息、购买房产、汽车及个人挥霍等，涉嫌集资诈骗，共计11笔具体诈骗事项，总计近3.9亿元。

2009年12月，金华市中级人民法院开庭审判吴英，罪名从原来的非法吸收公众存款罪换成了集资诈骗罪，一审判处吴英死刑，并处没收吴英个人全部财产。

但是，这一次对吴英的判决却引起了舆论的强烈反弹。如果说在吴英高调亮相的时候，媒体对她还是抱有怀疑态度的话，当她因此而要承受生命的代价时，舆论已经完全转向于她，特别是对吴英的借贷属于集资诈骗这一法院判定，更是充满了争议。毕竟改革开放已有多年，对于民间自发的金融往来再像以往那样一棒子打杀，无论在理念上还是实践上都已站不住脚。多位著名的企业家和法律工作者也在不同场合发声质疑这一判决，并向最高院发出"枪下留人"的呼吁。

2012年3月14日，在当年全国"两会"结束后，时任总理温家宝在记者招待会上应记者要求也发表了他对吴英案的看法。他说："我注意到，一段时间以来社会十分关注吴英案。我想这件事情给我们的启示是：第一，对于民间借贷的法律关系和处置原则应该做深入的研究，使民间借贷有明确的法律保障。第二，对于案件的处理，一定要坚持实事求是。我注意到，最高人民法院下发了关于慎重处理民间借贷纠纷案件的通知，并且对吴英案采取了十分审慎的态度。第三，这件事情反映了民间金融的发展与我们经济社会发展的需求还不适应。现在的问题是，一方面，企业特别是小型微型企业需要大量资金，而银行又不能满足，另一方面，民间又存有不少资金……"[1]

最终，司法向舆论释放了善意，最高院最终做出决定，将吴英的死刑改判为死缓，其后又改判为无期徒刑。尽管吴英的判案已经基本尘埃落定，但吴英本人一直对此不服。2013年5月，吴英对东阳市政府提出行政诉讼，要求返还当时被封存的公司财产及营业执照。两年多后，金华市中院就此做出裁定，不予

---

[1] 新华网.国务院总理温家宝会见中外记者.http://www.xinhuanet.com/politics/2012lh/zhibo/zongli/wz_2.htm.

立案。吴英随即向浙江省高院上诉,但又被省高院驳回。吴英方面随即发起再审申请。与此同时,吴英案刑事部分也在 2013 年提出申请再诉。2018 年 3 月 23 日,浙江省高级人民法院依法公开审理吴英减刑一案,当庭做出裁决,将吴英的刑期由无期徒刑改为有期徒刑 25 年,剥夺政治权利 10 年。

随着时间的推移,吴英一案的影响渐渐淡去,但是在吴英失去自由以后,中国金融体制改革的步子却明显加快,民间金融已经取得合法的地位,民间借贷受法律保护,利率也已实现市场化,甚至,民营资本可以组建自负盈亏的民间银行。实事求是地说,此后我国金融市场改革所取得的进步,吴英一案是有推动作用的。改革开放的脚步之快,已经超越了吴英案发时的诸多理念之争。而今天回过头来看这起当时轰动全国的案子,其中留下的各种遗憾仍然值得反思。

07

2008 年的金融危机，是一场堪比 20 世纪 30 年代大萧条的经济危机，对于中国来说，当时中国的经济与全球经济的联系从未如此紧密，遭受的冲击自然是史无前例的，这也是改革开放面临的一次重大挑战和考验。

"4万亿计划"

"这场危机来势之猛、扩散之快、影响之深,百年罕见。"这是 2013 年"两会"上,时任总理温家宝在政府工作报告中的一句概括。这句话所形容的危机,正是 2008 年全面爆发的全球金融危机,这场危机还有很多别称:次贷危机、信用危机、金融海啸、华尔街海啸等。在这场海啸一般的危机中,几乎没有国家和地区可以幸免。

这场全球性的金融危机,以 2006 年春季开始逐步显现的美国次贷危机为开端,在美国国内先后经历了次级抵押贷款机构破产、投资基金被迫关闭、股市剧烈震荡,导致全球主要金融市场出现严重的流动性不足。到 2007 年 8 月,危机已经席卷欧盟和日本等世界主要金融市场,直到 2008 年全面爆发,震动世界。

受其影响,从 2008 年第三季度起,中国经济增长率加速下滑。到了 11 月和 12 月,全国进出口总值开始出现负增长。11 月全国进出口总值同比下降 9%,其中出口下降 2.2%,进口下降 17.9%。12 月全国进出口总值同比下降 11.1%,其中出口下降 2.8%,进口下降 21.3%。到 2009 年第一季度,GDP 增长率已经跌至 6.62%。这个数字是不敢想象的,要知道 2007 年中国 GDP 增长率高达 14%,即使是 2008 年,也达到了 9.7%。

在经济增长断崖式下跌的背景下,2008 年 11 月,国务院颁布了一项前所未有的"4 万亿"一揽子计划,推出进一步扩大内需、促进经济平稳较快增长的 10 项措施,主要集中在民生工程、基础设施、生态环境建设和灾后重建等方面。因为从 2008 年第四季度到 2010 年年底,预计需要投资 4 万亿元,这 10 项措施也被外界称为"4 万亿计划"。

和中国的"4 万亿计划"几乎同步的是,2008 年 10 月 3 日,美国布什政府签署了总额高达 7000 亿美元的金融救市方案;10 月 30 日,日本政府公布一揽子总额 26.9 万亿日元(约合 2730 亿美元)的经济刺激方案;11 月 26 日,欧盟出台一项总额达 2000 亿欧元的大规模经济刺激计划,内含扩大公共开支、减税和降息三大提振实体经济的举措。

国家发改委的数据显示,中国的 4 万亿元救市资金,约 37%(1.5 万亿元左右)被用来建设基础设施(铁路、公路、机场等)和城市电网,约 25% 的资金(1 万亿元左右)被用在地震灾区灾后重建。剩下的资金,其用途包括保障性住房、自主创新和农村水电路气房等。几乎和药到病除一样,"钱到病除"的效果也显现得很快。2009 年第四季度,中国的 GDP 增速已经攀升至 9.24%,这一年来,宛如坐了一趟过山车。

"4 万亿计划"成功地遏止了经济下滑,击退了金融危机,为全球经济和贸易提振了信心,注入了活力。但是正如很多药物都有副作用一样,金融危机一过,中国的物价开始全面上涨,急速扩张的投资让产能迅速增加,市场难以消化,尤其是钢铁、水泥、建材等相关行业,出现了严重的产能过剩。这也为现在的供给侧改革埋下了伏笔。

此外,这 10 项措施,是政府之手强有力的干预,不利于自由市场的发展。而且,"4 万亿计划"中的资金,很多流入了国企,对于民营企业产生了一定的"挤出效应"。张维迎曾公开批评这项计划说:"最重要的经济驱动是靠企业家精神,包括需求。如果用货币政策创造需求,如果政府用其他手段创造需求,我觉得都是灾难。"

2015 年 3 月 27 日晚上,在海南博鳌亚洲论坛上,经济学家林毅夫在谈到"4 万亿"问题时曾表示,从 2008 年到 2010 年政府实际投资了 30 万亿元,投资的比整个经济增长的还多。他解释称,主要是银行管理体制有一个很不合理的规定,比如一个项目贷款额是 1 亿元,第一年可能只用 2500 万元,还有 7500 万元,就放在银行里,贷款变成了存款,存款又可以变成贷款。这很容易导致企业做投机性的活动。

其实,早在林毅夫发表这一观点的前一年,在 2014 年的博鳌亚洲论坛上,耶鲁大学金融学教授陈志武也曾说过:"中国的 4 万亿,实际上不仅仅是 4 万亿,就湖北一个省的刺激方案就超过 4 万亿了。"并表示,回过头来看"4 万亿计划"的影响,之所以在随后几年出现通胀,跟那个时候的过急、过快、过度的经济举措关系非常大。

2008 年的金融危机,是一场堪比 20 世纪 30 年代大萧条的经济危机,对于中国来说,当时中国的经济与全球经济的联系从未如此紧密,遭受的冲击自然是史无前例的,这也是改革开放面临的一次重大挑战和考验。

如今,"4 万亿计划"已经过去了 10 年,它对中国经济的利与弊、短期与长期的影响,仍然充满争议,批评和赞许之声并存。不过,唯一可以肯定的是,这个影响,至今依然存在。

三鹿奶粉事件

2008 年 3 月,据新浪报道,从"三鹿内部邮件"取得消息称:"2008 年 3 月以来,三鹿集团先后接到个别消费者反映:婴幼儿在食用三鹿婴幼儿奶粉后,出现尿液变色或尿液中有颗粒现象。"该消息后被新浪删除。

6 月,三鹿又陆续接到婴幼儿患肾结石等病状去医院治疗的信息。同时,有人在国家质检总局食品生产监管司的留言系统中反映食用三鹿奶粉导致多名婴儿患上肾结石。

7 月,徐州儿童医院小儿泌尿外科医生冯东川在国家质检总局食品生产监管司的留言系统里反映今年婴儿双肾结石导致肾衰的病例出奇增多,且大多饮用三鹿奶粉,并提出了相关的建议,也未得到明确答复。

8 月,据新浪报道"三鹿内部邮件"显示:8 月 1 日下午 6 时,三鹿取得检测结果,确认奶粉等乳品含有三聚氰胺。8 月 2 日下午,三鹿分别将有关情况报告给了地方政府,并开始回收市场上的三鹿婴幼儿奶粉。8 月 4 日至 8 月 9 日,三鹿对送达的 200 份原料乳样品进行了检测,认为"人为向原料乳中掺入是三聚氰胺进入婴幼儿奶粉中的最主要途径"。此时,三鹿确认因自己集团生产的奶粉导致众多婴儿患有肾结石。

从"内部人"公开举报开始计算,到三鹿集团正式采取行动,竟然经过了数月的延宕。"中国 500 个最具价值品牌之一""中国驰名商标""中国顶尖企业百强",乳品行业第一位、号称品牌价值 149.07 亿元的中国乳业巨头,面对质量问题如此麻木不仁,简直超乎想象。而监管部门对媒体曝光视而不见,对官方留言系统的举报也视而不见。到了 8 月份,三鹿集团已经意识到问题严重,向地方政府报告后,地方政府竟然无所作为。如果在这几个月内,企业、监管部门、地方政府的"三驾马车"之中的任何一家积极行动起来,结果也不会如后来那样惨烈!

就在"三驾马车"还在"梦游"时,三鹿奶粉事件在海外的影响迅速升级。新西兰的恒天然乳品公司是全球最大的奶粉生产企业之一,持有三鹿集团 43% 的股份。8 月 2 日发现奶粉污染问题后,恒天然就不断要求董事会"全面公开回收问题产品"。但是,这一建议被三鹿公司董事会否决。三鹿公司董事会一共有 7 名董事,恒天然公司只占有 3 名。

8 月 14 日,新西兰驻华大使馆收到了恒天然公司通报的有关信息。驻华大使馆和地方政府沟通,试图劝说地方政府召回有毒奶粉。然而,这次努力还是失败。恒天然公司只好把信息向新西兰政府汇报。

9 月 8 日,新西兰总理海伦·克拉克召集多名资深内阁部长开会讨论中国三鹿奶粉的质量问题。海伦·克拉克表示她是 9 月 5 日被告知此事的:"我想,地方政府的第一反应就是试图掩盖问题,私下解决,不愿意正式召回。新西兰政府从来不会这样干。""你可以想象得到,当新西兰政府向北京披露后,重拳落到了地方政府身上。"会议做出决定:由新西兰外交部给新西兰驻华大使下指示,命令大使把三鹿有毒奶粉的信息直接反映到中国的中央政府。克拉克总理还命令新西兰食品安全局(Food Safety Authority)照会其他有关国家,征求他们的意见。

就在海外的企业与政府为"全面召回"与三鹿集团、地方政府反复周旋的一个多月时间里,甘肃、陕西、广东、河南、湖北、江苏、湖北等地均有食用三鹿奶粉的婴儿患病入院的消息,部分地方媒体报道了相关消息,但是都以"某奶粉"称之。海外各方的心急如焚与国内的遮遮掩掩形成了难堪的反差。而三鹿集团与河北地方政府的"镇定自若",令人咋舌。

值得一提的是,8月8日北京奥运会盛大开幕,三鹿是其指定供应商之一。三鹿高管在事后回忆时称,他们担心在奥运期间公开此事会造成严重的不良影响,所以选择避重就轻,这样的"大局观"让人无法理解。

2008年9月11日,上海《东方早报》在A20版刊发报道《甘肃14婴儿同患肾病 疑因喝"三鹿"奶粉所致》,率先点出三鹿奶粉的品牌。一时舆论哗然!三鹿奶粉丑闻至此开始大白于天下,事件急剧升温。此后数日,消息更新节奏以小时计。

三鹿集团被媒体点名后的反应是谎言加拖延,可谓危机公关中最恶劣的典型。11日上午,三鹿集团称委托甘肃省质量技术监督局对三鹿奶粉进行了检验,结果显示各项标准符合国家质量标准。但事后甘肃省质量技术监督局召开新闻发布会,声明该局从未接受过三鹿集团的委托检验。同时,三鹿集团通过多渠道公开发表消息,宣称自己的产品没有问题,甚至指责受害者家庭未科学喂养婴儿才是肾结石的原因。理直气壮、言之凿凿的态度,底气何来耐人寻味。可是,谎言终究撑不住太久。

9月11日20时,卫生部发布消息,表示高度怀疑三鹿奶粉被三聚氰胺污染。40分钟后,三鹿集团强硬的"人设"崩塌,发布产品召回声明,召回2008年8月6日前生产的婴幼儿奶粉。

同日,卫生部已将事件有关情况向世界卫生组织及有关国家通报。美国食品药品监督管理局(FDA)发出警告:"不要购买、不要食用中国婴儿奶粉。"事件负面影响蔓延到多国,世界卫生组织等国际组织对此事件保持了高度关注。实际上,三鹿奶粉事件后,中国乳业在海外市场一度近乎全军覆没。

9月12日,三鹿受污染奶粉致婴儿泌尿系统结石事实被初步认定。包括北、上、广、津在内的各大城市,三鹿奶粉被下架。三鹿集团试图以隐瞒和抵赖蒙混过关的企图彻底失败。

9月13日,事件进入高潮。各方开始实质行动。国务院启动国家安全事故Ⅰ级("Ⅰ级"为最高级,指特别重大食品安全事故)响应机制处置三鹿奶粉污染事件。

当天13时,卫生部宣布由其牵头的联合调查组已赶赴奶粉生产企业所在地,会同当地政府查明原因,查清责任,并将严肃处理有关责任人。

14时,三鹿集团发布消息,称此事件是由不法奶农为获取更多的利润向牛奶中加入三聚氰胺,"不法奶农才是这次事件的真凶"。不是开诚布公、道歉反省,而是急于拙劣地卸责,三鹿集团高管们可能高估了自身的能量。

17时,石家庄政府首次露面。在调查组尚未公布事件调查结果之前,副市长赵新朝代表石家庄市委、市政府宣布事件是不法分子在原奶收购过程中添加了三聚氰胺所致。这一结论与三鹿集团口径一致。

当晚,国务院对三鹿牌婴幼儿奶粉事件做出六项决定,其中包括:责成河北省政府对三鹿集团采取停产等处理措施;卫生部会同有关部门组成联合调查组已赴河北调查事件原因;质检总局对全国婴幼儿奶粉生产企业进行全面检查。

同日,百度公司声明:三鹿两次要求百度屏蔽负面新闻连遭百度拒绝。经过9月13日的"折腾",三鹿公司崩盘实际上已成定局。

9月14日,河北省通报,已有19位犯罪嫌疑人被刑事拘留。其中有18人是牧场、奶牛养殖小区、挤奶厅的经营者。显然,地方政府既定的方针就是按照和三鹿统一口径的以处理"不法分子"为方向来收拾残局。

9月15日,三鹿集团股份有限公司副总裁张振岭在河北省政府召开的新闻发布会上,向因食用三鹿婴幼儿配方奶粉导致疾病的患儿及家属道歉。可是,这姗姗来迟的道歉信还是强调外部原因,仍然没有对自己内部的问题进行反省。明显是和地方政府配合步调,力求尽快了结。

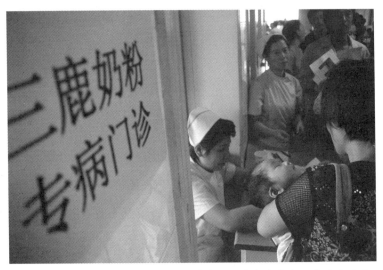

▲2008年9月14日,众多家长带着孩子前来南京市儿童医院开设的"三鹿奶粉专病门诊"就诊。9月13日,南京市儿童医院正式开设了"三鹿奶粉专病门诊",由小儿肾脏病专家坐诊。

同日,卫生部要求,各地医疗机构要对服用奶粉而患肾结石的患儿实施免费治疗。显然,全国范围的免费医疗将会进一步暴露三鹿的问题,卫生部并没有就此收场的意图。

9月16日,对事件直接责任人的一系列处置开始启动。石家庄三鹿集团党委书记、董事长田文华被免职。同时免去石家庄市分管农业生产的副市长张发旺的职务,同时被免职的还有石家庄市相关管理部门的干部三人。

同日,国家质检总局发布公告,撤销三鹿公司免检资格和"中国名牌"产品称号。并且紧急在全国开展了婴幼儿配方奶粉三聚氰胺专项检查,共涉及 109 家企业,包括三鹿、伊利、蒙牛、雅士利等知名企业在内的 22 家企业被检出三聚氰胺,其中三鹿奶粉含量最高。另有 87 家企业的婴幼儿配方奶粉未检出三聚氰胺。

9 月 17 日,河北省委决定免去冀纯堂石家庄市长、市委副书记的职务。

9 月 20 日,时任政治局常委、国务院副总理李克强来到河北省,代表中共中央、国务院看望三鹿婴幼儿奶粉事件中的患病儿童,并考察患儿救治工作和奶制品市场情况。

9 月 21 日,时任政治局常委、国务院总理温家宝来到北京市医院、社区和商场,看望在三鹿奶粉事件中患病的儿童,了解救治情况和奶制品市场情况。

9 月 22 日,免去吴显国的河北省省委常委、石家庄市委书记职务。同意接受李长江同志引咎辞去国家质量监督检验检疫总局局长职务的请求。地方和中央各有一名大员落马,三鹿奶粉事件的紧急处置告一段落。

截止到 9 月 21 日 8 时,各地报告因食用问题婴幼儿奶粉正在住院接受治疗的婴幼儿共有 12892 人,其中死亡 3 人(甘肃 2 人、浙江 1 人),有较重症状的婴幼儿 104 人;此前已治愈出院 1579 人。此次事件波及婴幼儿 30 万,直接经济损失达 20 亿元,更不用提三鹿品牌价值 149.07 亿元灰飞烟灭了。三鹿的企业文化里有一句:"成功需要做好一切,失败只需一个细节。"它应验了。

2009 年 1 月,三鹿奶粉案进入司法审判,田文华被判处无期徒刑,其他涉案的三名三鹿集团高管被判刑,三名涉嫌制造和销售含三聚氰胺的奶农量刑最重,被判处死刑。

三鹿奶粉事件后,"三聚氰胺"这样一个极为冷僻的化学名词不仅路人皆知,而且和"毒奶粉"一起成为文化符号,成为留给中国社会的疤痕。中国乳业整体走入低谷,国民对国产奶粉的信任崩溃。进口婴儿配方奶粉供不应求,海外代购搞得中国香港、荷兰等地货架一空,纷纷制订"奶粉限购令"。可是,三聚氰胺和中国乳业的"缘分未了"。2010 年 1 月 30 日,全国食品安全整顿工作办公室才对外正式披露称,2009 年以来,陆续查处了上海熊猫炼乳、陕西金桥乳粉、山东"绿赛尔"纯牛奶等多起乳品三聚氰胺超标案件。

也许,比起关心田文华风烛残年的最后命运,中国社会更该问一句:我们真的吸取三鹿奶粉事件的教训了吗?

山西煤矿整合大变局

2009 年对于山西而言,是非同寻常的一年。这一年开始的轰轰烈烈的煤炭整合运动,直接改写了煤炭产业的历史,它所引起的有关"国进民退"的讨论,也将山西带到风口浪尖。

煤矿整合运动拉开序幕,还要从一份文件说起。2008 年 10 月,山西省政府发布《关于加快推进煤矿企业兼并重组的实施意见》,要求通过大型煤矿企业兼并重组中、小煤矿,形成大型煤矿企业为主的办矿体制。

具体目标很明确:到 2010 年年底,山西省内煤矿企业规模不低于 300 万吨/年,矿井个数控制在 1500 座①以内。在全省形成 2～3 个年生产能力亿吨级的特大型煤炭集团,3～5 个年生产能力 5000 万吨级以上的大型煤炭企业集团,

---

① 在 2009 年 4 月 15 日下发的《山西省人民政府关于进一步加快推进煤矿企业兼并重组整合有关问题的通知》中,这一数字被调整到了 1000 座。

要使大集团控股经营的煤炭产量达到全省总产量的75%以上。

煤炭是基础性的能源产品,在当时是绝对的暴利行业。自从1983年煤炭工业部发布《关于加快发展小煤矿八项措施的报告》后,准入门槛逐渐放宽。截止到2008年,山西一共有各类矿井2598座,这还不包括一些私自开采的小煤矿。煤矿产业的暴利,吸引了大量民间资本的进入,也催生出数量庞大且独具特色的煤老板群体,他们被视作暴发户的象征。

煤矿整合意见的下达,对煤老板的影响是颠覆性的。按照2009年4月山西省政府审议通过的《山西省煤炭产业调整和振兴规划》,到2010年,山西全省矿井数量要从2598座减少到1000处;到2015年,数量控制在800处左右。随着大刀阔斧的兼并重组和关停,绝大多数煤老板们都将失去对煤矿的控制权,将摇钱树拱手相让。

这场煤矿整合运动堪称浩大,但并非无迹可寻。其实,在煤老板们疯狂吸金、矿井遍地开花的那几年,山西煤炭产业已经有了一系列改革信号。2004年的煤炭产权改革,山西关闭了4000多座非法煤矿,年产3万吨以下的小煤矿被淘汰;2006年,《山西省煤炭资源整合和有偿使用办法》将产能门槛提升到9万吨。按照政策趋势,产业走向规范化是必然。

山西煤矿整合治理,是因为散乱的小煤矿不便于管理,导致效率低下,产能严重受限。更重要的是,在煤老板们赚得盆满钵满,挥金如土的同时,频发的矿难,以及对生态的巨大破坏,让人们对这个带血的行业没有任何好感,煤矿整合有民意的加持。

当然这场博弈的不对等,除了煤老板的负面形象因素之外,更主要还是因为当时的山西煤炭产业中,30万吨及以下小煤矿占矿井总数的80%以上,面对进场的有政府背书的国有资本,零散中小煤矿主根本没有招架之力,他们必须服从将山西省煤矿产业做大做强的大局。

最极端的例子是山西洪洞县。当地政府亲自上阵,强制规定民营煤矿整合,无论大小,都要拿出 16％ 的股权,注入县政府控股的煤炭投资公司。这也从侧面说明,煤炭整合不只对煤老板产生了影响,对基层政府来说,整合兼并后仍然是在原煤矿所在地注册公司,但是省属煤炭大国企的进入,实际上削弱了市、县一级的控制权,减少了他们的财源。

在各方激烈博弈的同时,山西的做法也引起了极大争议。煤矿整合运动两年之前的 2007 年 10 月 1 日,全方位保障私人产权的《物权法》正式实施;再往前,2005 年 2 月国务院"非公经济 36 条"出炉。这是首部以促进非公有制经济发展为主题的中央政府文件,其发布目的也很明确,鼓励非公经济,放宽市场准入,确保市场经济足够公开、公平、公正。

为民营经济正名,同时通过法律为私人财产确权,这被认为是极大的进步。在一些原本垄断的关键领域,也出现了"国退民进"现象。但是山西却反其道而行之,用国有资本来整合民间的中小煤矿,用行政命令要求民间资本退出,有关"国进民退"的批评甚嚣尘上。

然而争议再大,也挡不住山西的决心。《2009 年山西省国民经济和社会发展统计公报》显示,上半年全省 GDP 为 3105.99 亿元,同比下降 4.4％,成为唯一负增长的省份;2009 年全年的 GDP 增速只有 5.5％,远低于全国 9.4％ 的增长水平。山西煤矿整合的决心可见一斑。

在煤矿整合阶段性目标的截止日期,也即 2010 年,山西宣布煤矿整合取得了阶段性的重大成果,至此接近两年的产业大调整暂时收官。这场运动除了催生几大国企煤炭巨头,改写山西煤炭的产业版图之外,另一个重大影响便是让煤老板群体退出历史舞台。

不过故事并没有到此结束。煤矿整合的"山西经验",作为一种提升产能、安全性和增强行业竞争力的成功模式,被推广开来。继山西之后,产煤大省内蒙古和河南也掀起煤改运动。当然,同山西的激进和轰动相比,无论是规模、力度还是影响力,已经不可同日而语。

3G 牌照发放

如果有人把 20 世纪 90 年代至今使用过的手机一字排开,会发现一个规律:手机的外形尺寸,先由大变小,再由小变大,此外,手机厚度也越来越薄了。

这个变化,其实暗合移动通信技术的更新迭代。第一代模拟制式手机,也就是所谓的 1G 手机,只能移动通话,由于当时的电池容量限制和模拟调制技术需要硕大的天线和集成电路,所以个头很大,像一块板砖。

到了 2G 时代,开始使用 GSM 或者 CDMA 这些十分成熟的标准,可以支持短信、彩信业务的 GPRS 和上网业务的 WAP 服务,以及各式各样的 Java 程序等。发短信是除了打电话之外的另一种潮流,短信拜年也成为一种新年新习俗。这个时候,人们追求轻小便捷,手机屏幕越做越小,诞生了一波袖珍手机。

不过,手机真正成为互联网的一个稳定、全面的载体,还是在 3G 时代。第三代手机,一般是指将无线通信与国际互联网等多媒体通信结合的新一代移动通信系统。它能够处理图像、音乐、视频等多种媒体形式,提供包括网页浏览、电话会议、电子商务等多种信息服务,自然也就要求手机屏幕大起来。

3G 的诞生和普及,标志着手机功能从语音通信时代进入多媒体通信时代。

2009 年 1 月 7 日工信部宣布,批准中国移动增加基于 TD-SCDMA 技术制式的 3G 业务经营许可,中国电信增加基于 CDMA2000 技术制式的 3G 业务经营许可,中国联通增加基于 WCDMA 技术制式的 3G 业务经营许可。这意味着中国的移动通信运营商,已经拿到了打开 3G 大门的钥匙。

3G 技术不仅开启了移动通信技术的多媒体时代,同时也成为刺激社会投资和消费的经济增长动力。时任工信部部长李毅中曾表示,按照电信运营企业各自发展规划,2009 年、2010 年两年预计完成 3G 直接投资 2800 亿元左右。3G 牌照发放后,也有专家分析称,3G 投资近 3 年能拉动近 2 万亿元社会投资。大唐电信则估算,未来 5 年 3G 直接投资约 1.5 万亿元,对 GDP 的贡献约 10 万亿元。

不过显然,很多人还是低估了通信技术的变革效率。在 3G 技术及其应用普及的同时,4G 技术已经"黄雀在后"了。2010 年,被认为是海外主流运营商规模建设 4G 的元年。在 3G 牌照下发仅仅 3 年后,2012 年国家工业和信息化部部长苗圩就表示,4G 的脚步越来越近,4G 牌照在一年左右时间内就会下发。

这并非无的放矢,2013 年,"谷歌光纤概念"开始在全球发酵,从美国向非洲、东南亚等地推广,同年 8 月,国务院总理李克强主持召开国务院常务会议,要求提升 3G 网络覆盖和服务质量,推动年内发放 4G 牌照;12 月 4 日,三大运营商均获得了 4G 牌照即 TD-LTE 牌照,这标志着中国电信产业正式进入了 4G 时代。拿到牌照半个月后,中国移动在广州宣布,将建成全球最大 4G 网络,预计到 2014 年年底,4G 网络将覆盖超过 340 个城市。事后证明,实际速度比这个更快。

4G 的主要功能和技术特点是集 3G 与 WLAN 于一体,并能够快速传输数据、高质量、音频、视频和图像等;它能以 100Mbps 以上的速度下载,比当时的家用宽带 ADSL(4 兆)快 25 倍,并能够满足几乎所有用户对于无线服务的要求。

此外,4G 还冲破了地域性限制,可以在 DSL 和有线电视调制解调器没有覆盖的地方部署。也就是说,4G 已经让移动互联网对 PC 互联网形成了全面压制,PC 端能够做的事情,4G 时代的手机几乎都可以胜任,甚至可以做得更高效,而且还有 PC 端无法比拟的即时、便捷、流动的优势。

如果说,3G 技术改变了通信,那么 4G 技术则改变了互联网。4G 技术刚开始应用时,还有不少来自用户的担心和顾虑,有人戏称"如果晚上忘了关闭 4G 连接,一觉醒来,你的房子都快成移动公司的了"。的确,在应用之初,4G 技术确实出现过一些较为极端的"天价流量费"的案例,但是这依然无法阻挡 4G 技术的迅速普及和逐渐成熟。

2018 年 7 月,工信部公布的《2018 年上半年通信业经济运行情况》显示,4G 用户总数达到 11.1 亿户,占移动电话用户的 73.5%。此外,Wi-Fi 迅速、大规模的覆盖,让流量不再是问题。

和 4G 面临的问题一样,没有谁能够阻挡移动通信技术的疯狂。早在中国颁发 3G 牌照前,2013 年 2 月,欧盟就宣布将拨款 5000 万欧元,加快 5G 移动技术的发展,计划到 2020 年推出成熟的标准。同年 5 月 13 日,韩国三星宣布,已成功开发第 5 代移动通信的核心技术,这一技术预计将于 2020 年开始推向商业化。

2016 年 11 月 16 日,在浙江乌镇的第三届世界互联网大会上,美国高通公司展现了可以实现"万物互联"的 5G 技术原型,高通 5G 向千兆移动网络和人工智能迈进。2017 年 12 月 21 日,在国际电信标准组织 3GPP RAN 第 78 次全体会议上,5G NR 首发版本正式冻结并发布。2018 年 2 月 23 日,沃达丰和华为完成首次 5G 通话测试。2018 年 8 月 3 日,美国联邦通讯委员会(Federal Communications Commission,FCC)发布高频段频谱的竞拍规定,这些频谱将用于开发下一代 5G 无线网络。

5G 时代,已经在不远处招手。移动通信技术的突飞猛进,让 90 后、00 后这样的新生代,都能亲身感受到历史更迭的剖面。技术在翻新,时代在进步,这是谁也无法阻挡的力量。而纵观改革开放 40 年,无疑也是利用技术、更新技术、创造技术以求快速发展的 40 年。从"楼上楼下,电灯电话"到象征着潮流和地位的"大哥大",再到翻盖手机、"火柴匣",最后是智能手机独霸一方,可以说,使用什么样的手机和网络技术,体现着一个国家和社会处于时代的哪一端。

汽车消费井喷

2009 年年初,为应对金融危机对中国经济尤其是实体经济的影响,根据国务院部署,国家发改委等部门陆续制定发布了钢铁、汽车、船舶、石化等 10 个重点产业调整和振兴计划,试图保增长、促就业,并带动产业转型升级,这也是 4 万亿投资和 10 万亿信贷经济刺激计划的一部分。

2009 年 1 月 14 日,国务院会议率先审议并原则通过汽车产业和钢铁产业调整振兴规划(以下简称"规划")。由此开始,汽车产业迎来爆发式增长。

值得注意的是,国务院选择先从汽车开始提振消费,并非没有根据。2008 年,《CCTV2008 经济生活大调查》节目做了一项数据统计,发现人均年收入在 3 万元以上的家庭最想购买的就是汽车。可当大家拿着钱去买车的时候,却发现 4S 店根本没有那么多新车,即使付了钱也至少要等上两个星期才能提货。

这是一个非常明显的信号,说明国内消费者对汽车的需求越来越高。而要在中国培育出巨大的汽车消费市场,政策先行才能带动老百姓的购车欲望。政策的具体内容主要包括鼓励消费者购买小排量车,鼓励汽车企业研发自主品牌,对1.6升及以下排量乘用车的车辆购置税减半,燃油税改革,扶持新能源车,增加老旧汽车报废更新补贴资金,并清理取消限购汽车的不合理规定,等等。

在政策的刺激下,又恰逢春节旺销,国内汽车市场在1、2月就明显回暖,多家轿车厂家,特别是以小排量为主的奇瑞、吉利、比亚迪等自主品牌轿车,销量创月度新高。

而这仅是前奏,接下来的3月到12月,中国汽车产销连续10个月达到百万辆水平。从全年的情况来看,2009年全国共生产1379.10万辆,销售1364.48万辆,同比分别增长48.30%和46.15%,乘用车销售首次超越千万辆门槛。当年美国新车销量为1043万辆,比2008年销量减少了280万辆。这也意味着,中国正式超越美国,成为全球第一大新车市场。

▲2009年4月27日,上海一国际车展。

另一组统计也同样值得关注,在市场发展远超预期的情况下,中国汽车工业协会多次修改产销目标,从1020万辆到1100万辆,最后又上调到稳超1300

万辆。要知道,在"规划"中,2011 年的目标才是 1300 万辆。3 年规划 1 年实现,汽车市场的火爆程度可见一斑。

在激烈的市场竞争中,中国汽车产业的集中度进一步提高,排名前十的汽车生产企业共销售汽车 1189.33 万辆,占汽车总销量的 87%。

此外,在"规划"公布后不久,期待已久的《汽车产业调整振兴规划细则》也下发到各大车企。其中鼓励"四大四小"兼并重组。所谓"四大",指的是上汽集团、一汽集团、东风汽车集团、长安汽车集团,鼓励它们在全国范围内实行兼并重组;"四小"则是指北汽集团、广汽集团、奇瑞汽车、中国重汽,鼓励它们在区域间开展兼并重组。

2009 年 5 月 21 日,广汽与长丰集团在湖南长沙签订股权转让协议,这是《汽车产业调整振兴规划细则》发布后中国汽车企业的第一个战略重组项目。随后,中国兵器装备集团旗下的长安汽车成功重组中航工业旗下的昌河汽车、哈飞汽车、东安动力、昌河铃木和东安三菱,这是当时国内汽车行业规模最大的一次兼并重组。

当然,光国内企业并购重组还不足以证明 2009 年火爆的汽车市场。在海外收购战中,中国车企同样有很亮眼的表现。由于金融危机的冲击,不少国外车企纷纷倒下,尤其是在美国,有着"汽车之城"美誉的底特律,其政府的财政早已入不敷出,面临破产边缘。2009 年 6 月 3 日,通用汽车对外公布了四川腾中重工就悍马品牌的使用权等相关协议细节,在悍马破产文件中,其估值为 5 亿美元。在这样的情况下,从腾中重工对悍马的收购中,能品尝出一些特别的味道,尽管最后由于中国监管机构未能批准导致交易告吹。

而说到当年"蛇吞象"最经典的案例,自然非吉利收购沃尔沃莫属。要知道,创立于 1927 年的沃尔沃,可是瑞典人最骄傲的汽车品牌,曾经可以做到与 ABB

（奥迪、宝马、奔驰）三大巨头在汽车市场上分庭抗礼。2007 年,吉利的收入大约为 100 亿元,而沃尔沃则是 106 亿美元,这明摆着是"癞蛤蟆想吃天鹅肉"。所以当李书福第一次跑到美国,向沃尔沃当时的母公司——福特汽车的 CEO 阿兰·穆拉利表明收购意向时,阿兰给出的答复很明确:"对不起,沃尔沃不卖。"

不过,时势的变化还是超乎了所有人的想象。金融危机之后,福特公司当年亏损 146 亿美元,其中沃尔沃运营亏损就达到了 14.6 亿美元,为了加快重组进程,福特最终还是将沃尔沃拿了出来,标价 60 亿美元。而当时的李书福,通过聘请罗斯柴尔德银行方面的人士做财务顾问,了解到沃尔沃公司的真实情况,给出了 35 亿美元的报价。这还不是底价,最终李书福把价格压在了 18 亿美元。

2009 年 12 月 23 日,吉利宣布已与福特汽车就收购沃尔沃轿车公司的所有重要商业条款达成一致。随后,2010 年 8 月 2 日,吉利正式完成对沃尔沃的全部股权收购。自此,吉利终于把沃尔沃这个"洋公主"娶回了家。

用 9 年后的眼光来看当时的这场并购案,当初想看吉利笑话的人无疑要失望了。在李书福"无为而治、充分放权"的管理模式下,2017 年沃尔沃全球销量达 53.4 万辆,创历史新高;营业额 1806.7 亿瑞典克朗(约合 1424.7 亿元),同比增长 10%;利润更是大涨 66%,达 110 亿瑞典克朗(约合 87 亿元)。而吉利本身也有长足的进步,2017 年吉利汽车销量 124.7 万辆,同比增长 63%,成功跻身百万俱乐部。

从上述并购案中可以看出,中国自主品牌正试图通过收购海外资产的方式取得更大的优势。从结果以及这些年的发展来看,其中既有成功,也有失败和教训,而这些都是中资走向世界的过程中所必须经历的挑战。

此外,2009 年同样也是新能源汽车开始引起政府重视的一年。2 月 17 日,工信部等多部委联合召开节能与新能源汽车示范推广试点工作会议,中国新能源汽车产业就此拉开大幕。全年共 24 家汽车生产企业的 47 个型号的新能源汽车产品列入推荐车型目录,并通过工信部《车辆生产企业及产品公告》发布。不过,和庞大的燃油车市场相比,2009 年,中国市场新能源汽车产销量只有 5000 辆左右,整体实力还比较薄弱。

在大洋彼岸,经历了惨败的美国汽车产业也在迎来新生,只不过,这次的新生地点不在传统汽车濒临崩溃的底特律,而在充满互联网气息的硅谷。在这里,时任美国总统奥巴马考察了由"科技狂人"马斯克创立的特斯拉,当时已经 5 岁的特斯拉,迟迟没有发布自己的跑车,让外界质疑声四起。就在这时候,奥巴马政府的能源部为特斯拉提供了 4.65 亿美元的贷款担保,给马斯克送来了救命泉水。谁知道如果没有奥巴马的帮助,现在还会不会有特斯拉的传奇呢?

不过,时隔 9 年,再回首来看当初的汽车消费井喷狂潮,我们也能够看到一些政策刺激带来的负面影响。在某种程度上,过快的造车运动加剧了产能过剩的局面,表面上看,购置税等优惠政策退出、油价持续上涨是导致汽车产销增长乏力的原因,但经过前期的快速增长,民众的汽车消费需求已经被填满了大半,汽车消费的环境逐渐变差,再加上基础设施建设的滞后性,大城市堵车、停车难等问题越来越严重,这些都给日后中国的汽车产业埋下了隐患。这个过程在 2010 年就已经开始显现,到了 2011 年则更加严重。

中国成为世界第二大经济体

2010年，对于中国人来说，印象比较深刻的是上海世博会，也即第41届世界博览会的举办。这场盛会带来的感官体验和精神体验，应该仅次于2008年的奥运会。和鸟巢一样，世博会上大红色积木式结构的中国馆，也给国内外人士留下了深刻的标签记忆。

上海世博会以"城市，让生活更美好"为主题，总投资达450亿元，创造了世界博览会史上最大规模纪录。提到"纪录"这个词，巧合的是，正是在世博会举办期间（2010年5月1日至10月31日），中国经济又在悄无声息中打破一项重要纪录，迎来一次飞跃。

2010年8月16日，日本方面公布的数据显示，日本第二季度国内生产总值为1.288万亿美元，低于中国1.339万亿美元的第二季度产出。这样的数据在预料之中，而且凭借当时中日两国GDP增速的悬殊差距，几乎可以断定，中国经济总量在 2010 年超越日本已经是无法逆转之势。

改革开放后,历经 32 年的飞速发展,中国终于成为仅次于美国的世界第二大经济体。而这一年,距离中国超越德国成为世界第三,仅仅才过去 3 年。这就是中国速度,既势不可挡,也理所当然。与其说这个古老的国家是在开辟新世界,倒不如说是在恢复往昔的荣耀,以及与之庞大的人口、疆域相般配的经济实力。

一切都在意料之中,2011 年年初,日本内阁发布数据显示,日本 2010 年 GDP 为 54742 亿美元,比中国少 4044 亿美元,这也是 1968 年以来,日本经济首次退居世界第三。

其实,2010 年的中国,不只是 GDP 总量,在很多方面,早已对得起"世界第二大经济体"这个身份。这一年,中国制造业总产出跃居世界第一位。而在 2009 年,中国全年出口额就超过德国成为世界第一。至于中国的外汇储备,在 2006 年,就已经超过日本,成为世界第一外汇储备国。

其实,以 GDP 来衡量一个经济体,在中国并不久远。20 世纪 80 年代初,中国开始研究联合国国民经济体系的国内生产总值(GDP)指标。中国于 1985 年开始建立 GDP 核算制度,1993 年正式取消国民收入核算,将 GDP 作为国民经济核算的核心指标。

回想改革开放之初,中国经济总量只有 3678.7 亿元,世界排名第 15 位(国家统计局数据)。而当年日本 GDP 就已经高达 9967.42 亿美元,排名仅次于美国,中国 GDP 达到这种万亿美元级别,则是 20 年后的 1998 年。不过,自从改革开放以来,中国的速度是世界瞩目的,也是前所未有的。

从 1978 年的 3000 多亿元,到 1986 年突破 1 万亿元大关,中国用了 8 年时间;到 1991 年的 2 万亿元,只用了 5 年时间。此后更是一发不可收,在 20 世纪的最后 10 年,中国 GDP 平均每年上升近 1 万亿元,2001 年便超过 10 万亿元大关,2002—2006 年平均每年上升 2 万亿元;2006 年超过 20 万亿元,之后每两年上升 10 万亿元。

在财政收入方面,1978 年中国国家财政收入仅有 1132 亿元,虽然这已经占了当年经济总量的近 1/3。但是,改革开放后的财政收入,仿佛是换了血液,8 年后即翻了近一番,达到 2005 亿元,1999 年突破万亿级别,达到 11444 亿元。到了 2011 年的时候,已经超过 10 万亿元。

从人均 GDP 来看,虽然中国直到现在也没有达到"世界前列",但也实现了不小的跨越。1978 年中国人均国内生产总值仅有 381 元。林毅夫曾称,按照世界银行的统计数据,当时我国人均 GDP 只有 156 美元,当时最贫穷的撒哈拉沙漠以南非洲国家人均 GDP 平均数是 490 美元,中国连它们的 1/3 都没达到。

而到了 2010 年,中国已经成为无可争议的世界第二大经济体时,中国的人均 GDP 已经突破 3 万元大关,这和 1978 年相比,增长了几十倍,即使扣除价格因素,增量也是可观的。

不过,正如当时的外交部发言人马朝旭的"谦虚之言":"GDP 是衡量一国经济实力的核心指标之一,但并不是唯一指标。根据国际货币基金组织等国际组织数据,中国 2010 年人均 GDP 世界排名在第 100 位左右,不到世界平均水平的一半。"世界第二和第一百集于一身,这样的落差是明显的,问题也是突出的。按照 2008 年之前通行的每人每天 1 美元收入的联合国贫困线标准,中国仍有 1.5 亿贫困人口。

时间依旧在飞逝。2017 年中国 GDP 总量达到了 82.7 万亿元,同比增长 6.9%,首次冲破 80 万亿元的大门,占世界经济比重提高到 15% 左右,财政收入则达到了 17.3 万亿元。回首 40 年,中国经济的年均增长速度在 9.5% 左右,这无疑是令世界惊叹，也是让中国人为之感到亢奋的。

当中国坐稳了世界第二，很多人开始预测，事实上从中国超越日本的那一天起，就已经有人开始预测，这个古老的大国，会在哪一年超越美国，重返世界经济之巅。这个数字有乐观的 2025 年，也有平和的 2030 年，还有保守的 2050 年，甚至也有人断言，中国无法超越美国。但无论猜想怎样千奇百怪，中国经济面临的问题是：该由"高速"增长向"高质量"增长转变了。

"新国八条"与楼市限购

2010年4月,《国务院关于坚决遏制部分城市房价过快上涨的通知》印发后,房价似乎仍没被摁住。于是,2011年1月,就在距离春节还有8天的时候,全称为《国务院办公厅关于进一步做好房地产市场调控工作有关问题的通知》的"新国八条"迅速出台,犹如一记重拳砸向了市场。

如果说之前的调控重在抑制需求的话,此次的"新国八条"则从各个层面做出了限制,试图从源头上减少、改变社会对房子的需求。

比如,"调整个人转让住房营业税政策,对个人购买住房不足5年转手交易的,统一按销售收入全额征税",这一条取消了住房营业税优惠,对商品房销售做出限制。在此之前,未满5年的普通住房如果转手交易,采取的是差额征收营业税的方法。

"对贷款购买第二套住房的家庭,首付款比例不低于60%,贷款利率不低于基准利率的 1.1 倍。"提高首付比例，则是对住房贷款需求做出限制——以其时房价而言，六成首付，非常人可承受，足以将部分投机购房者挡在门外。

而这些都还只是小招数，更要命的是限购这一终极大杀器："各直辖市、计划单列市、省会城市和房价过高、上涨过快的城市，在一定时期内，要从严制定和执行住房限购措施。"

以深圳为例，如果一个有深圳户口的家庭已经拥有了两套住房，那么将没有资格再买房；如果一个家庭没有深圳户口，但在深圳长期工作，那么只能购买一套住房；如果这个家庭既没有深圳户口，也没有人在深圳长期工作，就没有资格在深圳购买住房。

而在 2010 年，不论这个家庭拥有多少套住房，都允许其再购买一套。"新国八条"则彻底堵住了再次购房的口子。同时，银行业监管部门还加强了对商业银行执行差别化住房信贷政策情况的监督检查，对违规行为进行严肃处理。在监管上，比以往力度更大。

这一系列的措施，是驯服房价怪兽的组合拳，既动用金融杠杆，又是税收手段，还有行政指令，可以说这套组合拳打得密不透风且虎虎生风。抛开调控效果不论，其传达的政策意图颇为明显。尤其是在遏制楼市非理性投机行为的同时，新政极力避免对居民的正当需要造成影响。

比如，在一个家庭拥有几套住房的认定上，以往各个城市"自说自话"、含糊其词，现在，各城市多采取"认房"原则，也就是说，如果有购房资格的家庭卖掉一套房，只要总套数不超过限购套数，可以重新再买一套。这就意味着，此轮限购并不影响居民正当合理的改善性需求。

当然，楼市调控光打拳还不行，还要"疗伤"。这个伤，不是房价的伤，而是畸高的房价对社会经济造成的伤，是社会公平的伤。"新国八条"出台后，住建部陆续与各省、自治区、直辖市以及计划单列市签订《保障性住房目标责任书》，向地方政府下达"死命令"，所有分配完成的目标任务，必须在 2011 年 10 月 31 日前全部开工，否则主要领导将遭到从约谈到行政处分乃至降级、免职的严厉惩罚。此举意在从根本上逆转导致楼市失衡的供需关系。

但是，如此连环重击之下，房价仍然面临上涨的巨大压力。为此，2013 年 2 月 20 日举行的国务院常务会议确定了五项关于楼市调控的政策措施（俗称"新国五条"）。会议不仅再次重申坚持执行以限购、限贷为核心的调控政策，坚决打击投资投机性购房，还在继 2011 年之后再次提出要求各地公布年度房价控制目标。

而今回想起来，"新国五条"的一系列实施细则中最要命的一个调控看点，是对二手房交易征收差额两成所得税。这样一个雷霆万钧的狠招，让无数人寝食难安，一度造成了疯狂交易的乱象。

事实上，该政策出台后，已经让全国多个城市乱成一锅粥。北京、深圳、南京等城市的房产交易大厅爆棚，拥挤程度堪比春运。在北京，抢着办理二手房过户的市民半夜开始排队，黄牛号已炒至千元；在济南，连远在香港的卖房人都耐不住性子，连夜赶来卖房子……在网上，各种避税高招纷纷出笼，如上家与下家通过一系列复杂的离婚、复婚手续，买卖双方通过打欠条的方式走法院判决途径等，五花八门的避税方法不一而足。

类似这样的乱象也一再提醒我们，治大国若烹小鲜，任何一项公共政策在出台前，都要尽量进行详细调研与谨慎论证，考虑社会的承受能力。否则，由此产生的巨大损耗成本最终得由全社会来买单。

温州跑路风波与民间借贷

"浙江温州,浙江温州,江南皮革厂倒闭了……"

2013 年,这段街头摊贩兜售假货专用的鬼畜音频《王八蛋老板黄鹤》突然在网络爆红,响遍了祖国大江南北,成为一首网络热播的洗脑神曲。虽然神曲里唱的事实不全都准确,但是其中提到的"老板黄鹤"和"江南皮革厂"在现实中还真有其人其事,而且在温州当地还很出名。

江南皮革厂原是温州市龙湾区的一家知名企业,2011 年清明节后,公司董事长黄鹤丢下经营近 10 年的企业,神秘消失,留下约 3 亿多元债务,成了当年温州第一个"跑路老板"。

自 2011 年 4 月以来,在温州各地陆续上演了一股企业老板"跑路潮",除了江南皮革厂董事长黄鹤逃往国外,其他见诸媒体的还有:波特曼咖啡老板严勤为、天石电子老板叶建乐、恒茂鞋业老板虞正林、巨邦鞋业老板王和霞、锦潮电器老板戴列竣、耐当劳鞋材公司老板戴志雄、部落之神鞋业老板吴伟华、蝶梦儿鞋厂老板黄杰、唐风制鞋老板黄伯鹤、宝康不锈钢老板吴保忠、东特不锈钢老板姜国元、百乐家电女老板郑珠菊……

据统计,2011 年在温州像这样跑路甚至跳楼自杀的企业主大部分集中出现在第三季度(特别是 9 月份),主要集中在温州市区,行业分布上以传统的鞋服、不锈钢等为主。

2011 年 10 月 4 日,时任国务院总理温家宝赴温州调研当地民间金融,并要求"浙江省政府支持温州市政府,在一个月的时间内,把温州市的经济、金融局

▲2011年8月23日,在位于浙江省温州市瓯海区南白象的温州市锦潮电器有限公司的厂房内,各种原材料和文件散落一地,该公司的供货商正在搬运货物用来抵债。

面稳定住"。①

接着,温州市出台了一系列的"治市"措施,包括17条含有"不征""免征""暂免征收"等字眼的财税新政,为中小企业减税减负。同时,组织了25个工作组进驻当地各家银行,要求银行机构不抽资、不压贷,防止中小企业出现资金链断裂。然而,这场老板跑路危机影响之深,已经大大超出地方政府所能控制的范围,直到第二年,温州老板的"跑路潮"仍在继续,光是2012年头两个月就有60家企业老板出走。

温州银监部门的汇报材料指出,截至2012年2月底,温州跑路企业有234家,涉及银行授信的出走企业152家,涉及银行授信余额总计40.72亿元,已基本形成不良贷款,占全市不良贷款余额的36.22%。

---

① 周政华.温州:金融风波未了[J].中国新闻周刊,2011(38).

温州的这些老板为什么要跑路？原因可以分为两类：一类是蓄意携款潜逃，另一类是由于资金链断裂。前者实属少数，例如江南皮革厂的老板黄鹤，而大多数跑路的还是属于后者。而且温州的中小企业出现资金链断裂问题，基本都与民间借贷有关联。"要么跑路，要么跳楼，要是换了你，你选哪个？"这是当时温州一些企业老板的一种普遍无奈。

为防止经济过热引起的通货膨胀、物价上涨等，2010 年，我国的货币政策由原来的宽松转向稳健，而到了 2011 年，央行开始实施紧缩的货币政策，各个商业银行为此严控信贷额度。据报道，2011 年上半年，浙江省金融机构新增贷款同比少增 925.2 亿元，商业银行对企业贷款利率普遍上浮了 20% 至 30%，高的甚至达到了 60%，而其中受影响最大的就是中小企业。中小企业本来就存在融资难的问题，这一年要想从正规金融系统获得贷款就变得更加艰难了，唯有将心思转向民间借贷市场。

一直以来，温州的金融市场都存在"两多和两少"（民营企业多，信贷融资

▲2011 年 9 月 22 日，浙江温州信泰董事长疑欠款出逃，工厂遭供应商围堵。

少;民间资本多,投资渠道少)的情况。2010 年 4 月中旬,中国人民银行温州市中心支行曾做过一个关于温州民间借贷的调查,结果显示温州本地民间借贷容量有 560 亿元,是民间资本投资的主要渠道;在被调查样本中,有 89% 的家庭个人和 56.67% 的企业参与了民间借贷。

到了 2011 年,温州的民间借贷达到了约 1200 亿元的规模,而温州民间借贷的利率水平也已经超过历史最高值,一般月息是 3 分到 6 分,有的甚至高达 1 角 5 分,是名副其实的"高利贷"。可实际上,大多数中小企业的实业毛利润不超过 10%。见到放贷的利润如此之高,一些企业老板就把企业作为一个融资平台,或从银行获得贷款或从民间借款转而放贷,而并不关心企业实际的生产经营。借高利贷生存的中小企业,一旦某个环节(如投资失误,或经营不善,或老板有赌博的恶习等)出现了纰漏,走上绝路是迟早的事儿……

何况温州的中小企业间常常进行贷款互保,原来只是某一家企业出了问题,关联企业和互保企业的经营本来没有问题,但由于也被拖入了债务纠缠中,到后来也变成有问题的企业,最终老板也不得不跑路。多米诺骨牌一倒,跑路潮自然就出现了。

温州的老板跑路风波其实发生过不止一次,一旦宏观经济层面发生波动,那些得不到银行资金支持的企业往往就会陷入资金链断裂的窘境。这反映的是一直以来未能从根本上得到解决的中小民营企业贷款难问题。中小企业无法从银行得到资金,只能向地下钱庄与民间融资。这种融资方式虽然活跃了本地经济,但由于贷款利率高、周期短,资金来源不稳定,在发生经济风险的时候,也就很容易成为第一批倒下的牺牲品。从这个角度来说,民间资本是否正常运作,也成了判断温州民营经济发展状况的一个风向标。

京广高铁开通

中国人知晓高铁，就像中国人知晓长城一样，而坐过高铁的人，恐怕比去过长城的人还要多。不过，说起高铁，在不同国家、不同时代却有着不同标准的概念，在早先的时候，对于中国来说，它还只是一个舶来品。

1962年，国际铁路联盟将旧线改造时速达200公里、新建时速达250～300公里的铁路定为高铁。1985年日内瓦协议做出新规定：新建客货共线型高铁时速为250公里以上，新建客运专线型高铁时速为350公里以上。中国国家铁路局规定，新建设计时速250公里（含预留）及以上动车组列车、初期运营时速不小于200公里的客运专线铁路，即为高铁。

看起来，似乎中国标准在速度上要比世界标准低一些，但却更加务实一些。1964年，日本建成世界上第一条时速210公里的高速客运专线，随后，法、德、西、意、韩等国家纷纷修建高速客运专线，设计时速从210公里到230

公里、260 公里、300 公里不等。只是这些数字,在半个世纪后,都将被中国高铁抛在身后。

在整个 20 世纪后半期,中国的高铁技术是落后的,甚至是空白的。中国的第一条高铁,只能追溯到 2003 年开通的设计时速 250 公里的秦沈客运专线,该专线使用的是中国自主研制的"中华之星"电动车组;而中国的第一条设计时速 350 公里的高铁,是 2008 年 8 月 1 日开通的京津城际高铁,这也是中国第一条具有完全自主知识产权的"原创高铁"。

不过,很快,中国高铁发展迎来一个井喷期,其规模与技术,均后来居上,迅速达到世界先进水平,成为高铁界的"扛把子"。这当中,以京广高铁的建成开通为显要标志。

2006 年 7 月,在中国铁路大提速的背景下,国家发改委批复了京广高铁的项目建议书。2008 年 4 月,发改委批复了可行性研究报告;同年 8 月,也就是在京津城际高铁开通之际,铁道部(现为铁路总公司)批复项目初步设计;10 月 15 日,铁道部及河南、河北、湖北三省在郑州共同召开石武铁路客运专线开工动员大会,宣布工程正式开工建设。

接下来,就是见证中国速度的时刻。2010 年 6 月底,全线桥梁架设全部完成;同年 10 月 25 日,全部隧道贯通。2011 年 4 月,全线铺通;同年 5 月,完成钢轨焊接、锁定、应力放散等工作;同年 8 月,基本完成轨道精调。2012 年 5 月 15 日,全线送电成功;5 天后,正式启动联调联试及动态检测、运行试验。2012 年 12 月 26 日,京广高铁全线开通。

4 年建成一条高铁,可能有些人无法感受这个速度,但如果看看京广高铁打破的世界纪录,就会有另一番理解了。京广高铁是世界上运营里程最长的高速铁路,自北京西站起,经过北京、河北、河南、湖北、湖南、广东 6 省市,止于广州南站,全长 2298 公里,共 36 座车站,形象地说,这就是一条高速流动的、纵贯中国南北的新长城。

▲2012 年 12 月 20 日,京广高铁开始放票,20 分钟即已售卖一空。一位女士幸运地买到第一张票。

技术方面,京广铁路开创了 CA 砂浆原材料基准样比对试验管理技术,优化了无砟轨道宽窄接缝、侧向挡块设计和施工技术,建成了世界上第一条在山区和长大隧道中的 CRTSⅡ型板式无砟轨道,标志着我国掌握了在山区和长大隧道内修建 CRTSⅡ型板式无砟轨道等成套关键技术。

截至 2013 年 12 月 26 日,也就是京广高铁运营一周年之际,该线共发送旅客 9500 多万人次,日客运量超过 25 万人次。值得一提的是,这条高速通道连接了武汉城市群、长株潭城市群、中原城市群、环渤海经济圈和珠三角城市群。距离越来越不是问题,一切问题都简化成了时间问题,速度的极大提升,带来的是无尽的经济效益和社会效益。

中国高铁的飞速发展,让世界瞩目并羡慕。中国高铁的两位"代言人"——中国南车和中国北车,也成为海外市场上炙手可热的"明星企业"。

截至 2014 年 8 月,中国南车的轨道交通产品,共出口 84 个国家和地区,海外市场签约额超过 35 亿美元。中国北车方面,截至 2014 年,轨道车辆装备输出已经达 90 多个国家,累计完成出口签约额 15.35 亿美元。不过,令人郁闷的是,这两位"亲兄弟",竟然在海外掀起了恶性竞争。

为此,国务院决定将二者合并。中国工程院院士、隧道及地下工程专家王梦恕曾透露:"一家公司已经在国外以 200 万美元中标,另一家公司跑过去说我出 140 万美元,这是亏本价,搞得人家放弃中国产品。南车、北车整合以后,有利于高铁'走出去'。"

2014 年 12 月 30 日晚,中国南车与中国北车双双发布重组公告,正式宣布双方以南车换股吸收北车的方式进行合并,合并后的新公司更名为"中国中车股份有限公司"。2015 年 6 月 8 日,中国中车在上海证券交易所和香港联交所上市,该集团有 46 家全资及控股子公司,员工 17 万余人,成为轨道交通领域内的巨无霸。

回首中国高铁 10 余年的发展历程,堪称一场逆袭。它展现出的是群体的智慧、力量和魄力。当然,也应注意一些伴随而来问题:比如过度建设、超前建设,有些地方的高铁站前门可罗雀;比如,各地政府的高铁项目争相上马,出行需要有时候让位于政绩工程;再比如安全问题、长远规划;等等。

2018 年 3 月 5 日,政府工作报告数据显示,中国高速铁路运营里程增加到 2.5 万公里,占世界 2/3。另据交通运输部发布的数据,2018 年上半年,铁路客运保持较快增长,完成客运量 16.2 亿人,同比增长 8.0%,其中高铁客运量占比超五成。高铁,已经融入中国人的生活,并代表中国驶向世界,带领中国民众驶向未来。

08

　　回望改革开放 40 年,设立雄安新区的战略决定和具体实施的审慎理念,较改革开放之初白手起家的追求"有"和"快",已经转换成了追求"好"和"精"。这是 40 年来发展的经验总结,也是对不良后果的教训吸取。

上海自贸区挂牌

2013年9月29日，中国（上海）自由贸易试验区（简称上海自贸区）在上海外高桥挂牌成立，中国新一轮改革开放由此扬帆启程。最初的上海自贸区涵盖了4个片区，即上海原有的外高桥保税区、外高桥保税物流园区、洋山保税港区和上海浦东机场综合保税区，总面积28.78平方公里。

自由贸易区的产生和发展有其深刻的历史、经济、政治、文化原因。它的基本定义，按照1973年国际海关理事会签订的《京都公约》，是指"一国的部分领土，在这部分领土内运入的任何货物就进口关税及其他各税而言，被认为在关境以外，并免于实施惯常的海关监管制度"。

当代世界经济有两大显著特点：一是以WTO为标志的经济全球化，一是区域经济一体化。20世纪90年代以来，区域经济一体化的发展非常迅猛，中国也加入了这股潮流。区域经济一体化发展很快，其中中国与东盟地区在21世纪头 10 年逐渐建立起来的中国-东盟自由贸易区取得了很大的成功。这一跨国自贸区涵盖 19 亿人口,GDP 超过 6 万亿美元,贸易额达 4.5 万亿美元,已经成为世界上由发展中国家组成的最大的自贸区,在中国的对外贸易中也占有很重要的分量。

但是,在 2013 年推出的上海自贸区,与这种国际上建立的自贸区有很大的不同,它不是国与国或国与国外经济体之间通过各种谈判博弈达成的协议,而是由国内主动构造的一种对外开放市场的积极探索。在这个自贸区内,除了对国外进入的货物免征关税,还要由立法机关取消部分法律的效力。

上海自贸区也不同于我国在 20 世纪 80 年代大量建立的各类经济开发区,原有的这些经济开发区主要是以政府向投资企业提供包括税收、土地、用工等各种政策优惠,来吸引投资企业,而自贸区则以国际流行的"负面清单"模式来向投资企业提供投资指引,对外资、内资、国资、民资实行统一的管理制度。

因此,在上海自贸区建立之前,全国人大常委会已经批准了包括外商投资等 4 部中国法律或法律的部分条款在自贸区暂缓执行的决定,国务院也公布了上海自由贸易试验区总体方案,上海自贸区由此上升为一项国家战略。按照当时的表述,在上海自贸区建立以后,中央将原则上不再批准其他地区建立自贸区,而是要将在上海自贸区经过试验被证明为成功的经验向区外推广。

建设上海自贸区是一项重大的国家战略,对于我国在新形势下参与国际竞争,参与世界经济规则制定具有重要的推进作用。进入 21 世纪的第二个 10 年,中国的经济发展正面临一个重要的转折关头。

从国内来说,原来劳动密集型的经济发展模式已经不可持续,经济结构调整面临各方面压力,推动改革的阻力越来越大。就外部世界来说,在金融危机以后,欧美等通过建立区域经济和贸易安排,正在将本国经济所面临的压力外推。面临这种国内外经济格局产生的变化,中国要取得突破,就必须参与到全球经济秩序的确立当中,这就必须建立起与世界的"共同语言",也就是要让国内的经济管理体制与世界各国的经济管理体制能够产生协调作用,特别是我国现有的整套涉外经济管理制度和相关规则,必须与国外通用的管理制度和规则保持一致。

这种体制创新对我国现有经济管理制度将形成较大的冲击,从而推动中国闯出一条改革新路。

上海自贸区是在原先的保税区基础上建立起来的,但是它同保税区甚至改革开放初期建立的经济特区又有本质的区别。无论是经济特区还是保税区,都是在原有制度框架下运行的,是政府的一种特殊监管区。

比如保税区所实施的法律法规都和国内其他地区一样,只不过在某些方面给予优惠待遇。经济特区则是由国家给予一些特殊政策,而随着全国范围内的改革发展,这些优惠措施的效果正在减退。但自贸区原则上则要实行"一线放开,二线管住"的方针,尽管上海自贸区还不可能像中国香港、新加坡那样成为完全自由开放的区域,但是它的自由度却应该是国内最大的。中央特别强调,建立上海自贸区不是由中央给予某些特殊政策,而是让上海去试验国际惯例,为中国改革开放探索经验教训。

建立上海自贸区,最大的亮点在于建立"负面清单"的管理模式,也就是政府在行业准入上的一系列审批制度将基本放弃。上海自贸区建立以后,上海市有关方面随即公布了第一份"负面清单",并在以后多次公布了新的版本。对"负面清单"的每一次修订,都有一个突出的特点,就是这份清单越来越短,这表明包括外商在内的各类资本允许的投资领域越来越广,更表明中国对外开放的大门打得越来越开。

上海自贸区建立 1 年后,2014 年 12 月底,国务院决定扩展自贸区的区域范围,在原来的基础上扩展到涵盖七片区,即外高桥保税区、外高桥保税物流园区、洋山保税港区、上海浦东机场综合保税区、金桥出口加工、张江高科技园区、陆家嘴金融贸易区,总面积 120.72 平方公里。扩区后的上海自贸区有了更广阔的施展空间,在这同时,它的成功经验也不断复制,向区外推广。

几年来,上海自贸区吸收的各路投资越来越多,由此也引起了其他地区热切要求兴办自贸区的要求。经过慎重考虑,国务院又分两次批准了其他一些省市提出的要求。2014 年 12 月,广东、天津、福建三省市的自贸区批准设立;2016 年 8 月 31 日,又有辽宁、浙江、河南、湖北、重庆、四川、陕西七省市的自贸区批准设立。这代表着中国自贸区建设进入了试点探索的新航程——将继续依托现有经国务院批准的新区、园区,继续紧扣制度创新这一核心,进一步对接高标准国际经贸规则,在更广领域、更大范围形成各具特色、各有侧重的试点格局,推动全面深化改革扩大开放。

上海以及各地建立的这些自贸区,它们的意义主要在于在试验区内通过先行先试,总结出一些模式的成败得失,并将其中的成功经验向区外推广,以此来推进整个国家和对外开放。最早的上海自贸区建立至今已有 5 年,应该说取得了不少成功的经验,但由于各种原因,在对外推广方面还显得缺乏力度,而国家对改革开放的要求已经越来越迫切,仅仅依靠自贸区的试验显得远远不够。

2018 年 4 月,中国宣布进一步扩大对外开放,原来一直在"负面清单"之列的金融、汽车等领域前所未有地加大了改革的力度,包括银行、保险公司和证券公司在内的各种金融企业可以在全国范围内由外资控股,这是一个了不起的改革举措,它正在推动中国的改革开放登上一个新的高度。

手机支付革命

"你上一次使用现金是什么时候?"如果你这样问现在的中国人,估计很多人都要回想一段时间,有的甚至根本答不上来。出门可以不带钱包,但一定不能忘带手机,这已经成为很多中国人的日常体验。这种消费生活的变化,离不开一场二维码革命——手机支付的爆炸式普及。

手机支付通常被称为移动支付,是继银行卡支付、PC 端网络支付后,又一电子支付类型的革命。因其方便快捷,迅速赢得广大使用者的青睐。

在国内,最早的手机支付,大致可以追溯到 20 年前。1999 年,中国移动与中国工商银行、招商银行等合作,在广东等省开始进行移动支付业务试点;2004年,银联也开始开展以手机和银行卡绑定的移动支付合作。不过,这个阶段的手机支付只不过是银行卡的线上化,和现在最普及的支付宝、微信支付还有很大区别。

真正的伏笔埋在了 2008 年。这一年的 2 月 27 日,支付宝发布移动电子商务战略,推出手机支付业务,同年 10 月 25 日,支付宝公共事业缴费正式上线,支持水、电、煤、通信等缴费。当时,智能手机还远未普及,很多手机用户仍然使用着非智能或半智能手机,因此,手机支付的革命不可能迅速爆发。

实践领域的初步尝试,也引起了管理部门的注意。2010 年 4 月,工信部科技司在"2010 第二届中国移动支付产业论坛"上透露,正在着手小额手机支付标准的研究制定工作。这一年年底,支付宝开始与中国银行合作,首次推出信用卡快捷支付。

2011 年 5 月 26 日,支付宝获得央行颁发的国内第一张《支付业务许可证》。有了正规牌照,支付宝便没了合法性顾虑,放手开干。需要点出的是,和支付宝同在第一批获得许可证的还有银联、银联商务、财付通、快钱等。只是各自能走多远,就看支付平台的战略远见和实际行动了。

在支付牌照诞生的第一年,中国移动支付市场全年交易额达到 742 亿元,同比增长 67.8%;移动支付用户数同比增长 26.4%,达到了 1.87 亿户。不过那时,移动支付的技术标准还未统一。直到 2012 年 6 月 21 日,中国移动与中国银联签署移动支付业务合作协议,这才标志着中国移动支付标准基本确定为 13.56MHz 标准。

▲2013 年 11 月 1 日,2013 年第九届北京国际金融博览会上,工作人员展示了智能手机在自动售货机上的"闪付"功能。

万事俱备,只欠东风。事后证明,对于中国手机支付领域来说,2013 年才是真正革命爆发的开始。这一年,诸多第三方支付平台站在了同一起跑线上,它们开始蓄力冲刺,至于谁笑到了最后,数年内便见了分晓。

2013 年 6 月,支付宝推出账户余额增值服务——余额宝诞生了。同年 8 月 5 日,微信支付正式上线。把闲钱放在余额宝或者微信钱包,用户不仅能够得到较高的收益,还能随时消费支付和转出,这极大地冲击了银行的线下业务,甚至让 ATM 机、POS 机备受冷落。

现实再一次证明,搞死一种产品或者产业的,往往不是同类竞争者,而是新事物。以 ATM 机为主营业务的维珍创意为例,2017 年,该公司营业收入为 4300.6 万元,较上年同期下滑 60.74%;归属于挂牌公司股东的净利润为 302.81 万元,较上年同期下滑 91.13%。

2013 年 8 月,快的打车接入支付宝,扫码支付开始在打车领域普及。11 月 13 日,支付宝用户迎来"双亿":手机支付用户超 1 亿,"支付宝钱包"用户数达到 1 亿,支付宝钱包正式宣布成为独立品牌。11 月 30 日,12306 网站支持支付宝购买火车票。12 月 31 日,支付宝实名用户超 3 亿。这一年,支付宝手机支付完成超过 27.8 亿笔,金额超过 9000 亿元,成为全球最大的移动支付公司。

和支付宝相比,微信支付虽然起步稍晚,但依靠庞大的、高黏性的用户群体迅速崛起。2014 年 1 月 4 日,滴滴打车接入微信支付,3 天即突破 10 万单。2015 年 2 月 18 日,春晚红包诞生,从此微信红包深入民众生活。2015 年 5 月,微信零钱用户突破 3 亿。2016 年 1 月,微信支付接入线下门店超 30 万家……

时至今日,在中国,大到一线城市的商场、超市、机场、地铁站,小到县城乡镇的小卖部、加油站、小饭馆、小摊位,无论大街小巷、角角落落,几乎都充斥着蓝色主调和绿色主调的支付二维码贴纸。随时随地扫码购物和扫码消费,让现金成了稀缺品,手机和网络成了必备品。

2015 年第二季度,中国移动支付市场的总体交易规模达 3.47 万亿元,中国互联网支付市场(PC 端)的总体交易规模为 3.29 亿元,这意味着,移动支付市场季度交易规模首次超过互联网支付市场季度交易规模。2016 年,中国移动支付业务笔数,首次超过互联网支付。至此,中国迎来移动支付时代。

国家互联网信息办公室发布的《数字中国建设发展报告(2017 年)》中显示,2017 年中国全年信息消费规模达 4.5 万亿元,移动支付交易规模超过 200 万亿元,在全球位居第一。此外,交易笔数则达到了 375 亿笔。这相当于平均每个中国人一年内在手机上产生了 20 多笔、共十几万元的交易。

在支付平台方面,据艾媒咨询数据,2018 年第一季度,支付宝与财付通两大巨头占据中国第三方移动支付交易规模市场份额的 90.6%。中国第三方移动支付市场进入成熟期,支付宝、财付通双寡头市场格局已经形成并日益巩固。

伴随着手机支付的普及,技术也在不断刷新。从密码支付到指纹支付,再到刷脸支付,支付领域不断给用户带来新体验。但是,快捷和新鲜感往往也伴随着风险,个人信息保护的形势严峻。中国移动支付在傲视全球的同时,同样需要未雨绸缪,完善相关法律和制度。

阿里巴巴上市

进入 21 世纪,中国人已经习惯了这样的互联网致富神话:想法—创业—上线—融资—上市—亿万富豪。家喻户晓的阿里巴巴及其创始人马云,就是这些神话中的一个典型。

对于阿里巴巴集团这样的庞然大物来说,在未上市之初,它就已备受关注。最早传出阿里要上市的消息,是在 2013 年 7 月,有消息称阿里巴巴有意赴香港挂牌上市。不过,针对传言,阿里巴巴回应表示,上市时间和上市地点均未确定。

2013 年 9 月 10 日,阿里巴巴集团董事局主席马云以内部邮件形式正式公布了阿里巴巴集团的合伙人制度。该制度将允许包括马云在内的合伙人在上市后提名半数以上的董事,以保证对公司的控制权。整整一个月后,阿里 CEO 陆兆禧对外表示:"我们决定不选择在香港上市。"至此,阿里赴港上市的小道消息不攻自破。

2014年3月16日,阿里巴巴集团宣布,已经启动该公司的美国上市事宜。6月16日,阿里巴巴向美国证券交易委员会(SEC)更新了招股说明书,首次公开"阿里巴巴合伙人"名单,以及2014财年整体业绩。合伙人团队由马云、蔡崇信、陆兆禧、彭蕾等27人组成。

▲当地时间2014年9月19日,美国纽约,阿里巴巴集团首次公募钟声敲响。8位客户取代内部高管为阿里巴巴上市敲钟。

有意思的是,就在阿里上市的进程如火如荼的时候,它的直接业务竞争对手,也是最大的竞争对手之一的京东集团,几乎在同时启动了赴美上市计划,而且抢先一步完成。

2014年5月22日,中国最大的自营式电商企业、成立10年的京东商城登陆纳斯达克,股票代码为"JD",公开发行共募集17.8亿美元,这是当时中国企业在美融资规模最大的首次公开募股。京东股票首次开盘价21.75美元,较发行价19美元上涨14%。按开盘价计算,京东市值为297亿美元,成为当时仅次于腾讯、百度的中国第三大互联网上市公司。不过,这些纪录很快被阿里刷新。

2014 年 9 月 19 日,阿里巴巴在美国纽约证券交易所挂牌上市,预计交易筹集 243 亿美元资金,首日报收于 93.89 美元,较发行价上涨 38.07%,以收盘价计算,其市值破 2300 亿美元,创下当时全球范围内规模最大的 IPO 交易纪录。

回顾阿里从创立之初到上市敲钟的 15 年,从 50 万元创业资金到市值 2300 亿美元,一跃成为仅次于谷歌的全球第二大互联网公司,这正是典型的中国互联网神话。阿里上市取得的辉煌战绩,不仅震惊国内,还让整个世界互联网行业惊叹。当时美媒称阿里为"高端跑车","给硅谷敲响了警钟"。

同样吸引眼球的,不仅是阿里巴巴的体量和纪录,还包括其独特的敲钟方式。阿里把敲钟权交给了名不见经传的 8 个人——2 名网店店主、1 名快递员、1 名用户代表、1 名电商服务商、1 名淘女郎和 1 名云客服,还有 1 名是来自美国的农场主(淘宝卖家)。这样的安排让熟悉阿里业态的人会心一笑,正是这千千万万的小微商业和消费群体,撑起了富可敌国的阿里集团。

阿里上市的神话元素,还在于它一夜之间缔造了数不清的富豪。上市之后,马云以 212.12 亿美元身价,登上中国内地首富的宝座,而阿里最大股东日本软银,其所持的股份也因此暴涨至 590 亿美元左右,软银掌门人孙正义也一跃成为日本新首富。此外,阿里上市至少缔造了 10 位亿万富翁,他们的总财富逼近 1000 亿美元,至于千万富豪,则难以统计。

其实,在阿里上市的 10 年前,中国就曾迎来一轮本土互联网企业上市潮。腾讯上市正是在 2004 年。当年 6 月,腾讯在不足 33 岁的马化腾的带领下,登陆香港联交所,发行价是 3.7 港元,到 2006 年 6 月达到了 18 港元左右,两年涨了 4 倍有余。腾讯上市后的第二年,被称为 BAT 之一的百度,也紧随上市,地点是美国纳斯达克。上市当天,百度股票涨了 350% 左右,创下了自 2000 年以来首日 IPO 涨幅最高的纪录,被视为中国互联网企业,乃至世界互联网界的一大奇迹。

时光荏苒,在改革开放 40 年之际,动辄千亿元级别的中国企业上市,似乎已经引不起舆论的太多兴趣。2018 年 7 月 9 日上午,在港交所,小米正式敲钟。这是港交所首个同股不同权试点企业,虽然这是 2018 年 IPO 的第一个大高潮,但小米的表现却不再像 BAT 那样意气风发。

小米最终的股票定价在估值区间下限,从年初曝出上市消息的 1000 亿美元估值,再到路演询价的 690 亿美元,最后到定价的 543 亿美元,小米的估值可以说在预备上市前就经历了一连串"跌停"。更糟糕的是,在开盘后,小米股价即遭破发。不过在小米创始人雷军看来,在经济环境不佳的情况下,他们能够如期上市已经算是成功,主要看长期。

紧随小米之后,2018 年 7 月 26 日,仿佛一夜之间崛起的新模式电商——拼多多突然上市,地点选在了美国的纳斯达克,但有意思的是,敲钟地点却是在上海的拼多多总部。这是美国纳斯达克团队第一次把敲钟按钮送到了上海,也是中国企业史上破天荒的一次。拼多多 IPO 最终定价 19 美元,市值在 240 亿美元左右。不过,比小米的遭遇更不堪的是,上线还不到三年、刷新了中国企业自创建到上市的最快速度纪录的"怪胎"拼多多,一上市便面临铺天盖地的"售假"指责,股价不断跌停。

对比中国新兴企业这 10 余年的上市历程,我们可以发现,公众的注意力和追求,不再是一味地盯着成绩和纪录,也不再是一味地鼓掌,而是透过鲜花窥见问题,在欢呼声中开始冷静思考。我们需要的不仅仅是令世界瞩目的"大个"企业,更是拥有品质、核心竞争力,拥有未来的强大企业。

寒潮来袭，楼市松绑

很多人没想到，经历了 2013 年的火爆，2014 年房地产市场来了个 180 度大转弯。春节之后，市场迅速转冷。买房人观望、政策限制、银行等金融机构看空、土地市场寒意逼人、房企高呼转型、行业格局强弱分化……对房地产行业来说，2014 年是剧烈动荡的一年。

市场风向突变之下，作为长三角最为富裕的城市之一，杭州最早传出了"房地产崩盘"的说法，并率先打响了"降价第一枪"。随后这股降价潮向二三四线城市蔓延，甚至一度传导至北上广深四大一线城市。2014 年 5 月，全国 100 个城市（新建）住宅平均价格为 10978 元/平方米，环比下跌 0.32%，是 2012 年 6 月以来连续环比上涨 23 个月后首次环比下跌。

紧随而来的是一些地区型中小房企的"倒闭潮"。仅 2014 年 3 月至 4 月一个多月时间内，被曝光的房企资金链断裂的案例就有 10 余起，涉及浙江、江苏、安徽、山东、湖北、海南等多个省份。这股寒意也逐渐蔓延到土地市场，土地延拍、流拍等现象频频出现。

地方政府终于扛不住了。我国最大的房地产数据平台、中国房地产指数系统（CREIS）报告显示，2014 年第二季度，全国 300 个城市土地成交面积同比下降了 29%，土地出让金收入同比下降了 15%。7 月，300 个城市的土地成交面积同比减少 44%，土地出让金同比减少了 49%。对许多高度依赖土地财政的地方来说，这是一种不可承受的断崖式下跌。

▲2014 年 2 月 22 日,浙江省杭州市城北某楼盘的老业主聚集在售楼处门口,以多种理由要求补偿差价或者退房。原因是 2 月 19 日晚,该楼盘宣布降价,均价直接从每平方米 17200 元降到了 13800 元。

事实上,从 4 月份以来,福建、铜陵、沈阳、无锡等多个省市,都陷入了"政府放风—舆论聚焦—反响强烈—政府辟谣"的救楼市怪圈。毕竟,严厉的楼市调控嗓门犹在耳边,楼市松绑,叫人欲松还休。

到了 6 月,呼和浩特两次发布公文,宣布居民购房不再要求提供住房套数查询证明,意即完全取消限购,这直接打响了地方政府迫切救市第一枪。呼和浩特也由此成为第一个真正扛起救楼市大旗的省会城市。此前被认为是救市禁区的限购"红线",由呼和浩特率先打破。

市场的解读是,中央或对地方救市行为不再禁止。接下来,沈阳、无锡等多个城市都已在暗中放松限购,"只做不说"。杭州、天津、长沙等约 20 个城市还通过放宽落户条件、提供大学生购房补贴、调整公积金贷款等方式,直接或间接地实行了"宽松"。最为"生猛"的是成都,宣布将按照实际发放贷款金额的 3% 给予财政补助。最后,46 个限购城市中,仅剩北京、上海、广州、深圳和三亚五城仍执行限购政策。

　　限购放松之后,市场反应平平,毕竟,房地产行业历来存在买涨不买跌的心理。为此,国庆节前夕,央行与银监会联合发布通知,正式放松了首套房认定,一定程度上放松"限贷"。这个被称为"9·30新政"的政策明确了中央对房地产市场的基本态度,有效缓解了处于观望中的购房者们的焦虑情绪。

　　当年10月,住建部、财政部及央行三部委联合发布《关于发展住房公积金个人住房贷款业务的通知》,主要包括降低公积金贷款门槛、提高公积金贷款额度,以及推进公积金异地贷款等方面内容。在公积金新政发布后的一个多月时间里,已有超过32个省区市陆续出台了公积金贷款调整细则。

　　这一系列楼市维稳措施下来,加上开发商此前展开的主动自救,最终改变了人们过度悲观的预期,加速了房地产市场回稳筑底进程。11月21日,央行又来了一个大动作,宣布非对称降息。本次降息早于市场预期,短期极大地提振了市场信心,前期积压的需求出现集中释放,助推11月份商品房成交金额和成交面积均创下年内单月新高。

　　当然,年末的回暖,并没有改变2014年楼市调整年的大势。国家统计局数据显示,2014年前11个月全国商品房销售面积和销售金额双双呈负增长,1—11月份,商品房销售面积101717万平方米,同比下降8.2%,商品房销售额64481亿元,下降7.8%。

　　回望2014年楼市的跌宕起伏,无论是楼市的遇冷程度还是后来的救市力度,都超出了许多人的预期。或者说,楼市就是一个盛产"意外"的地方。2014年6月,房地产业"带头大哥"王石说,目前调整程度还不够彻底,调整期可能会持续2~4年——今年恰好是第4个年头,回过头来看看2014年的房价,不知他有何感想?

人民币加入 SDR

2015 年 11 月 30 日,国际货币基金组织(IMF)执董会决定将人民币纳入特别提款权(SDR)货币篮子,SDR 货币篮子相应扩大至美元、欧元、人民币、日元、英镑 5 种货币,新的 SDR 篮子将于 2016 年 10 月 1 日生效。

这则消息在国内引起了强烈反响,各大媒体争相报道。可是,IMF、SDR 对大众都是远离日常生活的陌生概念,真正理解这一事件的意义并不容易。

二战后,世界经济格局发生剧烈变化,欧洲列强经济崩溃,而美国一家独大,集中了世界上 75% 的黄金储备。美元的绝对优势必须在新的国际货币体系中得以体现,布雷顿森林体系应运而生。筹建于 1944 年、成立于 1946 年的 IMF 这一体系是两大"布雷顿森林体系的机构"之一。IMF 的基本功能是负责向成员国提供短期资金借贷,目的是保障国际货币体系的稳定。

根据布雷顿森林体系的安排,IMF 规定:会员国货币的平价概用黄金 1 盎司(英两)等于 35 美元表示,其他国家货币与美元挂钩。其他国家政府规定各自货币的含金量,通过含金量的比例确定同美元的汇率。简单的理解就是实行美元与黄金挂钩,而其他货币与美元挂钩的固定汇率。在这种安排下,IMF 的计账单位就是黄金。

随着世界经济格局的变化,到 20 世纪 60 年代美国贸易逆差加大,美元走弱,爆发美元危机,布雷顿森林体系摇摇欲坠。IMF 于 1969 年创设 SDR,即特别提款权,当时的安排是 1 单位 SDR 对应 1 美元。1971 年,第七次美元危机爆发,尼克松政府宣布美元与黄金脱钩。随后,各国与美元挂钩的固定汇率制度也相继瓦解。美元不再是唯一的国际储备货币。SDR 也做出了相应调整,改为对应多种货币组成的"一篮子"货币。这也就是 SDR 被称为"纸黄金"的由来——"金汇兑本位"的替代品。

按惯例,IMF 每 5 年评估一次 SDR 货币篮子的货币品种和比重。选择"一篮子"货币的标准有两条:第一条是该经济体在篮子生效日前一年的前 5 年考察期内是全球 4 个最大的商品和服务贸易出口地之一,第二条是该货币为《基金协定》第 30 条第 f 款规定的"可自由使用货币"。

2014 年下半年,人民银行正式启动人民币入篮的研究论证工作。在 2015 年 2 月的中央财经领导小组会议上,中央最终拍板决定争取"入篮"。随即启动"入篮"程序,人民银行与国际货币基金组织(IMF)建立了月度技术会谈机制,前后共经历九轮交流磋商,主要争议点就是"入篮"标准。

第一条出口贸易地位的标准对中国而言不成问题。对第二条"可自由使用"标准,中方提出以"储备资产标准"替代之。但是,考虑到大多数国家不支持这一替代,中方最终表示尊重现有标准,前后九轮磋商下来,终于为人民币加入 SDR 扫除了主要障碍。

当人民币加入 SDR 的消息传来,中国确实有理由感到骄傲。这意味着多年以来中国在外汇体制改革方面的成就,得到了国际社会的承认。1994 年汇改开始,双重汇率一次性并轨,确立了以市场供求为基础、有管理的浮动汇率制度。中国的外汇体制改革始终以市场化的自由浮动为目标,其间经历了 1997 年东南亚货币危机、2008 年美国次贷危机的考验,展现了人民币作为强势货币的实力。2012 年"4·12 汇改"和 2014 年"3·17 汇改",两次提高人民币汇率的浮动区间,最终达到贴近正常市场的 2%。在"可自由使用"方面,人民币的进步有目共睹,最终以"入篮"的方式获得国际社会承认,提高了人民币的国际地位。

但是,也不应夸大人民币"入篮"的意义。有不少理性的声音提醒公众,这一事件的象征意义大于实质。

归根结底,SDR 只是一种国际储蓄资产,是由 IMF 根据各国的清偿能力无条件分发给成员国的一种对货币提取的权利。个人和机构不能持有 SDR,更不用说交易或使用了。因此,SDR 绝对数量较小,在国际储备中占比不高,不超过 4%,实际交易量更低。

1971 年,布雷顿森林体系崩溃后,IMF 作为布雷顿森林机构的权威地位也不复存在,影响力显著下降。近 20 年来,IMF 的援助成员国多次失手,就在 2015 年还发生了希腊违约的严重事件,其威望已经受到多方质疑。而且,"一篮子货币"构成的 SDR"纸黄金"与原来"金汇兑本位"的真黄金相比,显然缺乏刚性信用。

经济学家讽刺当前国际货币体系的信用本位是"橡皮布本位"[①],真正支撑货币的无非是其背后主权体的经济实力与金融信用,IMF 的"信用背书"也不可高估。

---

① 橡皮布是纸币印刷工艺中负责油墨转印的重要构件。此处暗指国际货币体系的信用本位实际上是一种"货币发行者本位"。

更重要的是,人民币加入 SDR 并不意味着"可自由使用"的争议已经结束,且主要质疑来自美国。人民币兑美元的中间价汇率机制和外汇体制中的未开放资本项目都是"可自由兑换"的软肋。这种质疑固然有中美关系的政治因素影响,但也绝非无中生有,否则中方也不必在"入篮"协商时提出替代标准。

人民币兑美元汇率中间价报价形成机制不够透明的问题始于 2006 年,央行自由裁量空间过大,难免令外界有"黑幕"的猜疑。而未开放资本项目的问题更为严重:比方说你想要赴美留学,你可以在银行将人民币直接兑换为美元;但如果你只是想要把美元作为存款的一部分,银行便不会接纳。因此,应该清醒地认识到,人民币加入 SDR 确实带有一定的"破格"色彩。这源于欧盟出于深陷金融危机的现实利益考虑,也是利用了 IMF 对"可自由使用货币"规定的模糊性,更离不开最高层在中美关系上的外交努力。因此,绝不能认为人民币加入 SDR 就是中国外汇体制改革的终点,来自国际社会的压力只会越来越大。对此,央行是了然于胸的。发生在人民币加入 SDR 前夕的"8·11 汇改",目标就是进一步完善人民币兑美元汇率中间价报价,增强其市场化程度和基准性。

2015 年 8 月 11 日,央行宣布不再指导制定人民币汇率中间价,而是将定价权交给了银行间外汇交易市场,由市场的供求决定人民币汇率的定价。这次汇改的方向无疑是正确的,但是由此引发的一系列后果,使之备受争议。

首先,中国经济增速放缓以及人民币汇率多年来的单边连续升值,业已形成了巨大的贬值压力,"8·11 汇改"对此准备不足。既没有和市场充分沟通,也未能引导市场形成正确预期,有仓促上马之嫌。

其次,汇改采取的一次性贬值的操作手法,也让市场参与各方难以接受。

更关键的是,时机选择上没有充分考虑金融市场的氛围。7、8月间,A 股市场刚刚发生大幅暴跌,市场恐慌心理尚未稳定。

8月11日当天,人民币汇率开盘大幅度贬值1136个基点,一次性贬值接近2%,在随后的3天内贬值超过3%。此举大大超出了市场的预料,而且造成股汇的联动效应,加剧了金融市场动荡。央行忙于四处救火,谁也没有想到这一轮汇改的后续调整与消化将历时两年。

2017年5月26日,中国外汇交易中心发布消息称,确实有考虑在人民币对美元汇率中间价报价模型中引入逆周期因子。事实上,这是央行外汇汇率定价干预的回归。又逢美元指数回调,人民币汇率也从破"7"的边缘逐渐升值,截至8月10日在岸汇率已经升破6.7关口,基本实现了有序的双向波动。至此,"8·11汇改"的目的基本实现。但是,9000亿美元外汇储备流失、金融市场持续动荡的代价是十分昂贵的。由于这场风波与人民币加入SDR的最后冲刺紧密关联,引发了国际社会的广泛关注。尤其是2016年1月,中国股市连续两天熔断,汇率大幅度波动,引发了国际社会一片质疑,甚至有声音说"入篮"成功后中国政府有意放缓人民币国际化和改革开放的步伐。

由此可见,2015年人民币加入SDR既是外汇体制改革的里程碑,又是人民币国际化的新起点。在世界现代经济史上,从没有"贸易大国,货币小国"的扭曲格局曾实现可持续发展。可以毫不夸张地说,中国经济发展的最终成就都要落实到人民币国际化,没有后退的选择。

从战略上讲,市场化程度越高、汇率形成机制越透明,货币的国际竞争力就越强。以此标准衡量,人民币的汇率机制还有一点课要补,资本项目的开放更要及时提上议程。未来的外汇体制改革还有很长的路要走。

从战术角度讲,央行在实施改革的操作上如何进退有序,如何合理选择时机,如何正确引导市场预期,都将会影响到改革的成效。一些过去的成功经验在新的市场条件下未必合适,比如1994年汇改中,为了双重汇率并轨采用了一次性贬值操作取得了成功,而在"8·11 汇改"中的一次性贬值却引发了市场恐慌。

无论如何,改革之路不能倒退。诸如引入逆周期因子这样干预市场的稳汇率措施有其合理性,但历史经验告诉我们:用干预市场的路径依赖以维护名义上的汇率稳定是饮鸩止渴。

万科收购战

2015 年 7 月 11 日,万科发布公告,称截至 7 月 10 日,深圳前海人寿通过深圳证交所交易系统买入万科 A 股 552727926 股,占万科总股本 5%。谁也没有料到,一场中国资本市场历史上最为激烈的股权之争就此打响,绵延将近两年才决出胜负,而这场股权之争对中国资本市场的深刻影响至今仍未消退。

万科是中国股市投资者熟悉的一个上市公司,它建立于 20 世纪 80 年代,已经成为中国最有实力的房地产公司之一,在市场上享有良好的口碑。它的董事长王石也是万科的创始人。30 多年来,与万科一起出现的沪深两地一批为数不多的上市公司,有的已经销声匿迹,有的即使仍然在市场上也早已物是人非,唯有万科和王石,仍然时常出现在市场的第一线。

相比之下,对万科挑起收购的前海人寿则要年轻得多,它是一家 2012 年才刚开业的人寿保险公司,其董事长姚振华在市场上毫无知名度。因此,当前海人寿最初举牌时,并没有引起市场的多少注意。但是,仅仅过了十来天,万科再度发布公告,前海人寿和它的一致行动机构钜盛华再度购进万科股票,目前持股已达万科总股本的 10%。前海人寿和钜盛华同属于宝能集团,宝能集团由此走上前台,宝能集团和万科的股权之争正式亮相。

　　对于宝能系最初的举牌,万科并没有重视。应姚振华要求,王石曾经和他见了一面,但从传出的信息看,王石对宝能并不友好,甚至对姚振华表示出了轻蔑的态度。宝能只能继续准备资金收购万科股权,准备用市场规律来战胜王石的傲慢。在 2015 年下半年,前海人寿、钜盛华不断地购进万科股票,至当年年底,宝能系持有的万科股权已达 23.5％,已经超过了万科原第一大股东华润的持股,成为新晋的第一大股东。

　　面对宝能的不断举牌,王石的态度很明确,不欢迎宝能进入万科,也不想和宝能合作。2015 年 12 月,王石在一个论坛上发表演讲,表示万科不能让民营企业宝能来担任控股大股东,在此话受到舆论批评后,王石又认为宝能的信誉度不够。在这同时,万科又从多方位展开反收购活动,特别是寻求到深圳市政府的支持,与深圳地铁公司展开谈判,准备通过资产重组的方式引入深圳地铁作为其控股股东。

　　进入 2016 年后,围绕着宝万股权之争的舆论也出现了对立,著名经济学家刘姝威频频发表博文认为,宝能对万科的举牌动用的是"万能险"的保险资金,这为其保险业务带来了很大的风险,宝能作为一家金融企业收购万科,是虚拟经济在侵害实体经济,将对经济健康运行造成危害。刘姝威这番危言耸听的话对宝能产生了很大的压力。

　　万科对宝能的傲慢和拒绝态度反而激怒了宝能。2016 年 6 月,在万科股东大会召开前夕,宝能方面发布公告,要求罢免王石的万科董事长职务,罢免万科董事会所有的董事和监事职务。在 6 月底召开的万科股东大会上,原第一大股东华润和新晋第一大股东宝能对万科董事会、监事会年度报告投了反对票,导致这两个报告没有通过,宝万之争陷入了僵局。

对于这场越来越激烈的宝万之争,证监会、保监会等相关的市场监管部门在开始时都持基本中立的态度,深圳证交所由于是万科股票上市所在地,对此事的关注比较密切,但其态度基本上也是不偏不倚。2018 年 7 月,证监会新闻发言人对万科管理层和相关股东提出了批评,认为他们置中小股东利益于不顾,严重损害了公司的市场形象,这种各打五十大板的态度显示了监管部门不想过度介入两个企业的股权之争,持尊重市场的正确立场。

此后,这场股权之争进入了诡异的静谧之中,宝能方面因为持有的股权已经接近《证券法》所规定的要约收购线而停止了继续举牌,万科也基本停止了对宝能的攻讦。倒是另一家房地产企业恒大属下的恒大人寿此时频频对万科举牌,一度达到持股 14.07%,而恒大究竟是宝能的同盟军还是万科的拯救者,则显得面目不清。

一直到 2016 年 12 月底,证监会主席刘士余发表的一席谈话打破了平静。刘士余在出席中国证券投资基金业协会第二届第一次会员代表大会时发表的演讲中说,用来路不正的钱,从门口的"野蛮人",变成了行业的"强盗",这是不可以的。他说,希望资产管理人不当淫欲无度的"土豪",不做兴风作浪的"妖精",不做坑民害民的"害人精"。① 虽然他没有点名宝能,但市场一听就明白,这骂的是宝能。

这个演讲一经传出,令市场上几乎所有人都目瞪口呆,事态也开始急转直下。两天后,保监会突然发布信息,开始整治"野蛮人",同时叫停前海人寿的万能险业务,叫停前海人寿、恒大人寿等 6 家险企的互联网保险业务,并且做出规定,禁止保险公司与非保险一致行动人共同收购上市公司。随之,保监会的检

---

① 新华网.2017 年国新办发布会.http：//www.xinhuanet.com/talking/201702262/? irum/xvdekp.html.

查组开进了前海人寿、恒大人寿等 9 家激进的保险企业。

随后,事情的进展就基本上没有悬念了。深圳地铁与万科的合作没有了障碍,原第一大股东华润持有的万科股权全部转让给了深圳地铁,宝能也表示不反对万科与深圳地铁的合作,它甚至表示虽然仍是万科的大股东,但放弃其作为大股东在万科的表决权。2017 年 2 月,保监会以前海人寿在保险业务上出现的一些并非大问题的瑕疵为理由,对其做出严厉处罚,董事长姚振华被禁止进入保险市场 10 年,随后,姚振华只得辞去了前海人寿的董事长职务。另一家向万科举牌的恒大人寿也受到了保监会的处罚。

从 2017 年下半年开始,前海人寿、钜盛华两家企业开始逐渐减持万科股票,一场轰轰烈烈的股权收购战就这样面目不清地收场了。

股权收购,在中国资本市场上并不陌生,自从 1993 年深宝安举牌收购上海延中以后,20 多年来,大大小小的股权收购战发生了不少,它们对于推动中国上市公司建立起现代企业制度起到了重要作用,因举牌而产生的博弈也为市场创造了炒作题材,使短线交易者能够有所获利。这些收购战有的成功了,也有的失败了,但不管成功还是失败,双方都是在市场规则之下行使各自的权利。但是,宝能对万科举牌的失败,最后的结局却越出了市场规则。

这场宝万之争虽然是发生在资本市场上的股权之争,但它的影响已经溢出了两家机构的利益之争,而是关涉到了虚拟资本和实体经济的关系、国企和民企的关系、保险资金进入股市后的规则运用等一系列重大问题。而一个最为核心的问题则是政府,特别是政府的市场监管机构如何正确地行使行政权力和监管权力,都是值得深入思考的重大问题。事实上,这些问题已经成为中国全面深化改革的重点,对它们的思考和实践仍然在进行之中。

e 租宝崩盘

在中国互联网金融领域,网贷一直是个绕不过去的话题,它从诞生之日起,就伴随着诸多争议,即使到现在也仍未停歇。

尽管出于经济发展的实际需要,网贷的存在有其合理之处,但自 2012 年国内网贷平台迅速增长以来,行业负面新闻从没断过,"爆雷、跑路、集资诈骗……"这些词已经成了网贷平台集体的负面标签。其中,所有人都忘不了的,应该是 2015 年 12 月,e 租宝这个庞然大物的轰然倒塌。

e 租宝原名点点投,隶属于金易融(北京)网络科技有限公司,是该公司旗下一家网络运营平台。2014 年 2 月,钰诚集团收购金易融,开始对点点投进行升级改造。2014 年 7 月 21 日,钰诚集团推出 e 租宝网络平台,并在当年 10 月正式上线,主打 A2P(代理服务商对接生产消费者)模式。

钰诚集团所谓的 A2P 模式,具体业务是由属于集团旗下的融资租赁公司与项目公司进行合作,签署相应的协议,随后再在 e 租宝平台上转让相应的融资租赁债权进行融资,投资人在平台上注册后可选择最佳标的进行投资。融到资金后,由钰诚租赁负责购买项目设备,然后再转租给项目公司,项目公司在取得收益后向钰诚租赁支付设备租金,钰诚租赁则向投资人支付相应的收益和本金。

别看 e 租宝采用的是 A2P 模式,但实际上和常用的 P2P(点对点)模式有很大的相似性,同属于融资理财,平台本质上都是中介方。因此,在讨论 e 租宝时,很多人也会把它当作一个 P2P 平台。

上线之后,e 租宝接连推出"e 租年享、e 租月享"等理财产品。在这些产品中,预期年化收益率大多集中在 13%～15% 之间,最少的也有 9%,而同期其他平台的理财产品收益率却只在 8% 左右。

与此同时,e 租宝开始了自己的造势活动。2015 年年初,e 租宝的广告就在各大车站和办公楼蔓延,之后更是登陆多家知名卫视播放宣传片,广告投入力度非常之大。"1 元起投,随时赎回,高收益低风险。"这是 e 租宝当年常用的宣传口号,而在各大卫视播出的密集广告,一时还真让很多普通人以为 e 租宝是家可信赖的投资平台。

正是在高收益的诱惑和铺天盖地的广告宣传下,短短一年内,e 租宝就吸引了众多投资者。截至 2015 年 12 月,e 租宝累计成交量已达到 745.68 亿元,总投资人数规模扩大至 90.95 万人,待收总额为 703.97 亿元。

然而,"光速崛起"的背后总是伴随着巨大的风险,也就在一刹那,e 租宝倒塌了。

2015 年 12 月 8 日,新华社发布报道,e 租宝网站以及关联公司在开展互联网金融业务中涉嫌违法经营活动,正接受有关部门调查。自此,e 租宝案正式爆发。同日,e 租宝的网站、App 及其三家关联的互联网金融公司网站均无法打开。一时间,众多投资者如同被打了记闷棍。

随后,广东、北京、江苏等多地公安局均发布公告称,各地公安机关已对 e 租宝网络金融平台及其关联公司涉嫌犯罪问题依法立案侦查,对相关犯罪嫌疑人采取了强制措施,对涉案资产实施了查封、冻结、扣押。

2017 年 9 月 12 日,北京市第一中级人民法院公开宣判:对钰诚国际控股集团有限公司以集资诈骗罪、走私贵重金属罪判处罚金人民币 18.03 亿元;对安徽钰诚控股集团处罚金人民币 1 亿元;对被告人丁宁、丁甸以集资诈骗罪判处无期徒刑,对张敏等 24 人判处有期徒刑 15 年至 3 年不等的刑罚。

作为一桩毫无争议的"庞氏骗局",e 租宝在经营过程中出现过多种违法违规行为:

1. 资金无第三方监管,涉嫌设立资金池。e 租宝曾对外宣传和兴业银行签署了资金存管协议,但兴业银行却对 e 租宝的单方面宣称表示否认,并声明其并未与 e 租宝开展资金存管业务。

2. 成立皮包借款项目公司,虚构借款标的。这也成了 e 租宝顷刻间倒塌的主要原因,没有真实的业务做基础,从一开始就是场"空手套白狼"的骗局。

3. 通过其离岸海外子公司到金三角地区设立银行机构和自由贸易区。2015 年,e 租宝还做过一件非常轰动的事情,当时钰诚发布消息称,在缅甸第二特区(佤邦)建设了钰诚东南亚自由贸易区,该自由贸易区占地约 3000 平方公里。但当时已经有媒体和 e 租宝内部员工爆料,这是钰诚集团洗钱的地方。

回顾 e 租宝一案,从钰诚集团收购金易融到案发被调查,仅用了不到两年时间。而之后的两年半时间,除北京总部外,全国各地的关联公司也一一被宣判,共 111 人入狱,罚款超 20 亿元,这意味着遍布 31 个省区市,涉案金额高达762 亿元,未兑付金额高达 380 亿元的 e 租宝案,终于进入了尾声。

但是对所有投资者来说,e 租宝案却是个惨痛的教训。据报道,有关部门查封钰诚集团资产近 150 亿元,而按照法律清算完毕后,真正能退还给投资者的金额大约只有 120 亿元。对比 e 租宝在案发前未兑付的金额,这也意味着,如果投资者投入了 100 元,很可能只拿得回 25 元。而且由于资产变现等尚需一段时间,因此等到资金清退实际上还需要一定的时间。

根据网贷之家和盈灿咨询监控的数据,e 租宝人均投资金额为 8.2 万元,有近一半的投资人投资额在 1 万元以下,不过投资额超过千万的"土豪"也有 300多人,还有 11 位投资人投入了 5000 万元以上,其中投资金额最大的一位投资人投了 6621 万元。

然而,e 租宝为了所谓的公司形象,其实际控制人丁宁挥金如土。据说,丁宁曾要求办公室几十个秘书全身穿戴奢侈品牌的制服和首饰,甚至一次就买空了一个奢侈品店。

丁宁还赠送给自己公司的美女总裁张敏价值 1.3 亿元的新加坡别墅、价值 1200 万元的粉钻戒指、豪华轿车、名表等礼物,还先后奖励她 5.5 亿元人民币。此外,整个 e 租宝集团高管的工资都高得离谱,百万级年薪的高管约有 80 人。

值得注意的是,正是在 e 租宝案爆发,并严重危害到投资人利益的大背景下,2016 年 2 月 13 日,公安部组织建设的非法集资案件投资人信息登记平台正式启用,并首先对 e 租宝及其关联公司涉嫌非法集资案件中的投资人开放,今后还将用于公安机关公告的其他重大非法集资案件中。

虽然 e 租宝称得上是网贷行业规模最大的非法集资案件,但它的落网并没有给整个行业带来彻底的教训。继 e 租宝之后,e 速贷、"中晋系"、牛板金、唐小僧……网贷行业爆雷跑路的平台比比皆是。

2018 年,全国多地掀起了一场 P2P 平台爆雷潮,仅上半年,消亡的 P2P 平台 721 家,新增仅 36 家,消亡平台数远高于新增平台数。而据网贷之家统计,截至 2018 年 6 月底,国内在运营 P2P 的平台共 2835 家。其中,2017 年 7 月到 2018 年 6 月这一年间里,消亡了 1407 家 P2P 平台。

由于市场的资金愈发紧张,目前网贷平台普遍现金流吃紧。而央行在 2018 年也明确表示,将再用一到两年时间完成互联网金融风险专项整治。作为重点整治的业态,P2P 网络借贷和网络小贷领域存量风险化解清理完成时间将延长至 2019 年 6 月,这意味着网贷平台的顶层设计还有待时日。

对网贷行业来说,整改在继续,各平台之间的"生死战"也没有停止。中金公司在报告中甚至预测,在满足监管合规要求基础上,再考虑运营成本的攀升,3 年后正常运转的 P2P 平台预计不超过 200 家,大约为目前运营平台数量的一成。

资本总是具有逐利性,这点在互联网时代也不会例外。网贷行业不会因平台的接连爆雷而跟着倒下,但它也会优胜劣汰,继而慢慢告别野蛮生长期,使行业步入良性发展的轨道。

新零售业态升级

2016 年 10 月的杭州"云栖大会"上，阿里巴巴董事局主席马云在演讲中提出了一个这两年很时兴的概念——新零售。

马云提到的"五新战略"也即"新零售、新制造、新金融、新技术、新资源"中，新零售被放在首位，它被定义为以消费者体验为中心的数据驱动的泛零售形态。作为中国最大的电商平台，新零售概念的提出，在零售行业引起了不少讨论，很多人视其为未来的新风口。

新零售概念问世之前，中国的电子商务以每年超过 20％ 的速度高速增长。艾瑞咨询的数据显示，2015 年中国电商市场交易规模为 16.4 万亿，增长22.7％，其中网购增长 36.2％，成为推动电商发展的中坚力量，同时让中国成为全球网购规模最大、网络支付最发达的国家。

网购的发展，是互联网基础设施快速普及的结果。便利的触网条件，让线上的商品服务也能触达偏远地区的消费者。但随着过去几年的高速增长,互联网的渗透率见顶,这意味着能完成的覆盖、能拉到的客源,基本上都完成了,要继续维持增长,获客成本空前提高。

流量越来越贵,在阿里、京东等各大电商平台为新的增长探路时,传统零售业的日子也不好过。网购规模的快速扩大,消费习惯的改变,对线下零售的打击可谓相当致命。而且,在传统"货—场—人"的零售模式下,生产和流通是相对盲目的,无法应对消费升级后个性化、定制化的新需求,所以不止中国,就连美国的零售业也在大量裁员。

线上、线下零售各自的瓶颈,提供了整合的可能,这是新零售提出的背景。它的关键是零售业的数据化,通过线上的大数据、云计算,为消费者画像,让商品和服务的生产、流通和售卖更精准,为整个生产和供应链体系提供依据,提高配送效率,降低库存。基于其巨大的潜在优势,率先提出新零售的阿里巴巴,也开始了全方位的布局。

2017 年 11 月,阿里巴巴投入 224 亿港币,收购高鑫零售 36.16％的股份,拿下了欧尚和大润发超市两大知名的零售卖场。事实上,这还只是新零售的动作之一,在此之前,阿里已经通过并购、参股的方式,成为银泰商业、三江购物和苏宁云商的大股东。其中银泰被视作阿里新零售的第一块百货试验田。此外,阿里还孵化出盒马鲜生、天猫小店等新零售业态。

新零售虽然最先是由阿里巴巴提出的,但其他各大电商平台,也意识到了向线下实体进军,对消费方式改造升级的必要性。比如刘强东表示,第四次零售革命即将到来,于是京东推出"无界零售"的概念;另一互联网巨头腾讯,则宣布与家乐福和沃尔玛合作,同时投资了中国增长最快的商超连锁店永辉超市,并推出与盒马鲜生一样主打"高端超市＋生鲜餐饮"的"超级物种";小米也发力打造"小米之家"。而逐渐火爆的无人便利店,也成了新零售的积极尝试。

新零售带来的业态升级,意味着将零售模式从 B2C 改造成 C2B,实现了关系重构,契合了新生代消费者消费升级的诉求。值得一提的是,在巨头快速布局的同时,创立于 2015 年且主打三五线小城市的拼多多,依靠广大的底层用户,开辟了另一片线上零售空间。很多人将它解读为消费降级,事实上对农村用户来说,满足物美价廉的购物需求,本质上也是业态升级。

考虑到新零售对产业效率和消费体验的升级作用,国家层面也力推线上、线下的整合。2016 年 11 月 11 日,国务院办公厅发布《关于推动实体零售创新转型的意见》,要求推动实体零售创新转型;2017 年 7 月,商务部发布《中国零售行业发展报告(2016/2017 年)》,首次将天猫新零售作为线上线下融合的典型代表写入政府报告;同年 9 月,商务部流通产业促进中心发布《走进零售新时代——深度解读新零售》报告,为新零售的健康发展提了对策建议。

当然可能直到今天,很多人也说不清楚新零售具体是什么,但用线上的技术改造线下的实体销售,这个基本的逻辑其实很清晰。而在新零售的风口之上,不乏已经受益巨大的品牌。比如美的,依靠着电商平台的大数据,对消费诉求精准预判,通过改良产品,实现了洗碗机销量的暴涨,7 个月时间就在天猫实现了销量破百亿。这种成功的整合经验,也推动着更多商家和平台,将线下零售数据化,进而对整个商业场景进行重构。

共享经济站上风口

对于创投圈而言,共享经济几乎毫无悬念地成为 2017 年的主题。随着资本蜂拥而至,由被称作"中国新四大发明"之一的共享单车领衔的共享赛道,可谓人满为患。不过在 2017 下半年,拥挤的赛道很快迎来寒冬,各类共享经济形态迅速破灭,只留下遍地残骸。

早在 1978 年,美国社会学教授就提出共享的概念,不过它真正从无偿的分享,变成以获取报酬为目的的商业化形式,还要等到互联网技术发展成熟,闲散的资源整合具备技术条件之时。

2008 年,闲置房屋租赁平台爱彼迎(Airbnb)在美国成立;时隔一年,打车平台优步(Uber)成立,它们是共享经济最早期的产品,也是最符合"共享"二字内涵的 C2C 产品形态。很快,本土化的滴滴和小猪短租等公司,掀起共享经济在中国的第一股潮流。

不过点燃共享经济之火的,还是共享单车。2016 年 4 月,摩拜单车在上海上线,同时原本主打校园市场的 ofo 单车,也开始紧锣密鼓地将产品布局到校外。由于解决了最后一公里的出行难题,加上极低的消费成本,摩拜和 ofo 很快火遍中国。随着共享单车概念走红,资本快速跟进,两家企业均在半年内完成了超过 5 轮融资。同时,大批创业者开始复制它们的模式,2016 年前前后后共有永安行、小鸣单车、小蓝单车等 25 个品牌入场。

2017 年是共享单车最繁荣,也是竞争最激烈的时刻,每个星期都会有新的品牌诞生。提前进场的摩拜和 ofo,依靠着先发优势快速铺量,取得了绝对领先,一季度的日订单量都超过千万。《2017 年度中国共享经济发展报告》显示,2017 年 77 家共享单车企业,累计投入了 2300 万辆共享单车,融资金额达 258 亿元;用户数也从 2016 年的 0.2 亿人,暴涨到 2.2 亿。短短一年之内,大街上遍布五颜六色的共享单车,以至于网友们调侃称"颜色不够用了"。

共享单车的经济模式,很快被复制到其他领域,涌现出共享充电宝、共享雨伞、共享汽车、共享玩具、共享衣服、共享篮球等各种平台。似乎只要与共享二字沾边的创业形态,都容易被资本青睐。

以共享充电宝为例,尽管外界普遍不看好,王思聪甚至与以 3 亿元投资街电的聚美优品 CEO 陈欧立下"吃翔"的赌局,但这并没有阻止资本的快速涌入——4 月 1 日,街电宣布获数千万元人民币的 A 轮融资;4 月 5 日,来电宣布获 2000 万美元的 A 轮融资;4 月 21 日,怪兽宣布获数千万元人民币的天使轮融资……与此同时,共享雨伞和共享篮球等其他共享平台,同样得到了资本的加持,像共享篮球"猪了个球",也拿到了千万的融资。

不过对这些没有清晰盈利模式的共享项目而言,共享经济火热的场景,很大程度是资本快速催熟的结果,它未必对应着真实的消费刚需。所以一旦资本在找到接盘侠之后撤离,后续的融资注定会变得十分困难。如果自身的盈利模式提供不了资金来源,泡沫破灭是迟早的事。

2017 年下半年开始,各大城市开始限制共享单车的投放,对后进场的玩家来说,这意味着它们在一二线城市的市场份额已经到顶。与此同时,由于拉不到新的融资,运营费用入不敷出。在引爆共享经济概念的共享单车领域,倒闭潮很快上演。2017 年 6 月,悟空单车停止运营;8 天后 3Vbike 也发布停运公告;9 月底,人们发现第二梯队的酷骑单车开始押金难退;等到 11 月 16 日,另一个知名的共享单车品牌小蓝单车,不得不宣布融资失败。

共享单车的寒潮,很快传递到了共享经济的其他领域。包括友电、乐电在内的绝大部分共享充电宝项目,都没有挺过 A 轮融资;四五十家共享雨伞企业中,最终拿到融资的也只有不到十家,且基本都倒在了天使轮。在烧钱铺量的大战之后,当初疯狂涌入的资本开始快速撤离,寒冬之下的共享经济重新洗牌,市场只剩下摩拜等进入早而且有巨头站台的头部玩家。

▲2017 年 6 月 8 日,天津南门外大街大悦城附近的 7 号电单车。

不过存活下来的寡头们日子也不好过。由于没有清晰的盈利模式，摩拜和ofo只能靠融资来维持运营，但对于理性精明的资本而言，它们对这种看不到尽头的烧钱模式，已经失去了耐心，ofo的投资人朱啸虎，更是在多个场合表示希望二者合并。当共享经济的巨头们开始市场清算时，显然，这个领域已经走到了风口的尽头。

2018年4月3日深夜，美团宣布以27亿美元作价收购摩拜，同时承担摩拜10亿美元左右的债务。摩拜没有与ofo合并，而是在美团与滴滴的较量中卖给了美团，这个结果虽然让不少人意外，但也算为2017年疯狂的共享经济进行了总结陈词。此后，随着区块链等新风口的来临，共享经济很快成了过时的概念；而各地涌现的单车坟场，则成为共享经济疯狂扩张的物证。

雄安新区横空出世

提起国家级新区，大家都能说出不少名字：上海浦东新区、天津滨海新区、重庆两江新区等。截至2018年6月，中国国家级新区总数已经达到19个之多。除此之外，还有武汉长江新区、合肥滨湖新区、郑州郑东新区等地在继续申报中。可以预期，未来这个数字还会继续增长。

在这一众国家级新区中，有一颗新星格外耀眼——雄安新区。"坚持世界眼光、国际标准、中国特色、高点定位""北京非首都功能疏解集中承载地""新时代推动高质量发展的全国样板""现代化经济体系新引擎""高水平社会主义现代化城市"，这是雄安预设的模样。此外，它还有一个绝无仅有的定位——"千年大计，国家大事"。

2017 年 4 月 1 日,中共中央、国务院印发通知,决定设立河北雄安新区。消息一出,迅速刷屏,舆声鼎沸。26 天后,河北雄安新区临时党委、筹备工作委员会在发布会上表示,雄安新区将 30 平方公里启动区的控制性详规和城市设计,面向全球招标,开展设计竞赛和方案征集。这注定是一张充满想象力和未知的图纸。

2017 年 6 月,中共河北雄安新区工作委员会、河北雄安新区管理委员会获批设立,为中共河北省委、河北省人民政府派出机构。河北省委常委、副省长陈刚担任河北雄安新区规划建设工作领导小组办公室主任、雄安新区党工委书记、管委会主任。其规格之高,可见一斑。

不过,未来的雄安,却并不会是我们见惯了的大城市,更不会是像深圳这样的超级大城市。它的定位是二类大城市,根据国家发改委的城市标准,城区人口 100 万以上 300 万以下的城市为 Ⅱ 型大城市。而雄安新区的远期规划人口,也只是 200 万至 250 万,远期控制面积约 2000 平方公里,这大致和现在的深圳面积差不多。也就是说,换算下来,雄安新区的人口密度将是深圳的 1/5,远低于现在的诸多大城市。这样的城市在现在的中国还没有样本,它是未来之城。

雄安新区的横空出世,并非心血来潮,它是转移北京非首都功能、京津冀协同发展的必然结果。只不过这个点,具体落到哪里,经历了一番又一番的调研和论证。早在 2014 年 2 月 26 日,习近平总书记在北京主持召开京津冀协同发展座谈会,就已经强调实现京津冀协同发展是一个重大国家战略。这为雄安新区"千年大计,国家大事"的超高定位埋下了伏笔。

未来,可以展望的是,在一夜崛起之城的"深圳速度"之后,会不会创造出一个"雄安速度"。而且更值得关注的是,这次雄安新区的建设,还提出了"雄安质量"的概念,质量之重,在雄安新区的建设中,将被体现得更加明显。此外,仅从外形来看,与现代化城市最大的不同是,雄安城的建设,将保留中华文化基因,原则上不建高楼大厦,而是坚持中西合璧、以中为主、古今交融的原则,预计做到"疏密有度、绿色低碳、返璞归真,形成中华风范、淀泊风光、创新风尚的城市风貌"。

2018 年 4 月,中共中央、国务院批复了《河北雄安新区规划纲要》(以下简称《纲要》)。《纲要》要求:打造优美自然生态环境,发展高端高新产业,提供优质共享公共服务,构建快捷高效交通网,建设绿色智慧新城,构筑现代化城市安全体系……这是雄安新区规划建设的基本依据,也是未来之城的蓝图。规划期限至 2035 年,并展望了 21 世纪中叶发展远景。

可以清晰预见并近期感知的是,雄安新区规划了 6 条铁路、4 座高铁站、1 个机场,计划于未来 3 年内建成。在公路方面,雄安新区规划了四纵(高速东、西连接线、立新路、固雄线)、五横(保津高速、112 线、津保北线、保静路、峄白路)。以后,从雄安开车到北京,只需要一个多小时;而乘坐高铁,预估只需要半小时。

在疏解北京压力、转移非首都功能方面,或许也可以凭借优越的交通以时间换空间,而更直接的方式是——搬迁。河北雄安新区主要承接的是中央在京部分行政事业单位、总部企业、金融机构、高等院校、科研院所等;区别于北京城市副中心通州主要发展的行政办公、高端商务、文化旅游等产业。

正式宣布成立雄安新区 5 个月后,就有一大批央企、国企和各类民营企业纷纷落地雄安。仅在雄安新区管委会所在地容城县,就有 30 多家央企、国企挂牌设立办公室。截至 2017 年年底,经过管委会审核,阿里巴巴、腾讯、百度、京东金融、中船重工、中国建筑等 48 家企业落户雄安。此外,华夏银行、安信证券、长江证券等金融机构,目前也已进驻。

在教育资源分配方面,近百所在京高校中,已有清华大学、北京大学、北京师范大学、北京理工大学、北京邮电大学、中国人民大学、中国传媒大学、北京体育大学、中国医学科学院、北京林业大学等至少十余所学校相继表态,将积极参与雄安新区建设。

"襟带崇墉分淀泊,阑干依斗望京华",这是河北雄安新区三县之一的安新县白洋淀凉亭上的一副楹联,这仿佛是一则寓言。时至今日,这片水草丰茂、风光秀美之地,终于迎来了"京华望",在未来日子里,或许它将和"京华"共生共长,披着同一片烟云。

回望改革开放 40 年,设立雄安新区的战略决定和具体实施的审慎理念,较改革开放之初白手起家的追求"有"和"快",已经转换成了追求"好"和"精"。这是 40 年来发展的经验总结,也是对不良后果的教训吸取。眼光要高远,步子要踏实,发展给民众和环境带来的应该是福利,而不是牺牲,发展是在创造未来,而不是透支未来。